经管类 创新型人才培养 探索与实践

主 编 陶秋燕

副主编 杨 冰 谢飞雁

JINGGUANLEI
CHUANGXINXING RENCAI PEIYANG
TANSUO YU SHIJIAN

知识产权出版社
全国百佳图书出版单位

图书在版编目（CIP）数据

经管类创新型人才培养探索与实践／陶秋燕主编. —北京：知识产权出版社，2015. 11
ISBN 978 - 7 - 5130 - 3854 - 6

Ⅰ. ①经… Ⅱ. ①陶… Ⅲ. ①高等学校—经济管理—
人才培养—研究—北京市 Ⅳ. ①F2 - 40

中国版本图书馆 CIP 数据核字（2015）第 247152 号

内容提要

本书围绕应用型本科高校经管专业教育教学改革创新实践，对人才培养、课程改革、教学方法改革与教学环境改善、学生管理与教师队伍建设等方面进行了多角度研究，对提升应用型本科高校教书育人能力具有重要的意义。

责任编辑：张筱茶	责任校对：谷 洋
封面设计：刘 伟	责任出版：孙婷婷

经管类创新型人才培养探索与实践

陶秋燕 主编

出版发行：知识产权出版社 有限责任公司	网 址：http://www.ipph.cn
社 址：北京市海淀区马甸南村 1 号	天猫旗舰店：http://zscqcbs.tmall.com
责编电话：010 - 82000860 转 8180	责编邮箱：baina319@163.com
发行电话：010 - 82000860 转 8101/8102	发行传真：010 - 82000893/82005070/82000270
印 刷：北京中献拓方科技发展有限公司	经 销：各大网上书店、新华书店及相关专业书店
开 本：720mm×1000mm 1/16	印 张：20
版 次：2015 年 11 月第 1 版	印 次：2015 年 11 月第 1 次印刷
字 数：307 千字	定 价：58.00 元

ISBN 978 - 7 - 5130 - 3854 - 6

序　言

　　2015 年全国高校毕业生总数达到 749 万人，比 2014 年增加 22 万人，大学生就业面临新的挑战。高校毕业生规模进一步加大，就业创业工作任务十分艰巨。面对大学生就业困难的问题，专家认为其根本原因是高校教育教学和人才培养的问题。

　　教育部 2014 年 12 月提出全面推进创新创业教育和自主创业工作，强调各地各高校要把创新创业教育作为推进高等教育综合改革的重要抓手，将创新创业教育贯穿人才培养全过程，面向全体大学生开发开设创新创业教育专门课程，并纳入学分管理，改进教学方法，增强实际效果。教育部部长袁贵仁在 2014 年全国教育工作会议上提出，针对制约教育科学发展的重点问题和人民群众关心的热点问题，着力促进教育公平，着力优化教育结构，着力提高教育质量，切实增强服务经济社会发展、服务人的全面发展的能力。为此，应用型高校应不断进行教育教学改革与创新实践，贯彻教育教学品质提升计划，持续推进人才培养模式改革。

　　本书精选了以北京联合大学教师为代表的应用型本科经管类教育教学改革创新实践学者在当前环境下，在人才培养、课程改革、教学方法改革与教学环境改善、学生管理与教师队伍建设等方面取得的最新研究成果，对提升应用型本科高校教书育人能力具有重要意义。

目　录

第一部分　人才培养

第二部分　课程改革

第三部分　教学方法改革与教学环境改善

第四部分　学生管理与教师队伍建设

经管类创新型人才培养

探索与实践

第一部分 人才培养

经管类专业实验室开放与创新人才培养探索

陈　晨

摘　要： 创新人才培养是高等院校教育教学的主要任务，开放实验室是充分利用实验教学资源，通过开展各类创新实践活动，激发学生创新思想，实现创新人才培养的有效手段和途径。本文结合北京联合大学管理学院实验教学中心实验室建设和开放情况，分析了实验室开放与经管专业创新人才培养的关系，探讨了实验室开放在创新人才培养中的作用和效果，说明了实验室开放在创新人才培养中的重要性。

关键词： 实验室开放　创新　人才培养　管理

一、引言

创新是推动经济发展和社会进步的动力，创新人才培养是社会发展对高等院校人才培养的要求。《中华人民共和国高等教育法》明确指出："高等教育的任务是培养具有创新精神和实践能力的高级专门人才。"高校专业实验室是学生理论联系实际、锻炼提升综合素质能力的重要场所，在创新人才培养过程中，发挥高等院校专业实验室的作用，开放专业实验室，充分利用实验教学资源，开展学生创新活动、激发学生创新思想，是实现创新人才培养目标的有效手段和途径。本文结合北京联合大学管理学院实验教学中心实验室开放建设，探索和分析了开放实验室对经管类专业创新人才培养的促进作用。

二、实验室开放与创新人才培养的关系

经管类专业实验室是高校经管专业实践教学、科学研究和社会服务的重要场所，创新人才培养要求实验室不仅要为计划内实验教学提供良好的

环境保障，还要在实验课程之外为教师和学生提供课外实验、实践、科学研究和创新活动的条件和保障。专业实验室开放除了能够弥补正常实验教学时间不足的缺陷之外，还能够为教师在课余时间进行专业实践课程的开发和改革提供条件，为学生课外自主学习、创新活动等提供基础。因此，实验室开放为创新人才培养提供了环境基础；同时，创新人才培养活动对实验室建设和实验室开放管理所提出的各类要求也极大地促进了实验室建设和开放的步伐，促进了实验室建设和开放管理水平的提升。

三、实验室开放在创新人才培养中的作用和效果

（一）多层次实验室开放体系使实验室开放作用在创新人才培养中得到了充分发挥

随着实验教学改革的深入发展，实验室的开放已从简单的时间和实验课程开放发展为人员、时间、实验环境和实验内容等多方位、综合性的开放，开放程度的复杂性对实验室的建设和开放管理提出了更高的要求。经过几年的探索和实践，我校经管实验教学中心通过构建多层次的实验室开放体系，来满足各类实验室开放活动的需求，保证了逐年增加的各类创新实践活动的顺利进行，实验室开放促进了创新实践活动受益面的不断扩大（见表1）。实验室开放体系包括：建立完全免费的开放实验室制度，使相关实验室在保证完成计划内实验教学任务的前提下，面向全校师生按需开放；建立专职的开放实验室，全天候地执行实验室开放任务；设计具有不同类型实验内容的开放性实验，开展不同类型的大学生创新活动（见表2）；利用现代化的网络技术，为学生提供全天候、开放式的实验资源。

表1 近5年实验室开放情况

年度	开放项目	开放人数	开放学时	开放人机时
2010 年	30	1221	916	31656
2011 年	24	1863	1334	37730
2012 年	29	3805	1032	42909
2013 年	23	4252	1180. 5	54116
2014 年	39	5564	897	77025

表2 多种类型的大学生创新活动

序号	创新活动名称	代表性创新项目名称	面向专业
1	学生自主开放实践	企业网页制作自主学习小组	电子商务、信息管理
		"联合扬帆"沙盘模拟训练	全校各专业
		"引航学堂"计算机提高训练	全校各专业
2	综合素质训练	商务谈判、沟通技巧训练	工商管理、电子商务
		金融投资模拟培训	金融学、财务管理
3	创意创新训练	创新项目训练	工商管理、金融学、财务管理、电子商务等
		北京高校学生手机购买分析	信息管理与信息系统
4	科研能力训练	生活用品团购在北京地区的发展研究	电子商务
		学生自主管理实验室开放	工商管理、电子商务等专业
5	社会实践活动	暑期社会实践指导	工商管理、电子商务等专业
6	学科专业竞赛	"创青春"大学生创业大赛项目培育与训练	工商管理、电子商务等专业
		国泰君安模拟投资大赛训练指导	金融学、财务管理等专业
		ERP沙盘模拟大赛训练指导	工商管理专业、会计专业
7	"最后一公里"校企对接训练项目	"商派"校内企业综合实践	信息管理、电子商务等专业
		电子商务师(三级)训练与考试	电子商务
8	职业技能提高训练	赴香港浸会大学IIBD实习项目	工商管理、金融学等专业

(二)规范化的实验室开放管理提升了实验室开放的效率

为提升实验室开放效率、促进学生创新活动开展,中心从实验室管理技术手段和管理方法方面入手,构建了规范化的实验室开放管理体系。

利用现代信息技术和学校的信息管理资源,初步搭建了适应开放性实验教学和有利于学生自主实验、个性化学习、开展创新实践活动的管理系统,包括:虚拟实验教学平台、智慧实验室管理系统、虚拟桌面云、网络学堂和多媒体教学监控系统，初步实现了实验室开放管理的智能化和网络化。

依据国家的相关法律法规、学校的规章制度和经管类专业实验室运行的需要中心制定了一系列实验室开放管理规章制度，内容包括：开放实验室管理规则、开放实验室管理实施流程、开放实验室学生安全守则等；同时，中心还为每次活动配备实验室管理人员，并聘请学生以勤工俭学的方式担任中心的管理员助理，在活动结束之后对活动进行检查和总结，使实验室开放运行效果不断提升。

（三）实验室开放促进校企合作，提高了学生的就业和服务社会能力

具有实践动手能力、创新能力和实际工作经验是目前用人单位对毕业生的重要要求。中心利用实验室开放平台，为校企合作提供了便利条件。

学院各专业聘请企业专家对实验教学改革提出建议，针对社会和企业对人才培养的要求，有针对性地开展教育教学改革。

聘请企业专家主讲学生综合性实践课程，把专业实习、毕业设计和学生就业紧密结合起来；

聘请企业专家对学生的创新活动进行指导，使学生把课堂学习的理论知识运用于真实的项目实践中，用企业的用人标准要求学生，提升学生的职业素养和就业能力。例如：利用中心实验室，与慈文传媒集团合作，由企业专家直接指导影视专业学生的实践活动，并由企业专家、教师、学生共同组建项目组，开展"影视行业资料库整理与数据分析"等研究项目。

（四）建立实验室开放激励机制，保持创新人才培养活动持续进行

全方位建立实验室开放活动的激励机制、明确实验室开放中的岗位职责和奖励制度，使实验室开放工作做到有章可循，才能提高教师和实验室管理人员参与实验室开放工作的积极性，保证实验室开放工作持续稳定地发展。为此，校、院针对实验教学改革和学生创新活动制定了一系列的考核方法和激励制度，包括：《北京联合大学大学生创新实践学分实施办法（试行）》《北京联合大学教师教学工作条例》《关于加强实践教学管理、保证实践教学质量的意见》《北京联合大学关于提高教师专业实践与应用能力的实施办法》和《管理学院2014年卓越工作奖励办法》等。对学生提出了如"学分置换""推优上榜""优先资助"等一系列奖励举措；对教师实施了如"将教师指导学生课外科技活动的科研工作量纳入考核工作量范畴，并对取得市级以上奖励的教师给予较大力度的奖励"；将"双师素质教师""获得本专业领域北京市级及以上相关奖励""指导学生参加学科比赛获奖的直接指导教师""指导学生参加校级课外科技类竞赛获奖的直接指导教师"、纳入教师岗位分级的晋级条件等激励措施，鼓励学生、教师积极参与创新实践活动。

五、结束语

为提高实验室开放的成效，切实发挥专业实验室在创新人才培养中的作用，需要做好实验室建设、实验室运行管理、开放活动师资建设等多方面的工作，只有通过学校的管理部门、教师、实验室、学生多方共同努力，才能达到实验室开放的预期效果。

参考文献：

[1] 邹红. 创建和谐实验环境 促进创新人才培养 [J]. 实验室科学，2014，17（5）：182－184.

[2] 白云，柴钰. 加强开放式实验教学 培养学生的创新能力 [J]. 实验室研究与探索，2010，29（8）：109－111.

[3] 戴克林. 高校实验室建设与创新人才培养研究 [J]. 实验技术与管理，2014，31（7）：32－35.

[4] 谭静芳，肖静. 开放式实验教学与学生创新能力培养探析 [J]. 科技视界，2011（26）：68－69.

[5] 张永山，汪大洋，赵桂峰，燕乐纬. 高校实验室创新人才培养与建设研究 [J]. 大学教育，2014（9）：68－69.

创新网络营销人才培养的探讨[1]

田　玲

摘　要：随着社会经济和信息技术的快速发展，网络和智能终端设备已经被人们普遍接受和深入运用，已经成为人们日常生活和企业发展中的一个重要组成部分。因此，紧随时代发展的创新网络营销人才在企业中发挥出越来越重要的作用，成为众多企业迫切需要的人才。为了满足企业对创新网络营销人才的需要，本文以相关精品课程的培养方式和众多企业岗位需求的调研为基础，从人才培养目标、培养思路和特色等几个方面，阐述网络营销人才培养上的创新探索。

关键词：创新　网络营销　人才培养

一、引言

随着社会经济和信息技术的快速发展，网络和智能终端设备已经被人们普遍接受和深入运用，网络已经成为人们日常生活和企业发展中的一个重要组成部分。因此，紧随时代发展的创新网络营销人才在企业中发挥出越来越重要的作用，成为众多企业迫切需要的人才。

电子商务专业是我校应用性本科的亮点工程专业和重点建设专业，网络营销课程是电子商务专业的核心专业课程，对培养能紧随时代发展的创新网络营销人才起着非常关键的作用。为了满足企业对创新网络营销人才的需要，本文以相关精品课程的培养方式和众多企业岗位需求的调研为基础，从人才培养目标、培养思路和特色等几个方面，阐述网络营销人才培养上的创新探索。

---

[1]　项目来源：2013 年北京联合大学"十二五"校级本科规划教材项目（京联教〔2013〕11 号）

二、现有精品课程现状和企业需求分析

（一）现有网络营销精品课程分析

网络营销课程是电子商务等相关专业的专业核心课，是学习网络营销理论、策划和实践的一门课程，是一门强调理论联系实际、注重理论运用和实际操作的课程。

为探讨该课程的人才培养现状，笔者调研了多所高等学校，并挑选整理出极具代表性的精品课程，从目标任务、课程内容、人才培养特色等几个方面，进行了比较分析（如表1所示），可以看出这些精品课程的目标任务定位和取向清晰全面，课程任务中都注重了学生实践能力的培养，课程内容突出了理论知识，还注重各方面职业能力和综合素质的培养，人才培养特色上注重理论联系实际、课内外结合的多元化培养方式。

表1 现有网络营销精品课程对比分析

高　校	目的和任务	课程内容	人才培养特色
武汉理工大学	让学生正确理解网络营销的基本原理，熟练掌握网络营销手段和方法。培养学生网络营销管理中的敬业和团队精神，切实提升其网站策划与运营能力。	网络营销基础理论知识，网络营销计划的制订与网站策划，落实网络营销计划的主要举措，网络营销实例分析等方面的基本概念和基本理论。	课程建设体系模块化；教学方法与手段多元化；理论与实践教学整合优化。
上海大学	使学生对网络营销的理论体系有一个系统的了解，对在网络虚拟市场开展营销活动的相关内容，有全面的领会和感性认识，掌握开展网络营销的操作思路和相应的运作技巧。	传统营销观念、网络消费者、网络营销环境和市场、网络营销策略和营销学理论的发展；掌握一定的开展网络营销的能力和技巧。	课程结构合理完整；教材建设成果显著；教学内容可按需要灵活安排；教学方法先进多样；加强上机实验，考核形式多样。

上海海洋大学	培养学生对网络营销方式的宏观把握和实际操作能力,为日后从事网络营销工作奠定基础。	网络营销的基本理论和方法,学会规划网络营销策略和设计网络营销方案,了解网络营销的基本手段和技巧,领会基于网络的电子商务构架和实现方式。	以网络辅助教学、网络实践教学平台为创新;以案例讨论、互动学习为支点;以教学研究实践、参考文献库构建为助力。
浙江金融职业学院	能够对网络营销的各个方面有总体的了解,并对重要知识有比较清楚的认识;把学生培养成为具有一定基础理论、专业知识水平和较强实践操作技能的技术应用型人才。	网络营销理论与观念、环境分析、网上市场分析、调研、战略规划、网络目标市场营销战略、网站策略、产品策略、定价策略、渠道策略、网络促销策略、组织实施与监控,网络营销与安全的实践知识等内容。	以工作任务为导向的课程设计;把课程教学与助理电子商务师考证、阿里巴巴电子商务认证考试相结合;多元化的教学形式。
长沙民政职业技术学院	培养学生具备基于岗位要求的网络商务信息收集与分析能力,网络市场调研能力,网络营销推广能力和网络贸易开拓等专业核心能力。	网络商务信息的收集与分析、企业网络营销平台建设规划、企业网络推广、网络贸易实践、个人网络创业。	将网络营销业务化繁为简,变难为易;将网络贸易内容纳入教学体系,确保职业能力整体提升;实现了"三维一体、分层递进"的实践教学模式。

(二) 企业网络营销人才需求分析

企业需求是大学人才培养的最终目的和依据。为了解网络营销相关职业人才的需求现状,以主流人才招聘网站(智联招聘网、中华英才网和51job 等)为主要调研对象,调研了 100 多个相关企业和职位,可以发现,涉及网络营销方面的岗位,大多包括网络营销经理、网络营销主管、网络营销专员、网络推广专员、网络营销策划和网络营销顾问等职位。对这些职位做了更进一步的整理和分析后，主要可以分为以下几个相关岗位群：传统中小企业网络营销规划、实施人员，网站运营与维护人员，网络营销服务型企业业务推广与客户开发人员，中小企业电子商务网络贸易人员，网上创业实践与网上商店运营管理人员等。同时，大多数企业还要求毕业生具备较高的职业素质和素养，具有追随时代进步的再学习能力和创新意识。

三、创新人才培养的探索

（一）创新人才培养目标

通过对现有精品课程的分析和企业需求调研，从而对创新网络营销人才的培养目标进行明确的定位，即：培养学生了解网络营销的最新进展，系统掌握网络营销相关的理论和方法等知识，具备网络营销相关实践操作能力，具有再学习、沟通和团队合作等职业素质，具有创造性意和创新意识。

（二）创新人才培养特色

依据上述调研结果和创新人才培养目标，本文创建了将理论知识传授充分融于工作岗位实际，1＋2＋3＋4的创新培养思路，即以1条实际工作岗位任务为主线，以2个综合实训平台为支撑，以3个知识模块为基础，以4个环节为保障，以培养集知识、能力和素质于一体的创新人才为目的的创新模式。如图1所示。

其中，以1条实际工作岗位任务为主线是指：以网络营销相关岗位实际工作为主线，培养过程中围绕一个总的实际工作任务展开，每一个知识子单元为各子工作任务的完成办法和相关专业版知识，每个子工作任务既相互独立又相互合作，全部子工作任务串联为一个完整的网络营销流程，应用案例教学、实战型、任务驱动和项目驱动等教学方法，以培养学生整体和团队合作的岗位意识和职业能力。

以2个综合实训平台为支撑是指：每个知识子单元中的综合实训任务示例和创新实践任务提升。示例内容放在专业知识模块中，既可以形象生动地讲授知识，也可以供学生模拟参考；创新实践任务提升内容放在职业能力训练或职业素质培养模块中，紧随当前网络营销流行手段和工具，密切结合当前网络营销动态，锻炼学生的创造性和创新意识，以提升学生的综合职业能力。

以 3 个知识模块为基础是指：每个知识单元均由专业知识模块职业能力训练模块和创新素质培养模块组成，是创新网络营销人才培养的基石。其中，专业知识模块，主要包括市场营销和网络营销的基本概念和理论、网络环境下消费者行为、网上市场调查、网络目标市场策略、网络营销策略以及企业网络营销策划等知识和方法；职业能力训练模块，主要包括文字表达能力、资料收集能力、用户体验能力、自己动手能力、代码了解能力、网页制作能力、参与交流能力、资源利用能力、思考总结能力和适应变化能力等与专业知识模块对应的实操性内容，以培养学生的职业能力；创新素质训练模块主要包括与前两个模块对应的、满足实际工作岗位需求的相关素质训练和创新培养，要求学生追踪网络营销发展和动态，以培养学生的职业素质和创造创新的意识。

以 4 个环节为保障是指：每个知识单元中，包括引导案例环节、岗位实操环节、技能实践环节和创新能力拓展环节，每个环节的具体内容均围绕本知识点的内容，融合到对应的专业知识模块、职业能力训练模块或创新素质培养模块中，增强学生的实际应用实践能力和创新能力。

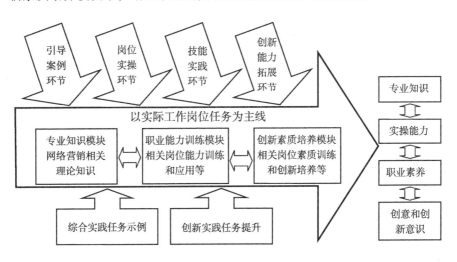

图1　创新网络营销人才培养模式

通过上述创新人才培养模式，使学生不仅具有过硬的网络营销专业知识，还具有职业化的实践能力；不仅具有胜任企业相关岗位的能力，还具有相关工作岗位必备的职业素质；不仅具有善于沟通和不断学习的能力，还具有合格的职业素养和融入团队的精神，具备紧随互联网发展的创造性和创新意识。

四、总结

以企业真实需求为依据，以培养集知识、能力和素质于一体的创新人才为目的，以实际工作岗位任务为学习主线，以专业知识、职业能力和创新素质模块为基础，将案例教学、实战型、任务驱动和项目驱动等教学模式合理地纳入创新人才培养之中，激发学生学习的主动性与积极性，有利于学生的综合素质和职业化培养，对培养适应社会发展和企业需要的创新网络营销人才具有一定的现实意义，也为创新网络营销人才培养提供了一定的参考和借鉴。

参考文献：

[1] 昝辉. 网络营销实战密码——策略. 技巧. 案例 [M]. 电子工业出版社，2009.

[2] 王凯. 任务驱动式教学法在《网络营销实务》课程中的应用 [J]. 齐齐哈尔工程学院学报，2013（09）：88－90.

[3] 赖洁瑜. 关于"高端技能型人才"培养模式的几点思考—基于《网络营销》的课程建设与改革研究 [J]. 新经济，2013（10）：84－85.

[4] 冯军. 网络教学管理的研究 [J]. 商业文化：学术版，2009（06）：22－25.

[5] 雷莉. 浅析"案例教学法"在网络营销课程中的应用 [J]. 经贸教学，2012（12）：86－87.

[6] 樊文静. 网络营销课程教学改革与探讨 [J]. 职业技术，2012（08）：30－31.

应用型电子商务人才培养的双导师制模式研究

——以北京联合大学电子商务专业为例

李丹丹　薛万欣

摘　要：近年来，我国电子商务发展迅速，使得电子商务企业的人才需求量增大；但是，高校电子商务专业的本科生就业却出现困难。本文在分析当前我国电子商务发展和高校人才培养模式的基础上，提出了本科生电子商务专业的双导师制，即由专业导师和企业导师同时指导本科生。以北京联合大学的电子商务专业为例，分析了该模式的职责和成效，为该模式的深入研究奠定了基础。

关键词：电子商务　本科生导师制　双导师

一、引言

根据中国互联网信息中心（CNNIC）2015 年 2 月发布的《第 35 次中国互联网络发展状况统计报告》（以下简称《报告》），截至 2014 年 12 月，我国网络购物用户规模达到 3.61 亿人。在对企业开展电子商务情况的调查中，全国开展在线销售的企业比例为 24.7%，开展在线采购的企业比例为 22.8%，利用互联网开展营销推广活动的企业比例为 24.2%。电子商务的迅猛发展必然需要大量电子商务专业的人才，但是，我国目前与之不相适应的现象是电子商务专业人才的就业难问题。据 2014 年教育部公布的近两年 15 个最难就业专业显示，电子商务专业排在第 13 名。

由以上数据可以看出，我国对于电子商务专业有着超高的人才需求，但是高校的低就业率与之形成了鲜明的对比，这不得不引起我们的思考。目前的电子商务行业，需要的是应用型的电子商务人才，而我国的本科高校怎样才能培养出市场和企业需要的电子商务人才？到底电子商务专业需要怎样的人才培养模式？这些问题将是本文论述的重点内容。

《国家中长期教育改革和发展规划纲要（2010—2020 年）》在高等教育这一章明确提出了"要创立高校与科研院所、行业、企业联合培养人才的新机制"，因此，本文提出聘请电子商务企业的管理人员作为学生导师，共同参与高校应用型电子商务人才的培养，这是高校与企业合作的一种新模式。本文将就电子商务专业的本科生实行高校导师和企业导师共同指导的双导师制（以下简称"双导师制"）展开论述，探讨高校培养应用型电子商务人才的新模式。

二、电子商务专业本科生双导师制提出的背景

（一）本科生导师制的起源和现状

英国牛津大学是导师制的鼻祖，这可以追溯到 12 世纪下半叶。但是，真正意义上制度化的导师制出现在 14 世纪牛津大学的默顿学院，后来被各个学院效仿，并迅速普及整个牛津大学，随后效仿该制度的美国大学从中受益，与此同时，本科生导师制也在世界高校中得以推广。

根据教育部的统计数据，我国自 1999 年高校扩招以来，普通高校的招生人数从 100 万人增长到 2013 年的 699.83 万人，在校生 2468.07 万人，而与此同时，高校的专职教师队伍则增加到了 149.69 万人，师生比例出现了严重不协调的局面，从过去的 1:7 增加到了现在的 1:16，甚至有些高校达到了 1:25。大规模的扩招在缓解高考升学压力、提高全面教育文化水平方面起到了显著的作用，另外也给高等教育带来了多方面的挑战，其中最主要的就是专职思政人员比例的失调，有的高校已经高达 1:200 以上。这使得单单依靠专职思政人员来进行学生的思想教育工作，效果会非常不理想。所以，在高校的基本人员配备无法迅速满足学生数量增长速度的前提下，需要更加合理、科学的人才培养模式。

在这种背景下，2002 年，北京大学、浙江大学开始施行本科生导师制；2004 年以后，全国各个高校纷纷效仿，目前，已经普遍得到了推行，本文对目前已有的 5 种本科生到导师制模式进行了总结。

1. 全程本科生导师制

这种导师制是指从本科生一年级入校后即为每位学生确定导师，导师

的确定是通过教师与学生的"双向选择"。该导师一直跟随本科生到四年级毕业，这4年期间导师会从思想、学习、生活各个方面对该学生给予关心和帮助。

2. 低年级本科生导师制

这种导师制主要在大学一、二年级的所有本科生中实行。导师主要职责是对学生进行学业指导，并通过言传身教来影响学生的人生观和价值观。

3. 高年级本科生导师制

这种导师制主要是在大学三、四年级的所有本科生中实行，导师的主要职责是"科研实践"，即通过参与课题研究、学术讲座等提高学生的科研、创新能力。

4. 英才学生导师制

这种导师制是专门针对优秀学生施行的，如推荐免试生、高考的高分考生等，学生与导师共同确定其培养计划，并通过参与导师的课题提高实践和科研能力，培养更多的创新人才。

5. 学生宿舍导师制

这种导师制类似于牛津大学初期的监护人，是以学生宿舍为单位实行的导师制，如南开大学的生命科学学院。

（二）电子商务专业本科生双导师制提出的背景

当前我国高等教育体制的弊端之一就是教育教学和就业的脱节，高校毕业生找不到工作，而企业又招不到合适的人才，特别是电子商务这种发展非常快的领域，技术和市场的更新更是日新月异。我国高校的专职教师大多是半路出家，缺乏电子商务的实战经验，对市场的敏感度不够，往往是学校里学习的知识在企业的实际应用中早已经过时，或者是根本用不上。这使得电子商务专业与企业对接的需求空前增大，学生需要切实的实践机会，需要准确的市场需求信息，甚至是来自于企业最真实的声音。

近年来我国高校普遍实行的学分制给了双导师制前所未有的良机。这有利于学生个性化的发展，但同时也对学生提出了更高的要求，他们需要更加了解自己、更加懂得规划、有更强的自我约束能力、更加具有分析和判断能力，学习能力也要更强，特别是对于电子商务这一新兴的、发展迅速的专业，对发展动态和前景的把握更是将来就业的关键，这些能力的提高都需要导师的帮助。

因此，对于电子商务专业本科生的培养不能单从专业教育，或者是成绩单来衡量学生的水平和质量，需要将社会评价和学校评价结合起来，对学生的思想、心理、沟通、团队合作、实际工作、学习等各个方面进行全面的评价和培养，在这种背景下，为双导师制的实行提供了必要的条件。

三、电子商务专业本科生双导师制的内涵

电子商务专业的本科生双导师制包括两方面内容：

一方面，在高校本科生导师方面，采用已有的模式之一，即全程本科生导师制。根据每个学校的不同情况，每位导师指导的学生数量为 10～20 名学生。高校导师的职责是对学生的学习方法、培养计划、科研、生活、思想、心理、感情乃至职业生涯规划等方面给予指导。因电子商务的发展是十分迅速的，所以对于电子商务专业的学生，很重要的一点是对于新生事物的敏感度，具有捕捉发展前沿的能力，而学生各种能力的培养不是一朝一夕能够实现的，这些潜移默化的东西都需要导师的言传和身教。所以，全程导师制更加适合该专业的学生。

另一方面，在企业导师方面，邀请电子商务企业的成功人士，这些人可以是经理级的管理人员，或者是专业级的技术人员，也可以是自己创业成功的年轻人。高校邀请他们参与电子商务专业教育教学过程中，担任本科生的企业导师，每人每年级分配 2～4 名学生。企业导师的指导时间分为两种：一种是与学校导师一样，从大一开始就全程指导；另外一种是在本科生进入大四以后，进行为期一年的毕业论文（设计）和实习、就业指导。

四、北京联合大学电子商务专业本科生双导师制的实践探索

（一）基本情况说明

本文以北京联合大学（以下简称"联大"）管理学院的电子商务专业为例，阐述该专业实行双导师制的成效。

联大管理学院在招收本科生时是大类招生，即不分专业，统一授课。本科生从大二第二学期开始"双向选择"专业并分班。电子商务专业自 2009 年以来开始实行本科生导师制，2014 年开始施行双导师制，具体为：

本科生从分专业开始，即从大二第二学期开始，为其分配导师，该导师是学院电子商务专业的教师，称为专业导师；学生进入大四开始，为其分配企业导师。每位专业导师每年分配 5~7 名学生，企业导师每人分配 10 名学生。

（二）双导师制的职责和基本内容

专业导师在对学生的培养中处于主导师的地位，也就是说专业导师负责的内容比较多，对学生的培养也更加重要，职责和基本内容如下：

1. 思想方面

对于刚刚分专业的学生来说，主要是关心、了解学生的思想状况，包括对其家庭、社会关系、大类同学、住宿等方面进行深入的了解，以引导学生树立正确的人生观、世界观和价值观。

2. 生活和心理方面

联大的学生生源特点是北京生源和外地生源的比例严重失衡，因此，通过对学生基本情况的了解，积极引导学生，注意杜绝出现北京生源抱团、排挤外地学生的情况。大类招生的特点是使得学生在与刚刚结识的好朋友相处一年半以后就要分班，因此，导师也要考虑到这个方面对学生的影响，特别是性格内向的学生，以及外地生源。同时，导师要指导学生合理安排大学生活，在学习、社会活动及娱乐之间有所取舍，处理好它们之间的关系。在面对困难、压力和挫折的时候，如何处理和排解，及时关注学生的心理变化。

3. 学习方面

对于刚刚分专业的低年级学生，帮助学生了解自己的专业。指导学生根据自己的情况选课，及早确立自己的目标（考研、出国或者就业等）；在学生考级、考证、报考研究生等方面的意愿给予建议和指导。指导高年级学生进行研究性学习，指导学生参与课题研究、阅读专业书籍，培养学生的专业兴趣、学习态度和科学精神。

对于学生的创新学分，鼓励并指导学生参加各类大赛；带领学生参加学术讲座；指导学生撰写学术论文；对于有考证意愿的学生，帮助其选择适合自己的方向。

企业导师是在大四时进入指导学生环节的，这些企业导师均来自于电子商务企业的管理阶层，负责对毕业班学生的毕业论文（设计）和就业提供指导，并推荐实习和就业机会。

（三）实践效果

联大电子商务专业的毕业论文（设计），真题率提高了 10 个百分点，毕业论文（设计）的质量也大大提高。

在学生参与大赛方面，自 2010 年，先后获得第二届全国大学生创新创意创业大赛全国一等奖、2013 年中国新媒体创新创业大赛全国一等奖等国家、北京市的奖项千余人次。

在学习方面，专业学生的不及格率大大降低，毕业率每年均为 100%。

在学生就业率方面，专业的就业率每年均在 95% 以上。

由于实行双导师制的时间比较短，很多规定和制度都需要完善，联大也是在探索中学习和改进。

五、结论

有关应用型电子商务人才培养的双导师模式，是北京联合大学电子商务专业在实践教学过程中总结和探索出来的，是作者经过对已有高校教育教学模式的研究和学习中、不断深入思考的基础上提出来的。面对市场对应用型电子商务人才的需求，面对教育部最难就业专业的数据曝光，在人才培养和合作教育的相关问题上，双导师制无疑是一种最好的解决矛盾的教育模式。希望本文能够抛砖引玉，为后续学者的深入研究提供借鉴。

参考文献：

［1］中国互联网信息中心，《第 35 次中国互联网络发展状况统计报告》，http：∥www. cnnic. cn.

［2］《国家中长期教育改革和发展规划纲要（2010—2020 年)》，第七章.

［3］常丽丽，杜智萍. 牛津大学导师制对我国本科教学改革的启示［J］. 教育理论与实践，2014，34（9）：6－8.

［4］李达轩，曾凡东. 高校实行本科生导师制的实践与思考［J］. 思想理论教育导刊，2003（11）：71－73.

［5］左军. 本科生实施全员导师制的实践与成效［J］. 中国大学教学，2009（7）：65－66.

［6］费英勤，颜洽茂. 本科生导师制探析［J］. 高等工程教育研究，2003（6）：24－26.

以微创新为起点的大学生创新能力培养模型研究

任广文　张士玉

摘　要： 创新能力的培养不是短时间可以完成的任务，而是一个长期复杂艰巨的工作。鉴于大学本科生的文化素养、知识能力积累和我国长期的教育环境，一开始就着眼于所谓"大创新"的能力培养，对于多数学生来说是不现实的。实现"万众创新"的局面就需要一个适应大多数学生的创新能力培养模式。本文分析微创新对于应用型大学在校学生的内外有利和不利因素，并尊重循序渐进的一般教育规律，提出了以微创新为起点的创新能力培养模式，即从观念、思维和实践三个层面培养学生的感知力、理解力和执行力，期望解决对多数学生的创新能力有所提高的问题。

关键词： 微创新　应用型大学　创新能力　模型

一、微创新问题的提出

关于创新，无论是李克强总理提出的"大众创业，万众创新"的口号，还是到 2020 年把我国建成创新型国家的战略目标，都是国家层面大的研究题目。而如何把创新精神埋在在校学生的心里，使创新精神得到内化，则是一个具体的我们正需要进行的工作。通过企业调研和反复思考加之与教育同行的研讨，本人提出"微创新"是大学生创新精神的起点。

"微创新"一词的提出，根据现在网络的报道有如下表述："微创新"一词出自 360 安全卫士董事长周鸿祎——"用户体验的创新是决定互联网应用能否受欢迎的关键因素，这种创新叫'微创新'。"但是在更早的时间，乔布斯就曾非常重视微创新，他认为："微小的创新，可以改变世界。"所以该词的形成，应该是个过程，但本文不做进一步细致的考证。对其定义和解释本文认为也不应该仅仅如周鸿祎先生在其提出时特指的

"用户体验的创新"，应该是乔布斯的比较通俗的顾名思义的说法，即"微小的创新"。并且本文把"微创新"也暂时定义为相对于理论创新、重大技术创新、行业模式的重大变革创新等革命性创新来说，相对比较微小，比较局部，注重改良，注重个性化和差异化的改变。就适应范围和适应人群来说，微创新更普遍，更适合"万众创新"，更能有力地支持"大众创业"。所以，所谓"万众创新"也应该更多的是指微创新。

创新与创业相辅相成，"大众创业"更需要各行各业"万众创新"的有力支持。如果只有"大众创业"而无"万众创新"，则众多企业必将陷入同质化竞争，比如价格战等现象。唯有差异化、个性化的创新，才能既满足客户的不同需求，又能避免恶性竞争。而创业又为创新拓展了广阔的应用领域，二者如车之双轮、鸟之两翼，共同推进社会进步，这个过程中微创新的地位和作用不容小觑。即微创新更具普遍意义，更适合"万众创新"。因此，培养大多数学生的微创新能力，应该是应用型大学的重要使命。

二、应用型大学与微创新

（一）培养微创新能力的意义

从现状看，现实的直观观察、企业调研和实证研究都表明，我国大学生的创新能力不足。俞敏洪谈大学生项目时说："大学生创业多数不创新，国家应该更多鼓励真正的创新企业、创新型项目。"一些研究也表明，相比美国，中国的创业和创新教育都存在较大的差距和滞后。那么，对于大学生来说，尤其是对于我们应用型大学的学生，就有从哪里起步这一问题，而"微创新"无疑是一个好的切入点。

1. 微创新可以降低创新难度提高成功率

微创新从开始就具有重视用户体验，而非针对大的技术难题，相对变化微小，风险也相对较低等特点，所以，微创新相对容易。而关于如何提高成功率方面，莫过于搜狗百科"微创新"词条中说得直截了当，即，孟得明说："成功模式是：90%模仿加10%创新；而90%创新加10%模仿者必死。"这句话不仅表达了微创新可以成功，还提出微创新成功所需要的因素及比例。

2. 微创新适应多数人

由于微创新重视微小的变化，重视体验，重视用户，有着"从群众中来到群众中去"的天然秉性，所以，相对于投入巨大"研发"的项目，微创新更适合普通人，也更加贴近用户。北京联合大学属于二本院校，毕业生大多数学生就业于基层，与用户或客户接近，加之年轻人活跃的特点，这些都为微创新提供了较多的空间和较多成功的可能。

3. 微创新同样是推动社会经济前进的动力

正如乔布斯所说："微小的变化，可以改变世界。"首先，一个微小的变化可能改变公司的状况，比如腾讯和百度成功的例子。其次，微小的创新来得快捷，对于用户个性化需求的挖掘是永无穷尽的。如果从营销的角度看，接近客户也就最接近经营的最后关键环节。成功的微创新通过推动企业经营的改善，达到对社会经济的推动，其作用也许没有重大发明创造来得巨大深远，但却可能来得更为快捷有效。

（二）二类本科院校培养创新能力的难度与障碍

1. 传统文化影响

有学者认为，中国由于受到几千年儒家文化的熏陶而比较保守，由此而产生的"权威主义"盛行，其对于中国社会追求秩序的价值观产生了积极的作用，但对于创新精神的培育和发扬则产生了巨大的阻碍作用。对比来说，以美国为代表的西方国家在"实用主义"哲学思想指导下，重视实践和创新，创造出现代文明。美国的创新能力，尤其是大学生创新精神远高于中国，这种对照显示出中国大学生创新能力的严重不足。如何把传统的儒家价值观和现代的实用主义创新精神融合起来，这里提出一个也算是微创新的浅见，认为中国未来的深层改革需要的是一个"权威主义"观念和"实用主义"思想和谐共存并相互补充的历史阶段。

2. 学生的基础较差

作为地方性二类本科院校，北京联合大学生源自然不比一类本科的质量更好。把应用型大学作为学校的办学定位也是实事求是的。在这样的现实情况下，如何把微创新能力作为培养目标，也需要一个实事求是的精神。

3. 创新教育的经验尚在摸索中

我们的大部分教师有很高的学历同时具有敬业精神，有的有专利和自己的研究，但是对于创新能力的培养这个问题还不能说经验丰富，相关规章制度对于创新的支持力度也需要加大。

（三）培养创新能力的有利方面

1. 社会环境与国家政策

当前，社会环境和国家政策都在鼓励创新。社会观念在逐渐改变，这对于创新观念的普及具有极大的积极意义。大环境的变化为创新提供了气候。

2. 互联网为中小企业微创新提供空间

微创新概念本身来源于互联网，互联网也为微创新提供了巨大的空间和支持。互联网以其独特的开放性改造着社会的各个方面，比如产品、生活方式，乃至文化与政治，特别是移动互联网的进一步普及拓展的网络空间。微创新与互联网可能带给小微企业的机会越来越多。北京联合大学管理学院有电子商务、工商管理和金融等专业，完全有挖掘互联网中各种机会的空间。

3. 学校环境

应用型大学（例如北京联合大学）以"学以致用"为理念，培养为地方经济发展服务的应用型人才，鼓励创新精神是没有疑问的。学校在社团活动、科技大赛，以及学分置换上都为创新能力的培养提供了许多便利条件，可以看作是为创新精神的生长提供了土壤。

4. 学生个人意愿

学生个人意愿方面不太理想。通过各种方式与学生进行交流，包括谈话和抽样问卷调查，可以得出这样结的论，追求稳定的倾向有相当高的比例，占70%以上，不确定的占20%左右，有创新兴趣者仅有少量比例，不到10%，有创业意向的更少，不足3%。这是一个现实的情况，一方面说明创新与创业意愿不足，但这并不能成为悲观的理由，实事求是地说这也在意料之内，大比例的人从事创新或创业是不现实的，另一方面也说明尚有很大提升的空间。

三、培养创新能力的层次型模型

综合上述有利因素和不利因素的分析，结合教育教学的一般规律、前人研究成果和笔者经验，并在企业调研中听取了众多企业家的经验和建议，总结提出三层次模型。基本思想是应用型大学在微创新能力的培养上，需要分层次并循序渐进地实施创新教育，体现既不好高骛远也不悲观放弃的逐步探索的精神。

笔者认为培养微创新能力可从三个层次展开：观念层——培养开放创新的意识；思维层——培养突破型思维；实践层——开展创新实践。

1. 观念层——培养开放创新的意识

建立一个开放创新的意识，让各个方面鼓励创新，包括宽容失败，也包括宽容一些另类思维。这种风气的形成对于微创新具有巨大的促进作用。

要做到观念的改变，需要领导层、管理层与学生工作部门和教学部门的共同努力。这里笔者大胆提议对于大学政治课程也做出新时期的调整，"万众创新"的内容，应该成为政治课的一部分，因为"创新"关系到"中国梦"的实现，关系到经济、政治与文化，意义不仅现实而且深远。

2. 思维层——培养突破型思维

"现在创新最大的难点就是我们从小到大的教育，使中国孩子的思维严重受限，很少有人会去质疑老师教授的东西是不是有问题。中国孩子有很强的知识储备能力，但却缺乏突破性和颠覆性的思维能力。"俞敏洪表示，"世界变化非常快，光有知识储备没有创新突破能力是不行的。"这些观点对于中国的教育提出了创新能力培养不足的批评。可是在短时间改变一种思维习惯，改变整个教育体制的现状不是简单的事情，这与我们在校大学生创新意愿不足之现状是前后继承的关系，也促成学生到了大学期间再去培养创新思维变得更加困难。但是如何培养突破型思维、挑战型思维、批判型思维，即创新思维，是我们应该也必须做的教育努力。

除了在课程设置方面建议增加创新思维方面的通识课程外，还应该把创新思维的内容尽量微融入现有的课程中去，因为这属于内涵式的渗透，这一工作在目前更加需要探索。

3. 实践层——开展创新实践

应用型大学比较重视实践教学，一般都有一定的实践教学和企业合作的经验，但是，传统的实践教学偏重培训，对于创新训练的比重不一定充分。如何把传统的实践教学与创新教育结合起来还有很大可以尝试的空间。从以往经验上看，学校与企业的衔接是有很多问题的，探索一个恰当的形式，沟通企业与学校的交流，有效合作本身也需要不断创新，微创新可能更需要"接地气"，即需要广泛的企业联系。

三个层次的作用和创新能力的对应关系，用表格的方式表述如下（见表1）。

表1　应用型大学学生微创新能力培养层次

层次	内容	方式	作用	对应的创新能力
观念层	培养创新观念和意识	授课、思考、辩论、讨论	哲学层面的批判与借鉴	感知力或嗅觉
思维层	培养创新思维与方法论学习	授课、借鉴、研讨、设计	方法层面的掌、突破型思维的获得	思考力
实践层	培养创新实际操作能力	实践、研讨、拓展等	专业能力的训练与习得	执行力

笔者认为，对于学生微创新能力的培养，三个层面要形成三角形，不能偏废其中之一。第一层是观念层。首先，观念问题是最大的问题，不能解决社会、家长、学生对于创新的意识，就很难说有后面的能力与实践。其次是感知力的培养，要培养学生的习惯，能够找到创新的机会，也就是发现问题的能力，叫做感知力或嗅觉。另外，作为第一层的感知力是创新能力的起始，尤其值得关注，在创新能力培养过程中注重对学生热情的激发和保护，"热情"是能力培养的重要因素。

第二层是思维层，也是核心部分，即能够在感知机会的基础上分析问题找到解决问题的基本方案，尤其是具有突破性的思维，这是创新能力的真正所在。这个时期应该注重学生毅力和注意力的集中培养，以期取得突破。

第三层是实践层，是就具体的创新项目能够由发起者自己或组织其他人员一步一步去完成的过程，并在过程中注意经验总结，并在提高的基础上进一步提升第一层的感知力，以利于寻找下一个创新机会。这样就形成了一个正反馈的循环，逐步提高。

如果没有感知力就会对创新机会视而不见，遇到机会同时又会错过机会；如果没有思考力就会对问题束手无策，也就是即使没有错过机会，但只能放弃机会；没有执行力就是对最终实现难以达成，即抓住了机会也进行了努力思考，但没有付诸有效的实践活动，最终不能成功。

以上提到三种能力即感知力、思考力、执行力，就运用的过程来说是线性连续的前后关系，如图1所示。而就创新能力的提升而言，执行力的积累又会提升感知力，三者是互相促进的环形关系，如图2所示。

图1 创新过程中三种能力的关系

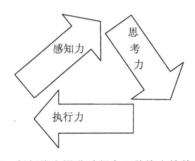

图2 创新能力提升过程中三种能力的关系

以上就是微创新能力培养的层次模型基本内容，也可以说是一个微创新能力培养的框架，可能不够全面，其实践上的有效性也尚待检验，仅作为对于微创新能力的培养有所改进之良好愿望的抛砖引玉。其中一些思路在笔者的教学中已经有所实施，比如在多媒体技术课程的微电影拍摄和与企业合作中的各种策划等，其效果也有待时间的进一步检验。

四、结语

建立创新型社会是整个社会所有成员的共同任务，作为应用型大学如何应对即将到来的创新型社会对于毕业生创新能力的需求，加强对于学生创新能力的培养,是一个责无旁贷的任务。鉴于微创新能力的培养对于应用型大学在校学生是一个比较实际的起点,本文在分析内外有利和不利因素影响的情况下,提出需要在观念意识层、创新思维层、实践层分别对学生的感知力、思考力和执行力进行训练培养的模式。期望循序渐进地达成创新能力的培养,即是本文的主旨。关于本模型应用中的其他方面,如不同层中需要的人员角色、工作描述、协作关系和后期评价等尚待进一步探讨,不在本文中阐述。

参考文献:

[1] 周鸿祎. 乔布斯和微创新 [J]. 现代企业文化, 2013 (1): 9 – 9.

[2] 刘幸. 洪谈大学生项目 [N]. 广州日报, 2015 – 03 – 04.

[3] 胡继民. 中美大学生创业教育的比较与启示 [J]. 经济与社会发展, 2013, 11 (10): 156 – 171.

[4] 张朝, 于宗富. 中美创新机制文化背景比较研究——基于儒家文化与实用主义哲学的视角 [J]. 山东理工大学学报: 社会科学版, 2014, 30 (3): 38 – 42.

[5] 俞敏洪. "接招" 记者各类提问: 谈教育谈创新分享投资经验 [EB/OL]. http: // news. xinmin. cn/domestic/2015/03/10/27013831. html.

[6] 陈慧女. 中美大学生创业教育比较分析 [J]. 学校党建与思想教育, 2013, (467): 86 – 89.

[7] 任献华. 中美大学生创业教育的比较研究 [J]. 长春教育学院学报, 2012, 28 (11): 15 – 16.

[8] 张帆. 中美大学生创业环境的比较分析 [J]. 管理科学研究, 2010, 28 (1): 112 – 115.

[9] 王天力. 应用型大学向创业型大学转化刍议 [J]. 长春工业大学学报 (高教研究版), 2012, 33 (4): 15 – 16

[10] 胡寿根. 传统 – 特色 – 创新: 应用型本科院校可持续发展的路径选择 [J]. 上海工业大学学报, 2010, 27 (4): 316 – 319.

大类招生模式下大学生就业能力的培养和研究

曹　敏

摘　要：伴随着逐年增加的大学毕业生人数，以及由此带来的一年比一年更难的"史上最难毕业年"，大学生就业问题已经成为整个社会关注的焦点之一，而大学生所拥有的就业能力是大学生成功就业的关键因素。大类招生模式下，要改善大学生就业现状，帮助大学生顺利就业，就要重视对大学生就业能力问题的研究，包括对大学生就业能力的构成、现状及不足进行全面分析，进而深入挖掘影响大学生就业能力的重要因素，在此基础上提出相应的解决办法。

关键词：就业能力　就业能力结构　就业能力影响因素

伴随着逐年增加的大学毕业生人数，以及由此带来的一年比一年更难的"史上最难毕业年"，大学生就业问题已经成为整个社会关注的焦点之一。目前我国正处于一个快速发展的社会转型期，产业结构变化很快，产业劳动力供求矛盾是导致大学生难就业的原因之一。另外，大学生就业能力相对不足也是大学生就业难的主要原因，用人单位在选择大学毕业生时反映出的"有人无业就，有业无人就"现象，所体现的正是大学毕业生就业能力的不足。良好的就业能力是大学生实现就业的必要条件，也是大学生步入社会并实现职业理想的必要基础。提高大学生就业能力、促进大学生实现就业既是高校的重要任务，也是亟待解决的重要问题。

一、大类招生的内涵

大类招生的全称是按学科大类招生，是指高校将相同或相近学科门类，通常是同院系的专业合并，按一个大类招生。学生入校后，经过1~2年的基础培养，再根据兴趣和双向选择原则进行专业分流。这样，学生可以在对学科有一定程度了解的基础上，从容选择志笃的专业和研究方向，缩小专业教育与用人市场的距离，有助于避免就业时的学非所用。

按大类招生并不是相近专业的简单归并，而是教育理念、人才培养模式、课程体系、教学方式方法以及教学运行中的管理制度等各方面的一次深刻改革。大类招生政策水平就是在坚持"厚基础，宽口径"的原则下，建立"全校通修课程＋学科通修课程＋专业发展课程＋开放选修课程"的新型模块化课程体系，引入第二课堂资源，建立多元化的实践教学育人体系。按大类招生是我国社会发展和经济建设对人才培养的客观需要，也是当前高校加强内涵建设，深化教学改革，提高人才培养质量的重要举措。

二、大学生就业能力的内涵

（一）大学生就业能力

有学者认为就业能力是一种综合能力，主要是大学生通过在校参与学习和实践活动而逐步形成的，是大学生成功就业所必备的个性品质、技能和知识等因素的综合能力，包括适应工作、维持工作、变更工作以及最大化地实现个人职业生涯发展的能力，具有主体性、发展性和过程性三方面的特征。

也有学者强调大学生就业能力的适应性，指出就业能力应该能够对付变化的环境。如刘学林认为，大学生就业能力是"大学生在校期间通过理论学习与实践活动逐步形成的、能够适应环境变化、通过应聘求职而获取自己满意的工作岗位并胜任工作的能力或者自主创业、满足社会需要、实现人生理想的能力"。

（二）大学生就业能力的内容

美国培训与开发协会（ASTD，1990）针对就业能力，定义了16项技能，分为6个类别：基本胜任能力（阅读、写作、计算），沟通能力（说和听），适应能力（问题解决、创造性地思考），自我发展能力（自尊、动力、目标设定、职业生涯规划），群体效果（人际技能、团队工作、协商能力）和影响能力（了解组织文化、分享领导）。

就业能力是大学生个人素质的综合表述，同时也是充分就业的有效保证。通过上文对大学生就业能力概念及特点的阐述，作者将其分为以下几种，主要包括基本工作能力、专业知识能力、环境适应能力、心理调适能力、创新及创业能力和社会认知能力。

实现顺利、充分就业的首要标准是基本工作能力，既包括阅读、写作、计算、倾听和表达等基础能力，也包括人际交往、组织管理、协调沟通、统筹规划、外语和计算机运用及操作等能力。而从某种程度上讲，环境适应能力是关系到大学生成功就业的决定因素之一，只有充分融入所处的新环境，才能在职场中立于不败之地。创新能力其实质是各种智力因素和能力品质在新的层面上融为一体、互相制约、有机结合所形成的合力，它是一项综合能力。就业能力的内涵界定是随着社会经济发展不断变化完善的，不是一成不变的。

三、大类招生模式下大学生就业能力存在的问题

尽管我国大学生就业能力与以前相比有所提高，但是面临经济发展的日新月异，对就业者能力要求日益提高，我国大学生就业能力仍然存在许多不足，主要问题包括以下几个方面。

（一）办学理念不先进

当前，很多高校都或多或少存在办学理念趋于"同质化"的问题，办学理念不科学，发展方向不明确，学校定位不准确，基本还是走老高校办学的路子，片面追求大而全，追求科研、论文等能体现学校形象的指标，没有自己的特色和优势，不能很好地处理知识、能力和素质之间的关系。

（二）人才培养模式与经济社会发展不匹配

高校或多或少地会沿袭精英教育的教育模式，培养方案陈旧，人才培养模式单一，所选教材和大纲不符合大众化教育的实际，教学方法、教学手段、课程设置、实践环节跟不上社会的需求。学生选择专业仍有很大的盲目性，一考定终身的现象还没有什么改变。日常的教学工作也没有从根本上重视学生基本工作技能的培养，这种模式培养出来的大学生就业能力差，与经济社会发展不匹配。

（三）学生基础就业技能储备不足，综合素质偏弱

用人单位最看重的是毕业生的综合素质，虽然高校都按要求开展了素质教育，在人才培养方案中都安排了人文课程，也开展了许多课外活动，但是针对性不强，活动的内容不够丰富，没有紧随时代的特点，形式比较传统、单调，学生积极性不高，参与面不广，实际效果不佳。

（四）就业服务体系不健全

目前一些高校将就业指导等同于毕业生求职指导，主要忙于就业政策宣传、就业观念教育、求职技巧辅导、招聘会的组织、就业信息发布等方面的工作，没有意识到大学生的就业过程是一个包括就业能力培养、就业目标确立和毕业择业在内的连续的、完整的过程，更重要的是形成健全的就业指导服务体系，能够科学地、系统地、完整地、有针对性地培养大学生的就业能力。

四、在大类招生模式下提升大学生就业能力的建议

就业能力不是与生俱来的，是可以通过后天培养起来的。高校作为大学生走向社会的起始站，对于就业能力的培养具有不可推卸的责任。

（一）优化人才培养方案

在大类招生培养模式下，前两年要"厚基础，宽口径"，后两年则要"强能力"。在 4 年的培养过程中，始终都要以人为本，德育为先，全面推进素质教育，科学设计课程体系。将就业能力的培养纳入课程体系中，完善相关课程设置和管理，课程建设以培养就业能力为核心，就业能力以课程建设为载体，两者相互作用、相互促进，切实重视就业能力的提升。增加开设选修课的比例，鼓励学生跨学科跨学院学习。建议加强人际交往、曲折励志、跨文化沟通、演讲与口才、求职技巧等方面课程的开设，以增强学生的沟通能力、心理调适能力以及简历制作能力等。无论是哪类的课程，都要保证有丰富的课程资源，让学生有选择的空间。

（二）加强实践教学

应培养以工程意识、工程实践能力和自主分析、解决问题能力为核心，坚持理论教学与实践教学并重的教育教学理念，按照"系列化、分层次、不断线"的原则将工程实践中必须掌握的各种能力融入各个实践环节中。

（三）构建全程就业指导服务体系

学校应以市场需求为导向，将职业生涯规划、职业技能发展等相关知识融入大学生就业指导工作中去，建立从入学到毕业全程就业指导模式。一年级就要开设职业生涯规划课程，指导学生规划好 4 年的大学生活；二年级要引导学生深入了解大类的各个专业及发展前景，通过专业基础课的学习，初步确立自己将要选择的专业和职业目标；三年级阶段要引导学生理性思考自己的职业理想和职业规划，并为自己确立的职业目标积极做好知识和能力的准备，利用假期到自己想要从事的行业或单位打工实习，通过实习找出自己的不足，进一步提高自己的就业能力；四年级阶段着重加强就业技巧的指导和信息的服务。学校还应建立就业困难学生的信息数据库，通过分类别对这些群体进行有的放矢的指导，增强其就业信心，提高就业能力，并优先向学校的就业基地、实习基地等单位推荐就业岗位，帮助他们尽快就业。

参考文献：

[1] 刘学林. 大学生就业力现状及其提高［J］. 职业时空，2005（14）：18－20.

[2] 刘治军. 当代大学生就业指导研究［D］. 武汉：武汉大学，2005.

[3] 周淑琴. 关于高校提升大学生就业能力的思考［J］. 辽宁医学院学报：社会科学版，2011，9（3）：66－68.

[4] 刘丽玲，吴娇. 大学毕业生就业能力研究——基于对管理类和经济类大学毕业生的调查［J］. 教育研究，2010（3）：82－90.

[5] 肖云，杜毅，刘昕. 大学生就业能力与社会需求差异研究［J］. 高教探索，2007（6）：130－133.

[6] 刘余镇. 大学生就业能力的构成及其培养［J］. 经济与社会发展，2007，5（3）：200－202.

大学生就业能力的思考

郝卫峰

摘　要：当前，如何提升大学生自身的就业能力是破解大学生就业难的关键所在。本文讨论了"大学生就业能力"的内涵，从大学生和学校两个方面分析了提高大学生就业能力的途径，提出了大学生应进行职业生涯规划，提高社会适应能力，具备良好的心理素质和树立正确的择业心态；学校应把大学生就业能力培养纳入高校培养目标，促进高校教育教学改革，加强高校与用人单位之间的联系。

关键词：大学生　就业能力　职业生涯

高校毕业生已经成为当今社会的重要人力资源，在人才市场上成为一支重要的生力军。随着高校的扩招，在校大学生人数急剧增加，毕业生人数也越来越多。随着毕业生数量的日益增多，大学生就业难的问题越来越多地受到了人们的关注，而如何提升大学生自身的就业能力则是破解大学生就业难的关键所在。

一、"大学生就业能力"的内涵

关于就业能力的准确界定，西方发达国家目前还没有统一的定义。国内大多数研究者认为，就业能力是指大学毕业生在校期间通过知识的学习和综合素质的开发而获得的能够实现就业理想、满足社会需求、在社会生活中实现自身价值的本领。因此，就业能力可以认为是学生发现、获得并保持工作机会的一种综合能力。从高等教育的角度讲，就业能力是指学生通过学习和实践，在毕业时具有获得工作职位的能力，及其工作后保持工作与晋升职务的能力，而不仅仅是就业。

为了提高大学生的就业能力，大学生和学校应积极配合，从如下几方面进行努力，力求解决大学生的就业难问题。

二、大学生应努力提高就业能力

（一）大学生应进行职业生涯规划

据调查，部分大学生面临的"就业困难"很大程度上是因为不知道自己应该从事什么样的工作。因此，大学生尽早规划自己的职业生涯，充分发挥自己的主观能动性，这具有重要的意义。

首先，大学生要树立正确的职业理想。大学生一旦确定了自己理想的职业，就会依此进行相应的学习和实践的规划，并积极准备相关事宜。其次，正确进行自我分析和职业分析。前者的分析是对自己的兴趣、气质、性格和能力等进行全面分析，认识自己的优势与特长、劣势与不足。后者的分析是指充分考虑职业的区域性、岗位性和行业性等特性，如职业岗位对求职者自身素质和能力的要求，职业所在的行业现状和发展前景等。第三，构建合理的知识结构。要根据职业的具体要求，构建合理的知识结构，重组已有知识，最大限度地发挥知识的整体效能。第四，培养职业需要的实践能力。大学生应使自己具备从事本行业岗位的基本能力和专业能力。

从具体实施来看，职业生涯规划应从大一做起，在不同阶段采取不同的行动计划。比如，一年级为试探期，此时初步了解职业，特别是自己未来希望从事的职业或与自己所学专业对口的职业；二年级为定向期，通过参加各种社会活动，锻炼自己的实际工作能力，最好能在课余时间寻求与自己未来职业或本专业有关的工作并进行社会实践，以检验自己的知识和技能，并根据个人兴趣与能力修订和调整职业生涯规划设计；三年级为冲刺期，在加强专业学习、寻求工作和准备考研的同时，把目标锁定在与实现自己的目标有关的各种信息上；四年级为分化期，大部分学生对自己的出路都应该有明确的目标，这时可对前三年的准备做一个总结：检验已确立的职业目标是否明确，准备是否充分，对存在的问题进行必要的修补。

（二）大学生应提高社会适应能力

学校和社会的运行规则有很大不同，这种不同往往使得大学生对社会的看法趋于简单化、片面化和理想化。一些企业认为应届毕业生缺乏工作经历与生活经验，角色转换慢，适应过程长。他们在挑选和录用大学毕业生时，在同等条件下，往往优先考虑那些曾经参加过社会实践，具有一定组织管理能力的毕业生。这就需要大学生在就业前就注重培养自身适应社会、融入社会的能力。

借助社会实践平台，可以提高大学生的组织管理能力、心理承受能力、人际交往能力和应变能力等。此外，还可以使他们了解到就业环境、政策和形势等，有利于他们找到与自己的知识水平、性格特征和能力素质等相匹配的职业。

总之，对社会和环境的适应要采取积极主动的态度，而不是消极地等待和却步，将使大学生具备较强的社会适应能力，走入社会后才能缩短适应期，充分发挥聪明才智。因此，在不影响专业知识学习的基础上，大胆走向社会、参与包括兼职在内的社会活动是大学生提升自身就业能力和尽快适应社会的有效途径。

（三）大学生应具备良好的心理素质

近年来，越来越多的人意识到：大学生的心理健康需要特别关注。在现实生活中，面对升学的压力和父母的期望，无数学子承受着巨大的心理压力，却没有得到社会的重视。大学生不仅承担着建设祖国的重任，更是社会的中流砥柱，大学生的素质体现着一个社会综合素质的高低。而求学期间只注重专业知识、忽视心理素质的情况，将使一些人在面对困惑或逆境时，表现出一脸茫然，影响到自己的择业选择。尤其在求职过程中，有些学生一旦遭遇失败，便一蹶不振。因此，大学生应在求学过程中注意加强心理素质，尤其是在日常生活中注意锻炼自己坚忍不拔的性格；在求职中，面对困难沉着、冷静，用积极的心态扫除成功路上的障碍。

（四）大学生应树立正确的择业心态

首先，要积极、主动寻求就业岗位，而不能被动地"等、靠、要"。现在，很多毕业生把希望寄托在社会关系资源上，出现了求职"全家总动员"的现象。事实上，在现有条件下，大学生主动"推销"自己是一个非常重要的实现就业的途径，一旦进入面试环节，自己的能力将起决定性的作用。

其次，要破除传统就业观念，实现多元化就业。很多大学生仍然把留在大城市、端上"铁饭碗"作为首要选择，也有不少大学生倾向于选择外企、合资企业等薪酬较高的职业，但很少有人选择西部和基层，这就使就业成了过"独木桥"。其实，很多岗位还是非常需要大学生的。比如，近年来，一批新型适应非正规就业方式的职业诸如自由演艺人员、软件开发人员、翻译人员、美工设计者和自由撰稿人等，正在不断涌现，对于缓解大学生就业压力起到了积极的作用。可见，只要我们能转变观念、面对现实，就不难找到能够发挥自己特长的工作。

第三，避免盲目追求，正确认识自我。我国高等教育正处于从"精英教育"向"大众教育"转变的过渡期，部分大学生对此缺乏应有的危机意识，盲目追求就业中的高层次、高薪酬，在择业类型和择业区域上出现"扎堆"现象，而没有意识到自己的"眼高手低"。在这种情况下，大学毕业生只有改变以前的"精英就业"观念，树立"人职匹配"的"大众化"就业观，才能更容易实现就业。

三、学校应积极帮助大学生提高就业能力

（一）把大学生就业能力培养纳入高校培养目标，促进高校教育教学改革

作为大学生培养机构的高校，应担当起培养大学生就业能力的责任。从目前的情况来看，很多高校都建立了专门的大学生就业指导中心。配有专门的工作人员，同时也开设了大学生就业指导课程。总之，高校对于大学生就业问题还是相当重视的。毫无疑问，学校给与的就业指导确实能给毕业生以很好的帮助，但这还不够。就业指导多侧重于帮助学生找到工作，注重的是就业率而不是就业能力，而对大学毕业生的就业质量和未来的发展前景考虑较少。因此，要培养和开发大学生的就业能力，如下两个方面的问题需要得到重视：（1）高等学校的培养目标中纳入大学生就业能力，并作为评价教育质量的重要标准，起到示范作用；（2）课程体系中按照就业能力进行培养。只有如此，才有可能使就业能力与其他知识技能处于同等地位，引起教师的重视，否则就业能力的培养很难落到实处。

（二）加强高校与用人单位之间的联系

在我国当前的职业教育中，多数采取的是职业学校和用人单位的联合培养制度。此种制度根据岗位的实际需要，有针对性地进行专业知识教学和岗位技能培训，大大提高了人才培养的有效性。但是对于普通高校而言，要大规模地采取类似的联合培养固然缺乏现实可操作性，但是此种联合培养模式也值得借鉴。具体实现形式，可以通过采取"走出去、请进来"的方法，组织毕业生到就业基地、企业一线了解行业发展状况，了解用人单位对毕业生素质的具体要求，进而树立明确的努力方向。同时，用人单位通过大学生的实习，对大学生的能力和潜力有了认识和了解，能够更好地从中挑选自己所需要的人员，节约和减少了招聘成本。高校和用人单位的合作，增加了大学生的工作经验，也使大学毕业生的就业竞争实力明显增强。

参考文献：

[1] 刘美美. 如何提高大学生的就业能力 [J]. 职业，2011 (6)：26 – 27.

[2] 冯虹，张波. 我国大学生就业能力现状及问题研究：以北京为例 [J]. 管理世界，2011 (8)：175 – 176.

[3] 荆秋慧. 大学生就业能力提升的条件与途径 [J]. 沈阳师范大学学报：社会科学版，2008，32 (4)：32 – 34.

[4] 李礼建. 浅谈职业生涯规划对大学生自我教育的影响 [J]. 吉林工程技术师范学院学报，2011 (8)：8 – 10.

[5] 朱新秤. 论大学生就业能力培养 [J]. 高教探索，2009 (4)：124 – 127.

[6] 肖强. 高校提升大学生就业能力的探析 [J]. 福州大学学报：哲学社会科学版，2012 (6)：140 – 143.

浅谈提升大学生就业质量有效途径

谭 兵

摘 要：在就业压力日趋严峻的形势下，大学生就业指导工作越来越受到关注。本文从"时间推进""空间转换""点面结合""质量提升"等角度对大学生职业发展指导工作进行了探讨，整体贯穿了"渗透—强化—提升"的三阶段思路，旨在探寻一种科学而有效的就业职业指导途径。

关键词：大学生 就业 途径

一、管理学院就业率保持比较高的水平

管理学院通过不断优化专业结构和课程体系，各项工作协同发展，办学特色日益凸显，近几年学生毕业人数及毕业生就业率保持在比较高的水平。以下数据来源于《管理学院2009—2013年就业情况分析》，见图1、图2。

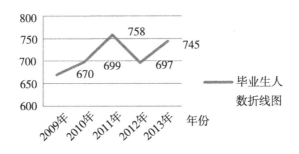

图1 2009—2013年管理学院毕业生人数总体呈上升趋势

图2 2009—2013年管理学院就业率走势

（一）管理学院 2009—2013 年毕业生主要去向

管理学院学生去向为各中小企业的大约占到 3/4 以上。企业单位工作人数及其比率（2009 年及 2010 年含高职学生）如图3、图4所示。

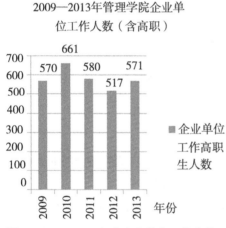

图3 2009—2013 年去企业单位工作人数

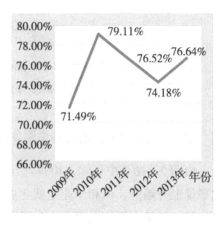

图4 2009—2013 年去企业单位工作比率

因此，学院有针对性地培养能够适应企业工作的学生将是主要任务。这也与学校定位——培养应用型人才目标相符。

二、就业率高而就业质量低

虽然管理学院就业率保持比较高的水平，但是，当着眼于签合同的人数和比率时，情况不容乐观，如图5、图6所示。

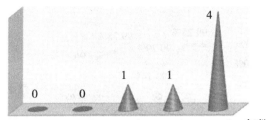

图5 2009—2013年管理学院签劳动合同人数

图6 2009—2013年管理学院签劳动合同比率

（一）签订劳动合同及其比率分析

由图5、图6中可知，2009年至2013年管理学院签劳动合同的人数和比率呈上升趋势，但和毕业生就业总人数相比仍占少数。

签订劳动合同标志着学生和用人单位双方认可，它是衡量学生成功就业的重要标准。签订劳动合同是维护劳动者合法权益的重要保障，可以增强劳动者对于企业的信任感和归属感。签订劳动合同可以被视为企业希望长期雇佣毕业生的信号，长期而稳定的雇佣是就业质量高的一种体现。

从上文提到的管理学院学生毕业人数及毕业生就业率，及国家就业蓝皮书2013年211本科院校就业率为89%，非本科院校为87%，可以看出管理学院就业率维持在比较高的水平，但仍然存在就业质量较低的问题。

（二）应届生签订劳动合同的比率低与就业质量较低的原因

北京市曾对96家用人单位做过调查，大学毕业生首次就业后3年内跳槽率达到70%。在目前就业难的形势下，大学生跳槽现象依然频繁发生。

这一方面是由于在校大学生没有对自己的职业做过理性的思考与规划，另一方面是由于高校缺乏对学生进行系统的职业发展指导，才造成了他们在择业中的盲目与波动。

从学生有效就业数据上看，就业率和签约率高，说明学生找到工作并不难。但是真正签合同能够稳定下来的并不多见，这在一定程度上也反映学生首次就业还带有很大的盲目性和不确定性。如何提高学生就业的有效性，让学生和用人单位双方都满意呢？学院既要寻求稳定的校企合作伙伴，同时也要整合各方面资源，使就业指导与职业指导相融合，通过采取各种方式对学生进行职业发展指导，逐步培养学生成熟理性的就业观。

三、科学的职业发展指导是提高学生就业质量的有效途径

所谓职业发展指导是以就业为导向，对学生进行全方位的指导。它包括对学生进行职业介绍、个性心理测试、入职匹配、择业技巧训练、就业后培训、服务等。完成这些工作绝不是某个阶段性的工作，而是从新生入学开始，将职业指导工作有计划地贯穿于学校教育的始终，使之同教育各方面有机结合，最大限度地发挥职业指导对毕业生就业的推动作用。

目前，学院重点多倾向毕业生的就业指导，尚缺乏完善的学生与企业匹配的职业生涯规划教育体系。指导工作多停留在就业的一般理论指导层面，例如：毕业生的毕业流程、协议书的签订、国家的就业政策。学院人才培养措施及提供职业发展服务缺位，学生缺乏职业生涯规划和具体实践，导致学生就业严重不适应。因此，探讨多种方法和途径对大学生进行职业发展指导尤为迫切和必要。

建立更为完善的大学生职业生涯指导教育体系，应遵循以下原则。

（一）针对性和连贯性相结合原则

好的开始是成功的一半，有针对性地抓住新生入学期开展职业指导教育会取得事半功倍的效果。结合这两年大学生生源状况和各年级学生的特点来看，大学新生刚刚经历紧张的高考，进入高校学习，往往处于一个"目标缺失期"。在实际访谈调查中，多数学生觉得毕业遥遥无期，没有压力也没有紧张感，同时所学知识绝大多数为基础理论课，因此存在学习动力不足，没有新目标也没有了学习和生活的动力，许多人感到迷惘、无所

适从。多年来，应试教育的惯性往往造成多数学生专业意识比较淡薄，职业方向不明确，一些学生开始沉迷网络等。由此也产生了抑郁、网络成瘾等心理问题。产生这些问题的根本原因就在于目标的缺失引发了自身学习和生活没有动力和积极性。而怎样寻找大学学习和生活的目标呢？其中一个重要途径就是针对大学新生进行科学和及时的职业生涯指导教育，使学生尽早树立职业意识，了解社会对人才的要求，有助于他们客观认识自身优势，对自己的未来发展有一个清晰的认识与充足的准备。

管理学院以"学以致用"培养应用型人才目标为使命，坚持基于学生个性化发展的实践创新型人才培养理念。近些年，管理学院开始把规划大学生职业生涯教育内容纳入入学教育，帮助学生寻找新目标，培养学习的积极性和主动性。开设适用于大一大二学生的生涯规划课程，包括自我认识、自我探索、生涯决策、目标管理、外部世界职业信息、行业发展前景等内容。除此之外，高校还可通过邀请企业家或用人单位的人事经理举办讲座，以"就业须知""就业指导手册"等方式，让新生提前了解一些应聘、面试技巧和就业包装方法。

对于大一学生来讲，单纯空洞的或太专业的职业指导收效甚微，学院通过加强专业认识和养成教育，通过强化日常管理养成良好的学习和生活习惯，树立正确的世界观、人生观和价值观，将职业指导与军训、体育课、德育课、参观实践课相结合，可以培养学生吃苦耐劳和抗挫折的能力，这种教育可以说是一种渗透式教育。

二年级的学生基本度过了懵懂期，开始涉猎专业课程，从而对某些专业萌发出较大兴趣，这时是进行职业能力培养的最佳阶段，也是全面打好基础的阶段，这时鼓励学生参与一些专业调研，参加专业讲座和论坛，可以开阔学生的视野和思路。在进行自我认识和定位的同时，了解本专业的特点、发展前景的基础上，进一步明确自己的职业目标。学院从课程设计上将职业指导与专业课学习相结合，提高学生专业技能，增加学生社会生存竞争力。

三年级学生已经嗅到职场激烈竞争的火药味，对就业前景比较敏感和重视，会积极主动寻求就业指导和培训，这阶段要积极发挥校企合作优势，分阶段通过提供相关专业的用人信息，帮助学生较早地了解单位用人标准，尽早定位，同时还要鼓励学生利用假期开展实习，积累实战经验。

四年级学生有部分会上岗实习，在亲临职场接受考验和磨炼的过程中会加速蜕变。实践证明，经过顶岗实习锻炼的学生，毕业后较快进入角色，能够克服以往毕业生中缺乏工作经验、难以适应工作环境的弱点，而且通过顶岗实习，表现优秀的毕业生往往可以被实习单位通过双向选择招聘录用，这样便拓宽了毕业生的就业渠道。从职业指导的角度来看，这个阶段帮助学生进行适当的心理测试，对自身进行合理定位，减少摇摆性，帮助他们尽快进入工作状态，显得尤为重要。

社会是个大熔炉，我们培养的学生最终要禁得起社会的检验和认可，才能算得上修成正果。虽然一年级到四年级职业教育和职业指导的侧重点不一样，但是基本上要经历渗透—强化—提升这几个阶段，这里面体现的是时间推进效应。

（二）系统性和全员性相结合原则

对学生进行有效的职业指导，并不是老师或部门独立完成的，它需要各方面的配合和支持。一方面，学校就业指导主管部门给予就业指导测试和咨询，不定期发布就业信息；另一方面，需要班主任、辅导员不间断地对学生进行人格培养，同时进行就业指导暗示。除此之外，各任课教师特别是专业教师，在进行专业教学的同时对学生进行有针对性的就业能力分析和专业方向定位也是非常必要的。

一般情况下，各个职能部门都在所属工作职责范围内开展工作，但是教师应该首先充电，才能给予学生指导和建议，避免出现学生的信息比老师还灵通。

通过全体教工的渗透式教育，让学生时时刻刻能够得到最新的市场信息并同时感受到就业压力，之后通过系统的专业教育、职业指导课程和相关的实践活动强化，最后在涉入职场的过程中再次锤炼，直到被社会接受和认可。

（三）普遍性和特殊性相结合原则

由于职业指导工作的对象个体之间存在较大差距，不同学生对职业的理解、追求和愿望不大一样，其从事专业工作的技能也参差不齐，所以，开展职业指导时应该坚持普遍性指导与特殊性指导相结合的原则。对于毕业生可能普遍遇到的问题，如就业形势、就业政策、就业程序、求助技巧等问题，要进行统一指导，而具体到每一个毕业生，就要对其特殊的就业观念、职业追求和自身综合素质条件为其求职择业提出建设性意见和帮助。作为一线管理者，如班主任应该对每个学生的个性特质进行观察和分析，建立学生品行和个人能力档案，这样在进行职业指导的时候才能因材施教。如果不顾学生个体差异而采用一刀切的指导方式，那么工作成效就会大打折扣，学生的就业质量也不会提高。因此我们既要从面上做普遍性的、渗透式的就业指导，又要做针对不同个体的重点指导，这种点面结合的方式，我们可以称之为就业指导的点面结合效应。

（四）开放性和渗透性相结合原则

成功的就业指导，除了继承前人一些成熟的经验，如面试技巧、心理测试等程序外，还有一个至关重要的因素就是要有鲜活的时代气息，要在最短的时间内传达最新的职场信息，让学生的思想随着时代的脉搏跳动。因此我们要打破学校的围墙，走出去，请进来，把大量时间和精力用在市场调研和信息收集方面，在翔实数据的基础上进行科学和理智的分析判断，从而为学生的就业指明方向。在对学生开展职业指导的过程中，要将市场经济意识、竞争意识、创新意识和创业意识等观念引入职业指导全过程，帮助学生培养适应劳动力市场运行的思维方式、价值理念和行为习惯，为毕业生进入人才市场成功择业打下坚实的基础。

同时还要把这些最新的信息渗透到教学教改中去，让专业课程改革方向和职业指导方向相结合、相统一。专业教改落实之时，也是职业指导强化之时。那么在新思路下培养的学生到底能不能经受市场的检验呢？这就是一个考验和锤炼的过程，根据毕业生反馈回来的信息再不断丰富和完善，进行新一轮的教研教改，长此以往，在专业建设上就会形成一种自我更新的良性循环状态。

市场、就业指导和专业教改相结合的渗透—强化—提升的过程，实际上发生的是一种有意义内涵的变化，这个过程可以称为质量提升效应。

无论是点面结合，质量提升，还是时间推移，或是空间转换，都是以一种务实的精神和科学的态度来进行职业指导。虽然目前职业指导还有待提高完善，经验欠缺，但是只要在工作中强化这种意识，不断地在实践中摸索锤炼，我们的指导水平终究会逐渐提高，从而为学生的就业开辟一条绿色通道。

四、展望

在宏观就业形势下，对于专一稳定有专业技能的大学毕业生的需求越来越多。在就业指导与职业指导相融合的大背景下，毕业生更易于锁定自己有能力胜任且喜欢的职业。从而在被用人单位录用后，有较高的工作积极性并能长期稳定地从事该工作，且易对企业产生较高满意度，与企业共成长。在如此良性循环下，学院通过提供良好的毕业生资源与企业建立更为长久和谐的合作关系，从而为更多毕业生提供良好的实习和就业机会，有效提高就业率和就业质量。

国外创业教育的经验及其对我国创业教育发展的启示[❶]

杜　辉

摘　要： 面对当前的就业难和创业难，今年的政府工作报告明确提出了：坚持就业优先，以创业带动就业，大力发展众创空间，使得"草根"创业遍地开花。国外的创业教育比国内发展得早，已基本形成比较完善、成熟的教育模式和理念，他们在创业教育的管理制度、政策支持、课程建设、资金保障等多方面形成了各自的特色，得到国际社会的普遍认可。为了增进对国外创业教育的实施情况的了解，本文在梳理国外创业教育经验的基础上，对我国的创业教育实践提出了可行性的建议。

关键词： 创业教育　经验　启示

一、导言

创业教育从广义的视角对经济、社会和文化有重要意义，从狭义视角，又特别重视创新性和主动性等。2006 年，UNESCO 和国际劳工组（ILO）出版《形成 21 世纪创业文化》的报告，其中对创业教育进行了定义，即从广度来说，创业教育是一种通过激励和培养个体的才干和创造力增强其自尊和自信的教育学方法，同时培养个体的相关技能和价值观，以帮助学习者扩大其学校教育机会外的发展前景。其主要方法建立在个体行

---

❶　本文是北京联合大学校级教改项目《基于创业教育的工商管理专业应用型创新人才培养和课程体系研究》（项目编号：11103581108）的阶段性成果。

为、动机、态度养成和生涯规划活动的基础上。❶ 该定义从创业教育的目的、培养目标和实施方法很好地阐释了其内涵，也是本文从高校教师的角度来探讨创业教育的一个出发点。

2014 年，李克强总理在夏季达沃斯论坛上讲道，要破除一切束缚发展的体制机制障碍，让每个有创业意愿的人都有自主创业空间，让创新创造的血液在全社会自由流动。❷ 2015 年 3 月 5 日，李克强总理在政府工作报告中进一步指出，要推动大众创业，万众创新。因为这既可以扩大就业，增加居民收入，又有利于促进社会纵向流动和公平正义。❸ 同年 3 月 11 日，国务院办公厅印发了《关于发展众创空间推进大众创新创业的指导意见》，意见从政策、财政支持、公共服务等多个方面进行部署，加大对大众创业支持力度，可以说，这是多年来大众创业最好的年代。我们所依靠的增量发展、投资驱动已经让步于大众的创新精神和创业活动。厉以宁指出，今后经济发展的动力都来自于人们的创造力。而现实中，人口少、国土面积狭小的以色列就是依靠创业、创新吸纳风险资本，成为世界上高科技新兴企业密度最高国家。仅 2013 年，以色列国内高科技企业达到 4000家，密度全球最高。❹ 而以色列之所以能比肩西方发达国家成为创新创业的高地，其秘诀就在于全民创新和创业。因此，在创业教育和实践方面有必要了解创业教育完善、成熟的国家在这方面的经验和成绩，梳理他们创业教育的发展过程、开展情况，将对我们的创业教育具有一定的借鉴意义。

二、国外创业教育的先进经验

本文从以下四个方面梳理了国外创业教育比较完善、成熟的国家在培

---

❶ UNESCO/ILO（2006）. Towards an Entrepreneurial Culture for the Twenty-first Century：Stimulating Entrepreneurial Spirit through Entrepreneur-ship Education in Secondary Schools. Paris：UNESCO. 转自 Munther Masri，阿拉伯地区产业教育：地区分析报告（一），UNESCO – UNEVOC 专讯，2010年第 4 期。

❷ http：//www. chinanews. com/gn/2014/09 – 10/6578895_ 2. shtml，李克强在 2014 夏季达沃斯论坛开幕式发表致辞。

❸ http：//epaper. bjnews. com. cn/html/2015 – 03/13/content_ 566129. htm，"创客"进政府工作报告 创业迎来黄金时代。

❹ http：//finance. sina. com. cn/leadership/mroll/20150112/151921277770. shtml，以色列创新创业的启示。

育创业教育、创业精神方面的先进经验。

（一）创业教育受到高度重视

为了能够更好地通过校企合作来推进大学创业教育，英国教育部与技能部与小企业服务中心联合成立了毕业生创业委员会（Council for Graduate Entrepreneurship），加强大学与地方商业协会的联系，以提高学生的创业技能，激发学生自主创业兴趣，促进大学创业教育的发展。而澳大利亚则是在高等教育市场化的同时，高校迅速引入了创业课程和创业教育专业。到2005年，澳大利亚39所大学（University）中已有34所开设了创业教育课程。[1]

以色列实施了政府主动参与创新创业实践的运行机制，使得政府主动参与创新创业的实践中来，从而有效推动了创业教育的实施、创业项目的国际开展、创业资金的获取和创业企业的扶持。

阿拉伯地区国家的很多政策、立法和制度都明确提出要发展学习者的创业技能，丰富创业实践，激发创业精神。因此他们从管理的框架、丰富和实践都纳入对创业教育的支持当中，并细化到对不同层次的创业教育实施不同的管理方法和实践。不同层次主要包括中央、地方和学校。根据学校自主权的大小，决定采纳多大程度的创新活动，在学校的教学体系和学习过程中实施创业教育。而约旦和突尼斯还在其《教育法》中，分别对创业教育进行了规定，其中突尼斯要求学校必须培养学生的创业技能，具体包括创新精神、目标导向计划能力、实施和评估能力。[2]

（二）创业教育得到政策上的大力支持

澳大利亚从一开始仅限于创业知识的传授到20世纪90年代开始创业课程的大面积设置，创业型人才的培养，与政府从20世纪80年代陆续出台的政策有密切关系，如《澳大利亚研究：高等教育的贡献》《高等教育管理回顾：调查委员会的报告》，加大了政府对创业教育发展的规划和改

---

❶ 罗涤，高微，赖炳根. 澳大利亚高校创业教育分析及其启示 [J]. 重庆大学学报：社会科学版，2012，18（2）：172 – 178.

❷ Munther Masri. 阿拉伯地区产业教育：地区分析报告（一），UNESCO – UNEVOC 专讯，2010（4）。

革。另外还给予学生成立企业全方位的支持，开启创业拓展计划、咨询服务计划、新创业工作坊等，为毕业生创业提供培训、创业咨询等服务和咨询，同时要求高校对自主创业大学生给予支持，允许其利用学校相关资源进行创业。

（三）创业教育课程的设计专业化

创业教育作为一门专业课程或学科在澳大利亚经过各界共同努力，已经形成了一套完善的创业教育课程体系。其课程体系内容丰富，包括市场营销学、企业家精神培养、创业精神和企业管理等几十门课程，基本涵盖了创业知识、创业精神、创业能力、创业实践等主要领域；其次，创业教育的课程从继续教育、本科教育到研究生教育，覆盖了多个层次。同时从通选课程到专业课程都有设计，鼓励所有学生选修创业课程。在实施模式方面，以创业学科建设为目标的模式主要培养专业化的创业人才，开设基础和高级的创业教育课程，在各阶段还分为专业基础课程、专业核心课程、专业选修课程和公共课程四个部分。若以提升创业精神为目标的模式则面向所有学生开设通识课程；若是以培训为目标的模式则依据政府统一制定的大纲，依托政府开发的创业教育模块化教材为蓝本，通过集中培训方式，教授创业的各方面知识，提升学生的创业能力。

（四）创业教育的经费得到充足保障

阿拉伯地区的国家在资金的提供、使用上从选择性资助、鼓励性参与到严格监管，有力地保证了创业教育活动的有效实施。首先从企业、非政府组织到专门的基金会，甚至个人都会对创业教育进行经费资助，支持学生参加与创业教育相关的课外活动，以保证学生获得创业知识和进行创业实践的机会。在提供经费时尤其注意确保经费来源的持续性以使创业活动可以连续进行。另外，鼓励相关利益群体的参与，如企业、非政府组织等，增强创业活动与工作世界的联系。同时为了保证资金的有效使用，还会帮助建立创业教育计划，制定清晰的标准，并将标准运用到实际的工作决策当中；建立资金使用的监督机制和评估体系，为后期活动的开展、是否资助等建立评估体系；与创业项目的实施人共同设计活动内容或资金的使用，建立合作计划，保证资金使用得当及为长期合作奠定基础。

而澳大利亚为了推进创业教育，一方面强化中央政府的财政管理但同时鼓励高校科研成果转化，另一方面鼓励学校从学生学费、校友捐赠及投资收益中获得财政支持。经费的增加有助于学校将更多的资金用于创业教育和相关设施，促进创业教育的发展。

三、评价与启示

国外成功的创业教育案例，无论是英国、澳大利亚还是以色列等，首先都十分重视高校创业教育课程，并从管理制度、政策、人才、资金等方面给予了支持。

目前为鼓励创业，我们国家也出台了很多政策，这些政策的效果已经开始显现。如 2014 年 5 月，人社部联合多部门发出通知，正式启动实施"大学生创业引领计划"。国家工商总局数据显示，2014 年，全国新登记注册市场主体为 1292.5 万户，注册资本达到 20.66 万亿元。新登记注册企业 365.1 万户，同比增长 45.88%。❶ 随着创业逐步成为我国经济领域内新的刺激点，如何调动广大劳动人民的智慧，充分利用好优质的劳动力资源，活跃具有潜力的创业细胞，汇聚成驱动创业的巨大动能，同时减少创业束缚，激发创业活力，鼓励大众积极加入创业浪潮，成为政府、学者、高校等关注的焦点。

通过分析国外的创业教育经验，虽然我国已有 10 多年开展创业教育的实践，但是与之相比还是存在较大差距。在调研中发现，37.73% 的大学生认为缺乏有效的创业指导。很多大学生还不能清晰准确地说明自己的创业内容和创新之处，缺乏对目标市场和同类产品提供者的了解，缺乏认真扎实的市场调研，不是依靠翔实的数据而是靠想象、估测来设计创业产品，综合体现为创业知识的缺乏、创业能力的欠缺、创业精神还经不起考验、创业经验十分匮乏。全国政协委员、全国工商联副主席张元龙在接受媒体采访时表示，此前统计表明大学生创业失败率超过 90%。❷

因此，在已经开展了创业教育的高校和地区，着重进行的是创业生态圈的建设。

---

❶ http：//epaper.bjnews.com.cn/html/2015-03/13/content_566129.htm.
❷ http：//epaper.bjnews.com.cn/html/2015-03/13/content_566129.htm.

　　首先，国家在大学生和毕业生创业初期要持续给予鼓励政策，通过减税增利的税收政策，通过加大创业基金投入，扩大创业知识和能力的培训覆盖面和人次。同时，降低创业门槛，给予初创企业和个人快速成长的机会，营造宽容包容的社会风气，对创业失败的企业和个人给予鼓励，鼓励大众在创业平台上大胆实践、鼓励创新、包容失败。其次，在高校进一步完善创业教育课程体系设置，将创业知识、创业能力、创业实践等连接起来，从专业课程、通识课程、公共课程等多角度丰富学生的创业知识面，构建多样化的创业教育。最后，为高校和创业的大学生、毕业生提供充足的资金支持。我国目前已经联合教育部、财政部等多个部门对大学生创业实践给予引领，提供创业贷款、小企业担保基金等，另外企业也对大学生创业计划、创业大赛提供支持，但是这些扶持政策的力度仍显不够，企业的支持可持续性较差，资金扶持与项目实施的细化程度也较差。参考国外的做法，资金的使用也要融入创业过程中，进行监督管理和评估，并且建立资金使用计划和项目的长期合作计划，以利于资金的有效使用及资助的可持续实施。

参考文献：

［1］孙珂.21 世纪英国大学的创业教育［J］.比较教育研究，2010（10）：67－71.

［2］罗涤，高微，赖炳根.澳大利亚高校创业教育分析及其启示［J］.重庆大学学报：社会科学版，2012，18（2）：172－178.

［3］Munther Masri.阿拉伯地区产业教育：地区分析报告（一）［J］.UNESCO－UNE-VOC 专讯，2010（4）.

［4］丹·赛诺，索尔·辛格.创业的国度［M］.王跃红，韩君宜，译.北京：中信出版社，2010.

对当前国内大学生创业教育的思考

刘来玉　郭建平

摘　要：当前，创新创业已成为国家保持经济活力，提高国际竞争力和综合国力的有效手段。同时，以创业带动就业也是解决大学生就业难题、缓解社会矛盾的重要途径。文本探讨了大学生创业教育的实质内涵，对当前国内大学生创业教育情况进行了综述，就政府、产业和高校在大学生创业教育方面应发挥的作用加以分析，并提出了相应的举措。

关键词：创业教育　实质　举措

一、引言

据官方数据显示，2015 年全国高校毕业生将达到 749 万人，大学生就业形势仍十分严峻，为此，政府一方面号召大学生积极到西部地区、到城乡基层以及小微企业就业，另一方面鼓励高校毕业生学以致用，充分发挥创新创业能力，以创业带动就业。但是，尽管国家出台了一系列鼓励高校毕业生就业创业的政策，大学生自主创业的人数也在逐年上升，但与英美等发达国家大学毕业生 20% ~30% 的创业率相比，我国大学生创业率只有 1% 左右，其中成功率仅为 4% 。

二、大学生创业教育的内涵分析

当前，大学生创业教育在国内方兴未艾，但社会上对大学生创业教育还存在一定的误解。相当一部分人（包括高校教育者）错误地认为，创业教育就是培养未来的老板，其目的只是让学生毕业后创业；在现实中，毕业后自主创业的大学生只占很小的比例，创业教育受惠面较窄。当得知国内某知名高校 5 期"创业先锋班"毕业生中创业人数为零时，有人对创业教育提出了质疑，提出了创业教育要不要继续下去的疑问。

对大学生创业教育质疑的原因就在于没有真正了解创业教育的实质。创业教育（enterprise education）的概念是联合国教科文组织在 1989 年首次提出的，有狭义和广义之分。狭义的创业教育是指创办企业的教育或者培训企业家的教育；广义的创业教育主要是指培养具有开创性的个人，包括其首创和冒险精神并创业和独立工作能力，以及技术、社交及管理技能等。从这个定义中可以看出，培养企业家只是创业教育的一部分，其根本目的是培养具有创新意识、冒险精神并具备独立工作和创业能力的人。而大学生创业教育是指结合其专业理论教育，对其创业知识、创业意识、创业精神的培养，以提高他们的创业就业能力。目前，创新与创业精神已成为世界性的高等教育新理念，欧美发达国家及韩国、日本等国家大力开展大学生创业教育，积极扶持青年创业，极大地推进了创业教育的发展，也催生了一大批高新技术企业。

从国外的经验可以看出，大学生创业教育的核心内涵是创新教育。我国的大学生教育应以创新、创业、就业为立足点，通过提升大学生的创新思维意识和职业素养技能。一方面，使其在人才市场更具竞争力，在工作岗位上自我发展，帮助企业实现更长久的发展；另一方面，学以致用，自主创业，实现个人价值。另外，大学生利用他们的知识和专业特长，更易开创知识、技术密集型等高新技术企业，对于增强我国的经济实力及创新能力、提高我国的综合国力和竞争力大有裨益。

三、我国大学生创业教育情况综述

（一）发展历程回顾

同欧美发达国家相比，国内大学生创业教育起步较晚。1999 年，国务院在转批教育部的《面向 21 世纪教育振兴行动计划》中提出要"加强对教师和学生的创业教育，鼓励他们自主创办高新技术企业"，首开先河；2002 年，教育部在 9 所高校进行创业教育的试点工作，之后创业教育逐步展开，开设与创业相关的课程，成立创新创业社团，开展创业项目，举办"挑战杯""三创"大赛等各种形式的创业计划竞赛；2010 年，教育部成立高等学校创业教育指导委员会，专门负责创新创业教育活动；2012 年，教育部《关于印发〈普通本科学校创业教育教学基本要求（试行）〉的通知》明确提出高校当"教授创业知识、锻炼创业能力、培养创业精神"；2014 年 5 月，人力资源和社会保障部宣布在全国范围内实施大学生创业引领计划，计划通过一系列帮扶措施，进一步提高和扩大大学生创业的规模和比例，力争实现 2014—2017 年引领 80 万高校毕业生创业的预期目标。

随着国家不断出台新的支持政策，高校高度重视创新创业教育，采取了多种措施，成立指导工作小组，搭建创新创业实践平台，鼓励资助学生参加各种形式的创新创业大赛、实施学生创业帮扶计划。如清华大学于 2014 年年末举办了首届"清华创客日"，以后每年举办一次，并于 2015 年设立创新创业辅修学位。政府的政策导向和社会校方的合力支持推进了大学生创业教育的快速发展，激发了大学生的创新创业热情，也带动了高校毕业生自主创业。截至 2014 年 11 月，创业及参与创业的高校毕业生比 2013 年增长了 27.7%。

（二）组织开展形式

当前，国内的大学生创新创业教育主要以课程、项目、社团和大赛等基本形式开展，下面分别论述。

1. 课程

课程就是以课堂及实践教学为主开展创业教育。学校是开展大学生创业教育的主战场，各校纷纷开设"企业家精神""创业管理""大学生 KAB 创业基础"等辅修或选修课程，使学生接受系统、科学的创业培训。

2. 项目

项目就是由企业、高校合作针对大学生开展项目进行创业教育。目前许多高校和企业建立了长期的合作关系，除学生到企业观摩实践、顶岗实习等形式之外，还有企业家到校讲授创业课程、校企间合作开展项目等。这些项目吸引了大量学生参加。

3. 社团

社团就是由学校组织或学生自发形成的创新创意社团组织活动开展创业教育。社团成员来自学校不同学院和系、部及专业，因为共同的兴趣形成专业优势互补的创意小组，如清华的创客空间学生社团有来自美术学院、机械系、计算机系等 300 余名成员，"方听音乐盒""智能小鸟"以及国内第一台适合家庭使用的廉价 3D 打印机都是这个社团成员的成果。

4. 大赛

大赛就是通过举办各种形式的创新创意竞赛活动开展创新创业教育。此类大赛多由国家及地方教育主管部门、行业联合会及企业等联合举办，学生组队参加，如"挑战杯"创业计划竞赛、首都"创青春"全国大学生创业大赛都以"创新、创意、创业"为鲜明口号，要求每个团队完成一份内容翔实、操作性强的企业计划书，根据其完成质量在竞赛中获奖。

各高校一方面不遗余力地组织、引导学生参加上述四种形式的创业教育，另一方面积极为学生创业提供资金资助、技术支持以及咨询服务。

四、政、产、学合力推进大学生创业教育的举措

在整个创新创业教育实施开展过程中，政府、企业、高校应各司其职，通力合作，共同推进大学生创业教育，为一切创业者，尤其是大学生创业者创造良好的创业环境。

（一）政府层面

政府在开展大学生创业教育方面具有强有力的主导作用。首先，国家应进一步完善创业教育和创业扶助政策，明确大学生创业在工商登记、税费减免、场地扶持、融资贷款、创业咨询等方面所能享受的各项服务和政策优惠；其次，国家应为创业者提供档案、人事、职称评定、社会保险、医疗等全方位服务，解决创业者的后顾之忧；再次，国家应大力宣传创新创业教育，营造创业氛围，让各项创业支持政策深入民心。

（二）企业层面

企业是开展大学生创业教育不可缺少的一环，通过与高校合作，企业可为大学生创业提供众多支持。首先，企业可直接为大学生提供企业实践的机会，近距离感受企业经营，获得创业、企业经营的直观教育；其次，创业成功的企业家要充当创业导师，讲授创业经验，并为有创业热情和意向的大学生提供创业咨询；再次，企业为有创新项目和创业意向的大学生提供资金支持。现在大学生创新创业热情很高，但创新成果转化差强人意。企业要积极寻求与大学生的合作，为大学生创新成果提供资金支持，这样，既推动了大学生创业就业，也为企业自身创造了发展空间，提高了

竞争力。

（三）高校层面

高校是开展大学生创业教育的主体。首先，高校应进一步完善创新创业教育体系，加强师资力量，开设更多实用的创业课程；其次，高校要为学生的创新创意活动提供更多的资金扶持，吸引更多的学生参与；再次，高校与企业合作，搭建创新平台，促进创新成果转化；最后，在创业初始，高校应尽可能地帮助创业学生，提供创业咨询，确保其享受到国家和地方提供的优惠政策，对困难学生还应给予一定的启动资金扶助。

五、结语

尽管在宏观创业环境、高校课程体系、师资力量以及实践方式等方面还存在不少问题，但不可否认的是，在当前的经济发展态势以及严峻的就业形势下，创新创业教育必将在提高大学生就业水平、增加创业机会，以及提升整个国家的创新创造能力方面大有可为。正如人力资源和社会保障部部长尹蔚民在 2015 年 3 月接受记者采访时所说，推动创业带动就业，进一步强化创业培训、创业服务、破解创业资金的难题，真正形成大众创业、万众创新的局面。

参考文献：

[1] 徐博，何雨欣. 我国大学生创业率仅有 1% 左右 [N]. 中国青年报，2014 – 06 – 01.

[2] 铁铮. 零创业恰好证明创业教育需加强 [N]. 中国教育报，2014 – 11 – 27.

[3] 刘月秀. 中美高校创业教育生态因子比较研究 [J]. 实验室研究与探索，2012，7 (31)：372 – 375，383.

[4] 孟凡昌. 我国高校大学生创业教育研究 [J]. 赤峰学院学报，2012，6 (33)：260 – 262.

[5] 韦进. 适应于超越之间：大学生创业教育 [J]. 中国高教研究，2004，(4)：73 – 74.

[6] 万玉凤. 政策开"绿灯"创业劲头足 [N]. 中国教育报，2015 – 01 – 23.

校企深度融合共建专业探索与实践

陈　琳　龚秀敏

摘　要： 校企共建应用性本科专业是未来地方高校本科专业发展的必然趋势。但校企融合共建专业的过程中存在很多障碍，需要政府、学校、企业甚至全社会重视、支持。本文从理论和实践两个层面论述了校企深度融合共建本科专业的必然性，分析了我国校企共建专业的现状及问题，以及校企合作共建的主要障碍，在此基础上提出了克服这些障碍的对策和建议，以期推动校企融合共建本科专业工作走向深入。

关键词： 校企融合　共建专业　校企合作

2014年2月26日，国务院常务会议研究部署加快发展现代职业教育，明确提出"引导一批普通本科高校向应用技术型高校转型"。教育部正按照国务院部署有序推进这项改革。应用型高校本科专业改革的方向是依托行业培养企业所需的应用技术性人才。事实上，一直以来从中央到地方都非常重视校企合作、校企共建，这主要包括项目研究和人才培养两个领域，对于前者，高校作为企业的外脑和智库深得企业的欢迎；而对于人才培养，企业的合作意愿则显得明显不足，合作的内容也无外乎企业专家讲座、学生实习、建立实践教学基地等领域，大多数合作缺乏系统性和可持续性，难以避免校、企"两张皮"的尴尬境地。

从人才市场来看，企业是高校的客户，在当今人才市场严重供过于求的态势下，企业的人才需求就是高校人才培养的风向标，目前校、企"两张皮"的合作状况，很难培养出符合企业需要的人才。要培养出企业真正需要的人才，校、企必须深度融合，共同设计并实施人才培养方案，把企业的真实环境搬进课堂，把学校的课堂搬进企业，做到校、企"你中有我、我中有你"。

一、校企融合共建专业是应用性本科专业发展的必由之路

2014年2月26日的国务院常务会议上，中央部署了引导一批普通本科高校向应用技术型高校转型的工作，就是说发展职业教育是未来普通本科高校发展的趋势。职业教育不再是专科教育的专利和代名词，职业教育有专科层次，也有本科层次和硕士、博士研究生层次。其主要原因是，随着经济的转型升级，我国高层次技术技能人才的数量和结构远不能满足市场需求，"高级技工荒"难题凸显；同时，高等教育的同质化发展，造成高校毕业生就业困难。就我国高校构成来说，研究型大学和高职（专科）院校的定位相对明确，而地方普通高校作为夹心层，定位常有"高不成，低不就"的困惑。为促进人才培养结构与市场需求的匹配度，地方普通本科院校的转型已成为当务之急。与之相适应，地方普通高校的学科专业也要做相应的调整，专业设置与产业需求、课程内容与职业标准、教学过程与生产过程实现"三对接"，校企融合共建地方本科专业是未来发展的必然趋势。

二、校企融合共建专业的现状与问题

目前，我国校企融合共建专业的现状不容乐观，存在诸多障碍和问题。有客观制度方面的问题，也有主观人为的问题。

（一）校企融合的涵义

校企融合属于组织融合。根据组织行为学的观点，组织融合是将相互关联的不同组织进行创造性的融合，使其成为一个组织。根据组织融合的进度可以把组织融合划分为三大类：表层融合、中层融合和深度融合。表层融合主要是机构和资源合并；中层融合主要表现为机制和制度的融合，以及资源的重组；深度融合则主要表现为组织理念和组织文化的融合。校企融合不同于普通的组织融合，无法进行组织合并，所以一般是成立一个附属于原机构的一个项目组织来完成合作项目，它也分为以上三种类型。

（二）校企融合的条件

校企融合是需要具备一定条件的，这些条件主要包括：（1）目标一致。合作双方就合作具体项目所要达成的目标方面应该是一致的，这样才能对双方产生合作的意愿和驱动力。（2）达成协作的愿景。即便是没有真正融合为一个新的组织，但就具体的合作内容和项目要达成协作的愿景。因为唯有借助愿景，才能有效地培育与鼓舞项目组织内部所有的人，激发个人潜能，激励组织成员竭尽所能，最大限度地达成组织目标。

（三）校企融合共建专业的现状

目前，校企融合共建专业方面，高职（专科）层次的实践和研究比较多，相对而言，本科层面的校企共建较少。总的来说，本科层次的校企共建停留在浅层次上的合作，大部分合作强调协议合作、后期跟进不足；学生管理松散、不能适应企业岗位要求；校企组织目标和体制不接轨；校企缺乏足够的信任等，这些导致校企合作困难重重、稳定性差、难以持续下去，往往虎头蛇尾，无法真正推动人才培养质量的提升、学生就业数量和质量的提升。如前所述，组织融合依其进度可分为三个阶段，目前我国大部分普通本科院校的校企融合共建专业尚处于表层融合阶段，即机构和资源的合并阶段，根本谈不上制度和文化价值观的融合。

（四）校企融合共建本科专业的障碍

校企共建专业之所以难以深入和维系，主要是由于校企文化价值理念冲突、体制不能接轨、合作的动力不足、难以形成双赢机制等。

首先是文化价值理念的冲突。学校是为社会培养人才的非营利性组织，具有公益性质，而企业是一种营利性组织，企业的一切活动都指向赢利，否则企业就无法存活下去。所以在校企合作之中，校企各自的诉求很难调和，学校指望企业做公益事业，可对企业来说这是不可持续的；而企业则希望通过合作获得收益，或者是节约成本，或者是能获得利润，而学校没有太多的渠道满足企业的这些需要，即便有一些实习经费，但远远不够。这个问题解决不了，校企合作难以持续进行下去。

其次是制度不能接轨。企业遵守的是市场规律和竞争规律，优胜劣汰，所以企业界人士有极强的竞争意识，工作比较积极，节奏也比较快，效率和执行力都比较高；而高校属于行政事业单位，虽然也讲效率，但很多做得比较虚，难以落到实处，而且学校老师的竞争意识不是很强，执行力也比较差，这方面很难与企业接轨。

再次是合作的动力不足。虽然企业是人才的需求方，但在当今人才严重供过于求的情况下，企业无需花太多成本就能在劳动力市场上获得现成的劳动力，所以企业对于合作的事情多是碍于熟人的面子不好回绝。而对于高校来说，由于人才培养的需要和竞争的压力，与企业合作的积极性相对比较大，但碍于校、企分属于不同的领域和体制，往往找不到有效的联系渠道，所以现有的校企合作基本上是基于教师私人的关系或校友关系。这种关系较为脆弱，缺乏长效机制。况且对高校来说其内在动力也不是很强，因为高校并没有激励老师进行校企深度融合共建专业的强有力的机制保障，换句话说，对老师来说维持原状所付出的代价要远远小于与企业共建专业的改革所需付出的努力，而且这个改革风险也很大，现有的制度又没有相应的扶持政策，事事都需要报上级部门研究决策，如果上级支持的力度不大，这种校企合作很容易夭折。

三、克服校企共建专业障碍的根本途径

校企合作共建专业是一项系统工程，既需要高校和企业的主动和努力，也需要政府的大力扶持。只有内外齐抓共管，才能收到实效。

（一）政府相关部门的大力支持

高校和企业分属于不同的社会子系统，是平行的机构，无法直接使用行政管理手段来干预校企合作，而利用市场的手段来调节也遇到很大的困难，如前所述，企业是一个市场主体，但高校不是，无法按市场规律来开展相应的合作工作。人才培养和就业问题不仅是高校的任务也是社会管理的责任，所以在仅靠高校促进校企合作远远不能满足人才培养的需求的时候，需要政府通过经济手段如减免税收等优惠，或是通过制定相关的优惠政策，也可以通过其下属的企业管理部门或行业管理组织的行政命令等，促进企业与高校对接并进行深度融合共建专业。

（二）学校办学体制改革

高校在现有的体制下很难与企业进行深度融合共建专业，尤其是现有的人事制度、财务制度等严重束缚了校企深度合作。比如校企深度融合的一个最重要也是最困难的一个内容就是企业家走进课堂系统地为学生讲授专业课程。企业家到高校做几场讲座或担任学生及老师的导师等都不是很难的事情，他们也都愿意，但如果让他系统而完整地讲授一门或几门专业课程，则很少有企业家愿意，即便有，高校也支付不起这么高昂的课酬，尽管这对企业来说只是少得可怜的一点儿辛苦费。学校既然大力倡导企业家走进课堂，就应该大胆改革人事及财务等制度，从学校顶层解决企业家在校企合作中的动力机制问题，为具体的专业共建扫除障碍。事实上，有的学校也正在制定相关政策，高薪聘请企业界专家为学生授课，相关政策的健全必将有力推动校企深度融合共建专业工作。

（三）选择有相近目标的企业合作

拥有相同或相近的合作目标应该是一切合作的基础和前提，合作进行专业建设，其目标就是培养企业所需的高级应用型人才。如果企业的目标偏离，或企业想通过合作获取现时的利润，合作就无法进行下去。通常，在那些高级应用型人才比较匮乏的行业，企业在市场上很难找到所需的人才，迫切需要人才在培养过程中渗透自己的需求和文化的企业，因此往往对合作共建专业比较感兴趣。同时，由于高校人才培养本质上具有公益的性质，所以应该选择那些乐于做公益事业、有社会责任感和教育情怀的企业或企业家做合作伙伴，更容易使合作引向深入。实际上，也正是由于校企双方目标和价值观的相近才奠定了双方深度融合共建专业的基础。

（四）加强沟通实现文化理念的相互认可和信任

如前所述，校、企之间存在天然的文化冲突，但尽管组织目标分歧很大，双方仍然可以在互相尊重对方核心价值观的基础上实现优势互补、风险共担、利益共享的校企合作。沟通是加强联系、认识对方、认可对方乃至尊重和信任对方的有效途径。为什么比较有效的校企合作都建立在熟人之间联系的基础上呢？原因就是熟人之间由于经常沟通，大家相互了解、理解和认可，只有相互认可和信任了，才能更好地开展合作。如果合作双方都只站在自己的立场上看对方的缺点和不足，导致相互之间看不起，如企业觉得高校就是照本宣科，培养不出什么有实操能力的人才，而高校又看不起企业缺乏理论基础等，其结果导致合作无法进行，更谈不上深入。所以，要加强沟通，消除误解和偏见，互相理解，互相信任，充分尊重对方的立场和利益，只有这样，才有可能进行更深入的校企合作共建。

参考文献：

［1］陈锋．关于部分普通本科高校转型发展的若干问题思考［J］．中国高等教育，2014（12）：16－20.

［2］孙志新，杜建华．校企合作深度融合的策略研究［J］．沈阳工程学院学报：社会科学版，2012，8（4）：534－537.

［3］方一鸣，唐建明．实现共赢的校企合作途径研究［J］．湖南工业职业技术学院学报，2013，13（4）：139－140.

工商管理专接本"管理素质与能力综合实践"实施状况调查分析

赵伯庄　叶敏　刘安格

摘　要："管理素质与能力综合实践"自2004级工商管理"专接本"学生开始实施，其后不断致力于改革完善，并且其改革成果也得到了一定肯定。论文就"管理素质与能力综合实践"的主要环节及问题进行了问卷调查与分析，深入了解"管理素质与能力综合实践"的实施效果及存在的主要问题，以便进一步强化"管理素质与能力综合实践"教学环节，更好地为"专接本"学生服务，使"专接本"人才培养更好地适应社会及市场的需要。

关键词：管理素质与能力综合实践　实施　调查分析

在强大的社会需求及北京市教育委员会"专接本"政策的推动下，"专接本"社会需求旺盛，"专接本"工作不断发展。但"专接本"仍然是一个新生事物，同时随着社会政治经济形势的变化，"专接本"工作也出现了一些新的问题需要进行研究和思考，如学生自身综合素质和实践能力的培养与提升，就是一项亟待解决的问题。而"管理素质与能力综合实践"为解决这一问题提供了一条探索的途径。

一、工商管理专接本"管理素质与能力综合实践"发展

工商管理专业从2003年开始招收专接本学生，作为专接本工作的主要承担者，工商管理以服务应用型人才培养为主、复合应用型人才培养为辅的专业定位，为"专"与"本"的衔接奠定了良好的基础。同时，工商管理专接本教育教学积极地尝试改革，"管理素质与能力综合实践"就是专接本教育教学的改革尝试其中之一。工商管理专接本"管理素质与能力综合实践"不断致力于发展与改革，大体可分为：2004级专接本——"管理素质与能力

综合实践"改革初试；2005级专接本——"管理素质与能力综合实践"初具雏形；2007级专接本——"管理素质与能力综合实践"调整；2010、2011级专接本——"管理素质与能力综合实践"进一步改善等几个阶段。

二、工商管理专接本"管理素质与能力综合实践"实施状况调查

工商管理专接本教育教学的改革虽然得到了一些肯定，但在其执行过程中也不断出现了一些新的问题需要研究和思考，如学生自身综合素质和实践能力的培养与提升。而"管理素质与能力综合实践"为解决这一问题提供了一条探索的途径。为了了解"管理素质与能力综合实践"实施效果以及专接本学生对"管理素质与能力综合实践"教学环节的看法，以便进一步强化"管理素质与能力综合实践"教学环节，更好地为专接本学生服务，使人才培养更好地适应社会、市场的需要，我们在2012级专接本学生中进行了有关"管理素质与能力综合实践"相关问题的问卷调查。

本次调查回收有效问卷133份，调查问卷的主要内容涉及实践单位选择方式、选择实践单位理由、综合实践的作用、综合实践与论文选题关系、综合实践教学文件及实施过程监控手段的满意度、综合实践成绩评价体系等问题。对上述问题，通过问卷调查的方式，采集一手数据资料并进行数据统计分析，以此客观了解工商管理专接本"管理素质与能力综合实践"实施状况。

三、工商管理专接本"管理素质与能力综合实践"实施状况调查分析

（一）"管理素质与能力综合实践"实践单位选择方式

就"管理素质与能力综合实践"实践单位选择的方式，69.9%的学生会选择学校推荐，如指导教师推荐、校园招聘会等，30.1%的学生会选择学生自我推荐。这表明，大多数学生在进行"管理素质与能力综合实践"实践单位选择时，更倾向于学校推荐。由此可见，学校推荐的实践单位的类别和形式，可能会影响学生"管理素质与能力综合实践"的实践成果。学校推荐的实践单位符合学生实践的需要，就能够让学生从中有所收获，

从而达到提高管理素质与综合能力的目的。

从调查数据还可以得知，还有一部分学生在选择"管理素质与能力综合实践"实践单位时，倾向于学生自我推荐。这就在更大程度上需要学生自己谨慎选择实践单位，只有选择适宜，才能提高学生自身管理素质与综合能力，使"管理素质与能力综合实践"这一教学环节更有意义，与此同时这也增加了综合实践教学监控与管理的难度，对此提出了更高的要求。

（二）"管理素质与能力综合实践"实践单位选择理由

调查显示，在选择实践单位时，38.3%的学生认为"积累工作经验"是参加实践最重要的理由，25.3%的学生认为"有就业机会"为最重要的理由，这表明，大部分学生在选择"管理素质与能力综合实践"实践单位时，优先从积累工作经验与有就业机会这两方面考虑，体现了大部分专接本学生很重视就业问题，希望在校学习的过程中，学到更多有利于今后就业发展的知识，累积一定的工作经验，帮助自身更好地就业。43.9%的学生认为，是否符合其兴趣爱好为他们选择实践单位的次要理由；而46.4%的学生认为"能完成实习任务就行"为最次要的理由，28.3%的学生认为"有熟人关系"为最次要的理由。由此可见，大多数学生重视"管理素质与能力综合实践"，希望借此机会学习更多的知识，丰富自我。

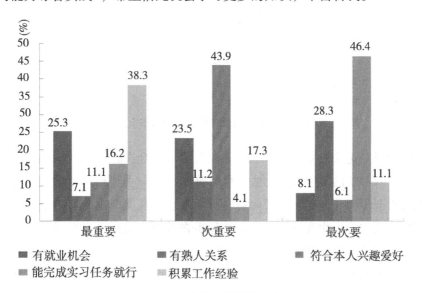

图1 实践单位选择理由

（三）"管理素质与能力综合实践"的作用

调查显示，大多数学生认为通过"管理素质与能力综合实践"能获得岗位实习经验，有助于今后就业，12.8%的学生认为参加"管理素质与能力综合实践"仅为取得学分，仅有9%的学生认为"管理素质与能力综合实践"没有什么帮助。这表明，大多数学生都认可这一实践教学环节，"管理素质与能力综合实践"这一教学环节的展开是有价值的，有助于其工作经验的积累及未来的发展。

（四）毕业论文选题与"管理素质与能力综合实践"实践单位的关系

根据调查数据显示，38.3%的学生的毕业论文选题来自"管理素质与能力综合实践"实践单位，61.7%的学生的毕业论文选题不是来自"管理素质与能力综合实践"实践单位。其原因如图2显示：

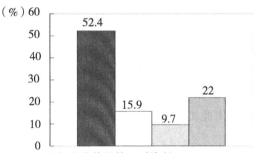

图2 毕业论文选题与"管理素质与能力综合实践"实践单位的关系

影响毕业论文选题来自"管理素质与能力综合实践"实践单位的4大原因中，52.4%的学生认为无法取得有价值的第一手资料是影响毕业论文选题的重要原因，同时，实习内容与所学专业关联度低也是影响毕业论文选题的一大因素。由此可知，过半数学生在选择毕业论文选题时，会优先考虑是否能从实践单位取得有价值的第一手资料这一问题。这也从侧面显示了学生在实践单位进行"管理素质与能力综合实践"时，受岗位条件所限，无法取得有价值的资料，这在一定程度上阻碍了学生的实践与学习。

（五）学生对"管理素质与能力综合实践"教学文件的满意度

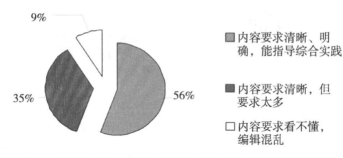

9%

35%

56%

■内容要求清晰、明确，能指导综合实践

■内容要求清晰，但要求太多

□内容要求看不懂，编辑混乱

图3　学生对"管理素质与能力综合实践"教学文件的满意度

图3显示，56%的学生认为"管理素质与能力综合实践"教学文件内容要求清晰、明确，能指导综合实践；35%的学生认为教学文件内容要求清晰，但要求过多；仅有9%的学生认为教学文件内容要求看不懂，编辑混乱。尽管这些年以来，我们不断修改完善"管理素质与能力综合实践"指导书等教学文件，但从调查情况来看，学生对"管理素质与能力综合实践"教学文件评价不一。由此表明，"管理素质与能力综合实践"教学文件还有待进一步改进完善，同时也在一定程度上表明综合实践动员效果有些不尽如人意，需要进一步增强综合实践动员的力度。

（六）学生对"管理素质与能力综合实践"实施监控手段的满意度

就"管理素质与能力综合实践"目前实施的监控手段，如作业要求、岗位抽查、提供实践岗位照片等，47%的学生认为是有必要的，能够督促学生实习；24%的学生认为有必要，但是要求过多；而29%的学生认为没有必要，应全凭学生自觉。这表明，对学生而言，是否需要监控手段更多取决于学生自己的实践活动自觉性，但是数据显示仍然有47%的学生认为监控手段有必要，所以，还是有必要采取一些措施或手段来监督、督促学生的实践活动。这不仅有助于"管理素质与能力综合实践"教学环节的展开，也能提高学生岗位实践效果。

（七）学生对"管理素质与能力综合实践"评价体系的满意度

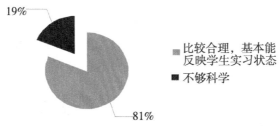

图4 学生对"管理素质与能力综合实践"评价体系的满意度

如图4所示，就目前实施的"管理素质与能力综合实践"评价系统的看法，81%的学生认为评价系统结构构成比较合理，基本能反映学生实习状态；19%的学生认为系统不够科学，有待改善，有些学生认为评价体系中的企业考评和实践指导教师考评在现有分数的基础上可以提高。这表明，"管理素质与能力综合实践"评价系统还是有改善提高的空间。

（八）"管理素质与能力综合实践"期间学生参与研究生、公务员等考试的情况

调查统计表明，在"管理素质与能力综合实践"实施期间，71%的学生没有参加研究生、公务员等考试；29%的学生参加了各类考试，并且对实践和考试两者间的关系有着不同的看法。

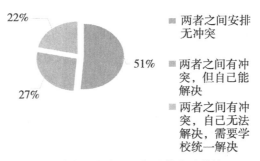

图5 生参与研究生、公务员等考试的情况

如图5所示，51%的学生认为考试和实践两者之间安排无冲突；22%的学生认为两者有冲突，但能自己解决；而27%的学生认为两者之间有冲突，但是自己无法解决，需要学校统一解决。目前我国研究生考试时间一

般为每年的 12 月，公务员考试一般也为每年的 12 月，这就与"管理素质与能力综合实践"实施在时间上产生了一定程度上的冲突。因此，"管理素质与能力综合实践"实施应更加灵活，可设置不同的学习模块，以更好地满足专接本学生多元化的发展需求，同时也有助于优秀学生的培养。

工商管理是一个社会性、实践性很强的专业，综合实践是学生将理论知识与实践相结合的一次自我尝试，是提高学生观察、思考、分析和解决问题能力的一次实践机会，是培养复合型和应用型人才的一个重要途径。专接本"管理素质与能力综合实践"不断尝试改革，积累了经验，也得到了一些肯定，但从本次调查结果来看，在教学文件的完善、综合实践监控手段及综合实践模块的设计等环节还与专接本学生的满意度存在一定差距，而这些环节的进一步改进完善，对专接本"管理素质与能力综合实践"的改革提出更高的要求。

基于学生需求调研的电子商务
专业教学计划修订研究

李立威　薛万欣

摘　要：为了深入了解学生对电子商务知识和技能的需求，为教学计划的修订、专业课程设置的改革提供依据，电子商务专业针对2014届电子商务毕业生在就业意向、满意度、课程设置、教学方式、实践教学等方面进行了调研。基于调研结果，提出了对现有教学计划的修订建议。

关键词：电子商务　教学计划　课程设置　专业调研

一、引言

电子商务专业是融合经济、管理和计算机三个学科门类的复合型专业。北京联合大学电子商务专业主要定位于培养面向首都社会发展和经济建设事业第一线的，掌握经济、贸易与管理理论与应用知识，掌握计算机相关应用技术及网络运用技能的电子商务复合应用型人才。从就业范围看，包括技术类岗位、管理类岗位、运营类岗位和创业4种。技术类岗位主要包括网页设计、网站建设、程序开发等；管理类岗位主要包括IT或电子商务相关的项目管理、行政管理；运营类岗位主要包括营销推广、网站运营、网站数据分析、网站编辑、网站策划等；创业主要是学生通过互联网开设网店进行网络创业。

为了深入了解学生对电子商务知识和技能的需求，更合理地制订教学计划，为教学计划的修订、专业课程设置的改革提供依据，在学校2015级教学计划修订之际，本专业在2014年12月—2015年1月，针对2014届电子商务毕业生在就业意向、满意度、课程设置、教学方式、实践教学等方面进行了调研，调研对象包括38名女生、27名男生。2014届毕业生的就业意向如下表1所示，7成以上的学生就业意向为管理及运营类岗位，其中 36.92% 的毕业生就业意向为管理类岗位，33.85% 的学生就业意向为网站运营类岗位，有 12.31% 的学生选择自己创业，而选择技术类岗位的仅为 6.15%，另有 10.77% 的同学选择的是银行、公务员、财务等与本专业相关性不高的工作，或者出国进修。以上调研结果与本专业的培养目标基本一致。

选项 ▼	小计 ▼	比例
自己创业	8	12.31%
技术类岗位（网站建设、程序开发、网页设计等）	4	6.15%
网站运营类岗位（营销推广、客服、网站编辑、数据分析）	22	33.85%
管理类岗位（项目管理、行政管理等）	24	36.92%
其他 [详细]	7	10.77%
本题有效填写人次	65	

表1　学生就业意向

二、电子商务专业满意度调研

学生对专业目标的认知和学生对专业的满意度一定程度上反映了人才培养的质量。针对学生对电子商务专业满意度这一问题，从培养目标明确性、课程设置合理性、实践环节满意度和师资水平满意度 4 个方面对毕业生进行了调研。

（一）培养目标明确性

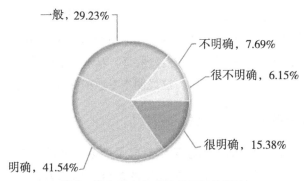

图1　学生对本专业培养目标的看法

在 2011 年教学计划中，本专业设定的培养目标为：学生应具有网络营销策划与管理能力，电子商务网站的初步策划、组建、维护、管理能力及商务管理能力，能在国家各级管理部门、中小企业、金融机构等行业从事现代信息服务、网络营销、电子商务网站建设与管理等工作。

对于培养目标的明确性，调研结果如图1所示，其中15.38%的学生认为很明确，41.54%的学生认为明确，这说明本专业的培养目标总体是明确的。而认为不明确和很不明确的比例为13.84%，这可能是因为培养目标没有满足少数学生的个性化需求所致。

（二）课程设置合理性

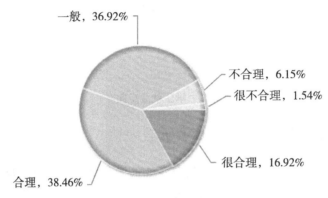

图2　学生对本专业课程设置合理性的评价

课程设置是教学计划的主要内容，反映了电子商务专业的学科结构、知识结构。电子商务专业开设的专业课程主要包括电子商务物流管理、网络营销、网页设计与制作、网络信息编辑、项目管理、电子商务法、客户关系管理、web技术、电子商务案例分析、电子商务网站建设、web技术等。

对于培养课程设置的合理性，调研结果如图2所示，其中16.92%的学生认为很合理，38.46%的学生认为合理，36.92%的学生认为一般，认为不合理和很不合理的比例为7.69%。这说明本专业的课程设置总体是合理的。

（三）实践教学环节满意度

实践教学体系的目的是增强学生对电子商务实践活动的了解，锻炼学生的协调能力、沟通能力和对理论知识的综合运用能力，培养学生的专业素养。实践教学是培养学生认识和观察社会、训练应用能力和操作技能的重要教学环节，是素质教育的重要手段。它不仅要求学生对本专业所学知识和技能进行综合运用，而且使学生通过社会实践，进一步提高其分析问题和解决问题的能力，实现人才的培养目标。电子商务专业的实践教学环节主要包括课内实验、课程实训、专业综合实训、认识实践、课外实习、专业竞赛和社团活动等。

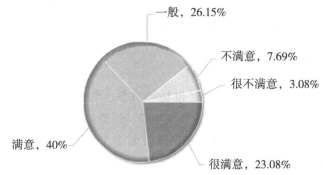

图3　学生对实践教学环节满意度

对于实践教学环节的满意度，调研结果如图3所示，其中23.08%的学生很满意，40%的学生满意，26.15%的学生认为一般，7.69%的学生不满意，3.08%的学生很不满意，这说明学生对本专业实践教学环节总体上是满意的。

（四）师资水平满意度

电子商务专业是实践性、应用性非常强的专业，各种互联网创新层出不穷，行业更新非常快，这对电子商务专业老师提出了较高的要求，要求老师具备快速学习的能力，同时具有相关的工作经验。本专业老师多数具备企业相关工作经历或实践经历，双师型教师的比例超过一半以上，具备博士学位的老师超过70%。

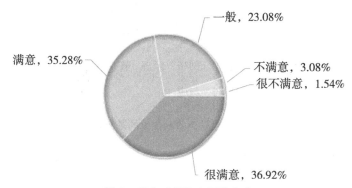

图4　学生对师资水平满意度

对于师资水平的满意度，调研结果如图4所示，其中36.92%的学生很满意，35.38%的学生满意，此外23.08%的学生认为一般，3.08%的学生不满意，1.54%的学生很不满意。这说明学生对师资水平整体上比较满意。

三、电子商务专业课程设置调研

（一）专业基础课

电子商务专业的基础课主要包括经济学、管理学、财务管理、统计学、数据库原理与应用、网络技术与应用、管理信息系统等。学生认为学完后收获比较大的专业基础课，调研结果如图5所示，其中60%的学生认为收获比较大的是网络技术与应用课程，46.15%的学生认为是管理学，41.54%的学生认为是数据库原理与应用，其次是经济学、财务管理。选择统计学、管理信息系统的比例比较低，而这两门课是经管类专业非常重要的基础课，学生选择比例较低一方面可能是因为与专业相关度低，另一方面可能是因为授课老师的原因。

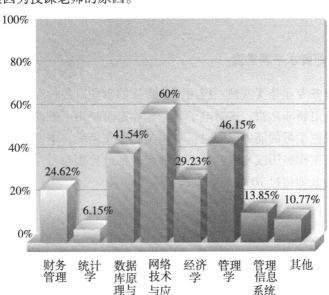

图5　学生认为收获最大的基础课

（二）电子商务专业核心课

电子商务专业的核心课主要包括电子商务网站建设、网络营销、项目管理、电子商务与物流管理、网页设计与制作、电子商务概论等。学生认为学完后收获比较大的专业核心课，调研结果如图6所示，其中80%以上学生认为收获比较大的是网页设计与制作、电子商务网站建设，47.69%的学生认为是网络营销，30.77%的学生认为是电子商务与物流管理，其次是项目管理、电子商务概论。

与这个结果比较吻合的是，学生认为学完后收获比较大的实践课，排在前两位的也分别是网页制作、电子商务网站建设实训。

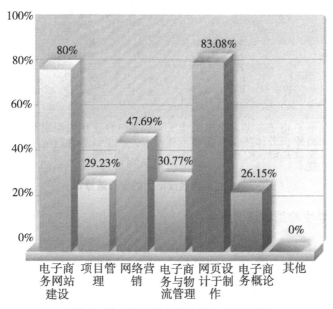

图6　学生认为收获最大的专业核心课

（三）电子商务专业选修课

专业选修课包括专业限选课和专业任选课。对2010级开始的选修课包括电子商务安全技术、电子商务英语、多媒体技术、网络信息编辑、电子商务法、电子商务案例分析、web技术、客户关系管理、自我规划与管理、图像处理、组织行为学等。学生认为学完后收获比较大的专业选修课，调研结果如图7所示，其中排在前三位的分别是图像处理、网络信息编辑和电子商务安全技术。只有12.31%的学生选择电子商务法。图像处理是操作性比较强的课程，是学生学习多媒体技术和网页设计课程的前提。网络信息编辑是应用型比较强的课程，主要培养学生的网络信息筛选、加工、写作和优化能力。从这个结果可以看出学生对应用性课程比较偏爱。

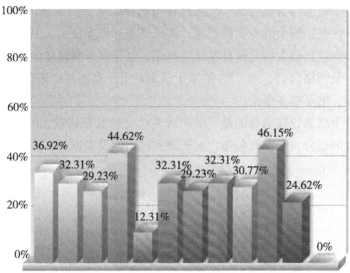

图7　学生认为收获最大的专业选修课

（四）学生希望增设的课程

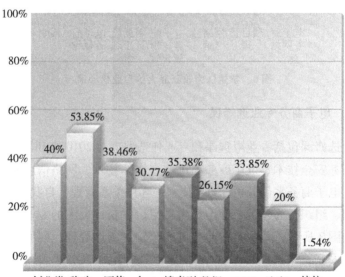

图8　学生希望增设的课程

考虑到行业对人才的需求和学生的个性化需求，在 2015 年教学计划修订时计划增加具有时代背景和行业特色的课程，如创业类课程、移动商务课程、搜索引擎优化课程等。对于学生希望增设的课程，调研结果如图 8 所示，其中 53.85% 的学生希望增设移动商务课程，40% 的学生希望增设创业类课程，38.46% 的学生希望增设网络金融类课程。

此外，希望增减的课程，还设置了开放式问题进行调研，调研结果表明，多数学生希望多设置一些应用性和实践性强的课程。

四、电子商务专业教学计划修订建议

针对以上调研结果，从学生的实际需求出发，提出电子商务专业教学计划修订的建议如下。

在培养目标上，不能面面俱到，而应该有所侧重，突出特色，从学生就业意向看，建议将培养目标定位在培养网络营销策划、网站运营管理人才上，这也是目前行业需求比较多的人才。据 2013 年中国电子商务研究中心的调查显示，37.68% 的企业急需电商运营人才。

在课程增加上，在保持主要核心课程的基础上，应考虑到学生的个性化需求，减少专业必修课的比例。在专业师资允许的情况下，可以通过增加选修课的比重，提供更多丰富多样的选修课供学生选择，如按照模块设置课程，可以根据企业对电子商务运营人才的需求和学生创业的需求，设置推广策划模块、运营管理模块、数据分析模块、网络创业模块等，这样可以给学生的个性化成长和发展提供更多的空间。

实践教学上，继续强化实践教学的重要性，对现有实践教学体系进行整合和优化；在课内实践教学的基础上，增加课外实践的比重，具体可以通过邀请企业专家与教师共同开发或讲授课程，定期邀请企业到校进行讲座，增加学生去企业实践的机会等。

中韩高等教育比较研究

朱福林

摘　要： 本文在作者赴韩国大学交流过程中的亲身所感基础上，从历史沿革、教学及管理模式三个方面比较了中韩高等教育的区别，发现韩国高等教育管理体制中的人性化设计优于中国。但中韩高等教育是两国不同的社会经济、政治、文化各自运作的结果，具有一定的必然性和合理性。最后提出改进思路与建议。

关键词： 高等教育　中国　韩国　管理模式

一、引言

韩国在 1977 年人均 GDP 突破 1,000 美元，为 1,051 美元。而中国到 2001 年才突破，为 1,041.6 美元，比韩国晚了 24 年。韩国 1994 年人均 GDP 突破 10,000 美元，达到 10,204 美元，而当年中国人均 GDP 仅为 469.2 美元，韩国是中国的 21.7 倍。韩国在 2006 年人均 GDP 超过 20,000 美元，为 20,464.8 美元，而同期中国人均 GDP 只有 3,413.6 美元，韩国是中国的近 6 倍。2013 年韩国人均 GDP 达 25,972.5 美元，同年中国人均 GDP 仅 6,996.1，韩国是中国的 3.7 倍。从这一组数据可发现，中韩两国人均 GDP 之间的差距逐渐缩小，但不容乐观的是，两者仍存在不小距离。人均 GDP 是国际通用衡量一国经济发展水平的重要指标，说明目前中韩两国经济发展水平仍存在一定差距。同样是经历二战洗礼，发展起始时间相近，工业基础与自然资源等条件不如我国的韩国经过半个多世纪的积累却能甩开我们，原因究竟何在？这是一个不得不引起国人深思的问题。国内外经济学家们从投资、科技及制度文化等方面探讨了导致经济差异的原因，另外还有一派论证了人力资本是经济增长差异的源泉。在其他情况不变的前提下，人力资本水平决定着一个国家的经济发展水平。而高等教育是人力资本培养的最重要途径之一，在整个教育体系及国民素质提高过程中具有举足轻重的作用。因此，探寻中韩高等教育的区别有助于从人力资本投资角度解释两者经济差异现象。

二、中韩高等教育历史沿革比较

由于政治因素，中韩高等教育在向国外教育模式学习的选择上走过不同道路。在新中国成立后一段时间内中苏结盟及亲苏政策影响了包括教育在内的社会各方面，高等教育更不例外。而分治后的韩国李承晚政府一开始就采取亲美战略，一个发生于高等教育领域的典型特点就是韩国私立大学的兴起。据韩国教育部公开数据显示，目前在 372 所大中院校中，私立学校达 318 个，占到 85%。而且私立学校采取董事会管理方式，成员包括投资财阀、教授及学生等多个代表，而且财阀作为出资人不干涉具体行政，具体事务仍由教授委员会治理。每隔五年，进行选举，候选人需通过竞选，并发表施政纲领与具体目标，最终由投票产生正式校长。这种美式私立学校管理模式目前已在韩国发展得非常成熟，著名的延世大学、高丽大学、成均馆大学等都是私立学校。作者受学校委派在建国大学进行交换讲学一年，建国大学就是由建国集团资助成立的私立大学。期间惊闻由于不满校长的一些做法，教工人员曾在校长所在行政楼前举行抗议活动。过后这些教员仍能正常工作，未受到任何报复打击。民主体制的优势在于下层意见能得到有效传达，从而能产生强大的生命力。中层管理者的产生也采取轮流执政方式，每隔两年换选一次，只有具备教授资格才能参选。这种模式的优点在于，一方面通过选举使很多优秀人才参与管理层，从而吸收更多的智慧，毕竟单个人的精力有限；另一方面，使更多的人体会到管理工作的难度，从而培养相互体谅的合作精神。由于整个学校的具体工作是建立在规则基础上，所以管理者的更替不会对日常工作产生负面影响。交接期间，作者所属的国际交流学部就经历过一次部长换人。总之，韩国大学内部管理通过引入竞争机制大大提高了效率。但在中国或由于国情所致，或受发展阶段所限，或由现实发展所需，行政过度干预以致教育施展不开仍是很难突破的一个问题，这种局面导致学校管理效率及人才培养质量不如韩国。

三、中韩高校教学比较

中韩高校教学最大的区别在于学生参与的性质不同。首先，从教学实施上来看，截至目前，中国高校的本科教育采取的是以老师课堂讲授为主、学生被动听讲的模式，课堂气氛比较单一，互动性较差。造成这方面的原因是多样的，主要为：学生应试目的性强，不喜欢讨论，针对考试学习，受中国现实处世哲学、急于求成思想的影响；学生对老师的依赖性大，希望老师每节课讲得都很实用；大班上课，严重限制了课堂的讨论设计；课堂时间设置呆板，每节45分钟，一般为两节连排，而韩国本科阶段就实行小时制，上一次课三个小时，该时段内可灵活安排。中国高校这种模式已受到社会经济发展要求的严重挑战，弊端逐渐暴露。但这种讲授方式全国皆然，必有其存在的道理，长期以来未得到改变，说明其具有一定的适应性，比较符合中国应试主导、行政干预的管理风格。这种模式还具有知识传达效率高的特点，但对老师提出很高要求，学生的吸收程度不明确。相比而言，在韩国教学过程中，学生发表见解司空见惯，针对一个问题，课后自己做课件、找资料、调研，在课堂上阐述自己的观点，这也被称为"做发表"。教师与学生可以相互提问，增加交流与理解，教师适时点拨或拓展。这种模式的优点在于，能够发挥学生的积极性和探索精神，培养学生多角度考虑问题的习惯。通过自己辛苦做发表，还可以体会到老师工作的辛苦程度，增加了双方的宽容度。

其次，从教学时间分配上来看。在中国课堂上，大部分情况下课堂主要以老师讲课为主，几乎很少讨论。而韩国的教学经常采取讨论模式，老师言简意赅地讲述完主旨，学生们按照自己的理解针对主题进行深度探讨，一般以小组为单位，比较受韩国学生欢迎，通过向全班同学表达自己的观点，在同学当中树立威望，获得自信。久而久之，韩国学生逐渐培养起在当众发表演讲的表达能力，而且观点受到提醒不容易偏激。但在中国"枪打出头鸟"等传统思想的影响下，一些好的或积极的出头者也被压抑。而在国内一个大班七八十人，根本不可能组织起有效的讨论课。笔者在2014—2015学年第一学期的商务英语课中第一次采取了这种讨论模式，前提是班上总共21人。平时上课时的一大任务就是每个学生选取一个主题到台上进行演讲，当然是用英语表达。每节课都有一个主题，能首先抛出主题概念，然后设计问题，点学生起来回答，说出自己观点。一开始学生不好意思，有点不适应，但随后变得习惯起来。在一次英语辩论中，同学们抢着发言。所以，有时上课不在于知识，而在于兴趣。上课的目的要转移到提高学生的兴趣上，让他们自己思考，自己去验证。

最后，从考核方面来看。韩国的高考激烈程度不亚于中国，如果能考上国立首尔大学，就像在中国考上北大，也是一件光宗耀祖的事。韩国高校同样沿袭了严进宽出的模式，绝大部分学生都能过关毕业。但韩国的考试模式更多地考虑了学习过程中的努力。比如，工科类考试不光看期末考试，还要看这学期的成果，拿出自己的作品，根据不同专业有不同要求。在国内，考试基本以语言类试卷为主，比较强调书写。由于师生比严重失调，再加上教师科研、讲课及其他任务量很大，过程管理基本不现实。而且韩国在笔试的基础上，增加了语言表达和对话，通过平时训练可达到考试要求。再比如，国内高校本科毕业无论什么专业都必须完成毕业论文这一项，韩国经管类专业也必须写论文，但其他专业采取了灵活处理，接受多种成果形式来代替论文。比如英语类专业，如通过托业、雅思等权威性的考试即可不用写论文也能毕业。

四、中韩高校管理模式比较

中韩高校管理体制因受国家体制、政党体制、社会文化及国际关系等因素影响而不同。除政治性原因之外，韩国高校管理在具体管理事务上与中国最大的区别就是：服务精神。在韩国高校，负责讲课的教师全被尊称为教授，无论兼职还是专职，短期或长期，年龄大或小。而教学、科研等部门的工作人员都叫助教，部门领导叫部长。从称呼上就可以看出在中韩两国教学辅助职能设计理念方面的差异。总之，韩国高校体现出一种对教师十分信任的态度，教师在自己的授课空间内不会受到别人的干预。而国内的高校管理体制则相反，当然必要的规则是十分必要的，一部分原因是因为教师作为自私的存在具有人性不自觉的通病，导致管理部门不得不严格限制。另外，是因高校管理、课程设计造成的呆板所致。比如，在国内上课时间不能迟到，否则列为教学事故，严重的甚至影响到本人职称评定或职业升迁。万一教师身体不适或公交堵塞及其他突发情况，极易造成过分人为焦虑，增加了教师的职业压力。但在韩国由于实行小时制，不会有类似规定。并不是说在韩国可以任意迟到，而是说万一出现突发情况不能及时赶到，不会造成类似国内的高度紧张，教师可通过一定延时将准备内容讲完，相当人性化。

另外，韩国管理模式的人性化还体现在学生管理服务上。比如本科生在大三时可休学一年，去外面找工作实习，为日后正式加入职场做好充分准备，大四时再回来，完成学分，即顺利毕业。再比如，韩国高校图书馆藏书量很丰富，外语类专业书箱占比相对国内大很多。而且图书馆内设有打印、复印区，该区内电脑联网，通过刷卡或投钱，可实现方便打印。馆内还设有午休间，里面有简易床等。在图书馆的设计上体现出很高的人性化，是韩国高校整体人性化设计的主要体现之一。另外，学生会的管理功能也延伸到提供服务上，该组织下的学生服务中心可为学生提供各种基本的证明材料。学生也可通过自动化管理系统打印所需的材料，如成绩表，且自带公章。

五、结论

高等教育是一国人力资本水平提高的重要途径，高等教育的水平在一定程度上决定了一国的技术水平、经济增长与社会发展。本文在作者亲身经历及所见所闻的基础上，发现中韩高等教育既有共同之处，又有鲜明差距。造成这种差距的因素是全方位的，既有政治、经济因素，又有社会、文化因素，还与国家行政管理体制相关。不同的社会具有不一样的信任水平，而这种信任作为基石影响到社会的方方面面，高校也不例外。正是国内普遍存在的人与人之间低信任的状态，导致中国高等教育管理逐渐走上比较呆板的模式，不像韩国高校管理过程中充满着很多提振士气的人性化设计。

当然，存在的即是合理的，人类的一切活动皆有其存在意义。中国的高校管理模式可能比较适合现如今中国的社会、人文、习惯、信任等现状。不能盲目照搬国外经验，但也不能闭门造车，不顾世界先进，忽略其他国家好的经验。中韩具有很深的文化渊源，韩国的经验更有可能被中国吸取。而韩国高等教育的设计更多地体现了较高的人性化安排，这是国内高校还有很大提高空间的地方，理应朝此方向努力。但推动高校教育改革，进而达到提高整个高等教育质量及人才培养质量的目标，不是高校自身就能完成的，还需要全社会的努力，构建一个有信任、理性、不偏激的社会氛围可能比任何照搬经验来得更为重要。

参考文献：

[1] 韩宇宁. 浅析中韩高等教育的人才培养模式 [J]. 吉林广播电视大学学报，2013，(3)：55 – 56.

経管类创新型人才培养
探索与实践

第 二 部 分　课程改革

管理学院经济管理实验教学的理念与实务研究

董 焱

摘 要：本文回顾了管理学院经济管理实验教学的发展历程及在示范中心建设等方面取得的突出成绩，讨论了管理学院形成的适应现代服务业人才需求的经管类实验教学理念，以及在此基础上凝练而成的"1466"经济管理实验教学体系。近年来，管理学院在实验教学改革方面有不少新的举措，但也存在一些问题，论文有针对性地提出了进一步加强实验教学改革与建设的措施。

关键词：经济管理 实验教学 教学理念 实务

一、管理学院经济管理实验教学的发展历程

管理学院长期贯彻"学以致用"应用型办学方针，注重开展实验教学，2000 年前后开始建立针对不同经管专业的实验室，2006 年成立企业经营管理实践教学中心，2008 年与商务学院联合建立北京联合大学经贸实验教学中心，并于同年获批北京市级实验教学示范中心。该中心是我校经济管理类各专业的综合实验教学平台。

成为市级示范中心以来，管理学院继续探索实验教学建设与改革，自 2009 年起，开始构建基于虚拟技术的实验教学云平台，并依托云平台构建经管类实验教学新模式，以期克服传统经管类模拟仿真实验教学存在的固有缺陷，提高实验教学的实效性，从而提高经管类人才培养的规格和质量。

2014 年，根据学校实验教学发展总体规划，管理学院联合商务学院、旅游学院，共同成立北京联合大学经济管理实验教学中心，冲击国家级经济管理实验教学示范中心。虽然因各种原因未能获批示范中心，但系统梳理了近年我校经济管理类实验教学的理念、实验教学体系和具体做法，汇

总积累了相关资料，为经贸实验教学中心顺利通过建设成效验收，及申报北京联合大学现代服务业人才创新培养基地（含管理、商务、旅游、信息4学院）获得批准奠定了良好的基础。

二、管理学院经济管理类实验教学体系的构建

（一）形成了适应现代服务业人才需求的经管类实验教学理念

管理学院立足首都，面向首都现代服务产业发展，为适应区域社会发展对应用型、高技能、细分化的经济管理类应用型创新人才的需要，以经济学、管理学、信息科学、服务科学4个学科为依托，根据"中央控制、柔性组合、模拟仿真、资源共享"的建设原则，构建基于学生个性发展的实验教学平台，模拟仿真现代企业经济管理活动业务流程，营造接近社会现实的实验环境，把传授知识、培养能力、提高素质贯穿于教学全过程，逐步形成了富有特色的实验教学理念，即：以学科交叉为基础，以学生个性发展为中心，以开放共享平台建设为支撑，以实践创新能力培养为主线，致力培养基本素质好，实践能力强，具有创新创业精神和社会责任感，具有一定的国际视野、较强的适应能力和可持续发展能力的高素质应用型人才。

（二）凝练了经济管理实验教学体系

管理学院在上述实验教学理念的指导下，不断深化教学改革，在完善实验教学环境的基础上，创建形成了"一条培养主线、四类实验项目、六种教学方法和六个教学支撑平台"的实验教学体系，简称"1466"教学体系（详见图1）。

该体系适应学生多元发展需要，将"基本技能—专业能力—综合应用能力—实践创新能力"的培养与提升贯穿于人才培养全过程，形成分层次、递进式、相互衔接的能力培养主线，通过"基础实验、专业实验、综合实验、创新实践"4种类型实验项目，综合采用"演示认知、仿真模拟、案例分析、专业综合、团队互助、项目研究"6种实验教学方法，搭建"学习资源平台、学习管理平台、科技活动平台、创意孵化平台、产学合作平台、国际交流平台"6个支撑实验教学建设的活动平台，有效提高了实验教学质量。

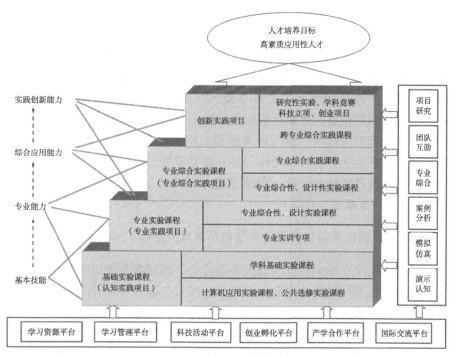

图1 经济管理实验教学体系

三、近年管理学院实验教学改革的新举措

（一）构建了基于虚拟化的实验教学云平台

通过构建基于虚拟化的实验教学云平台，为各专业的实验教学提供了更加丰富的软、硬件环境，克服了实验教学软件和实验教学课程受实验室条件限制的弊病，师生可通过实验教学中心的虚拟网络教学平台获取和使用专业实验软件，进行开放性的实验教学活动，进行自主性的学习；利用虚拟机和桌面虚拟化技术，教师可以不受计算机环境的限制，远程快速部署实验教学软件；采用瘦客户端，减少了对计算机硬件性能的依赖，从而可以降低计算机设备淘汰更新的频率；实验中心也可以远程管理中心的网络资源、服务器资源、门禁系统、摄像监控系统等，提高了实验资源的利用率和整体化管理水平。此外，师生可以获得属于自己的虚拟存储空间进行资料上传和下载，避免了以往实验教学作业不便存储和再利用的弊病。实验教学云平台为经管类各专业进一步开展实验教学模式改革创造了良好的条件。

（二）开发面向全院或专业的综合性实验课程

学院面向全院工商管理大类学生开发"企业管理综合实践"课程，以跨专业实验教学平台为支撑，以企业经营管理为主线，通过学生自主实践，体验企业经营管理运作的基本模式，使所学各专业知识得以融会贯通，其实验模块包括：企业竞争模拟、网上商务活动认知、会计实务与会计电算化、投资与理财、银行业务模拟、网络平台搭建共 6 个实验模块，供不同专业学生选择学习。此外，各专业都设置了专业综合实践课程，如信息管理与信息系统专业的"管理信息系统开发实务"、工商管理专业的"ERP 企业沙盘模拟"等课程。

（三）注重以学科竞赛带动实验教学效果的提高

管理学院成立学生科技活动指导委员会，促进各专业以学科专业竞赛为切入点，在不同层次的实验教学课程与项目中融入专业竞赛所反映的专业技能训练要求，使得学科竞赛不再限于少数学生，而是通过课程融入、模拟竞赛、层层选拔等形式，使学科竞赛所要求的专业技能实验覆盖至全体学生，并在此基础上选拔优秀学生参加高水平的学科竞赛，从而使学生参加的学科竞赛范围更广泛，参赛学生数量更大，获奖级别提高。近年来，我校学生在全国大学生服务外包大赛、电子商务"创新、创业、创意"挑战赛、"挑战杯"大学生科技作品大赛、香港 IIBD 案例大赛等学科竞赛中频获国家级及市级奖项。

（四）学生参加课外科技活动更加多样和贴切实际

基于"校企合作、企训前移"的培养观念，将服务外包、系统开发、软件测试、电子商务网站运营与维护等企业训练活动引入实验教学中心，开发"最后一里地"实验课程，学生课外科技活动的数量显著增加，活动的质量和成效也大幅提高。例如，学院与慈文传媒集团合作，引入研究项目，由企业专家、教师、学生共同组成研究团队，开展"影视行业资料库整理与数据分析""新媒体影视数据研究""数据分析与算法研究"等课题的研究。

四、管理学院实验教学存在的问题与改进措施

（一）管理学院实验教学存在的问题

实验教学中心的特色尚需进一步明晰，中心的示范作用尚需进一步

发挥。

现有实验室空间硬件建设已饱和，出现一室多用的现象，利用实验教学云平台优化实验教学环境还存在不足，同时，缺乏高层次研究性实验室。

实验教学在形式上有待拓展，教学内容需要进一步深化，教学方法上要有所改革创新，要做好综合性、创新性实验教学课程与项目的开发建设。

校内实验基地建设与开放实验室工作要进一步加强，学生课外活动的参与率有待提高，高水平科技立项与获奖的数量还比较少。

（二）进一步加强实验教学改革的措施

建设管理创新实验室、影视管理实验室等特色实验室，同时完成企业管理与产业园区体验中心仿真环境营造工作，突出实验教学中心的特色，进一步发挥中心的示范作用。

由各学科专业教授作为实验室责任教授，负责专业实验室的建设工作，围绕学科建设与科学研究，建设高层次研究型实验室。

开展基于云平台及移动通信的经管类实验教学改革，研究的课题主要包括：（1）确定与开发适合在云平台环境中开展的实验课程或项目的问题；（2）引导学生获取和利用平台中的资源开展实验教学活动的激励机制建立的问题；（3）云平台环境下学生独立自主开展实验教学方式与团队合作开展实验教学方式相互协调的问题；（4）云平台环境下学生实验教学输出效果考核方式及自动实现机制的问题；等等。

加大实验室向学生开放的力度，加强对学生自主开展科学实验的引导和支持，同时，引入企业资源共同参与学生课外实践及科技创新活动，包括合作开发实验教学课程、合作建设实验室和校内人才培养创新基地、请企业专家承担实验教学课程或培训任务等。

经过多年的建设与改革，管理学院在实验教学方面取得了卓著的成绩。今后学院仍将一如既往地从有利于培养学生实践创新能力的目的出发，面向首都现代服务产业的发展，充分利用先进的云平台技术、虚拟仿真技术、大数据、移动通信等，从管理模式、教学组织、实验内容、实验手段等方面进行全方位改革，加强实验教学师资的队伍建设，加强校内人才创新培养基地、科学研究及成果孵化基地、产学研合作和社会服务基地的建设，为培养一大批综合素质高、应用能力强、具有开拓创新精神的经济管理复合型人才做出自身的贡献。

工商管理专业实践教学环节中的
问题研究及改进设想

龚秀敏　陈　琳

摘　要： 工商管理专业在全国高校中的普及程度非常高，也为我国国民经济建设培养了大批的管理人才。但是，20世纪90年代曾经非常热门的工商管理专业，在21世纪的今天却面临着新的挑战。今天的社会环境和经济环境都发生了很大的变化，尤其对实践特征非常明显的工商管理专业来说，这种变化要求高校为社会培养大批掌握理论基础、富有实践经历、勇于探索创新的应用型管理人才，但是我们高校的教学体系还没有作出积极的调整，以适应社会需求的新变化。因此，我们有必要对工商管理专业的教学体系进行科学的调整，尤其是对实践教学体系进行研究和设计，以培养应用型人才为明确目标，构建真正适应社会需求的实践教学体系。唯有这样，工商管理专业才能重新焕发活力。

关键词： 工商管理专业　实践教学环节　应用性

一、问题的提出

工商管理专业在我国各大专院校中属于历史悠久的专业。早在中国改革开放初期，该专业一直是众多专业中的热门专业。但是随着该专业逐渐走向成熟，其市场人气反而出现降温，各高校工商管理专业都遇到同样的挑战。尤其是人力资源、市场营销等细分专业的出现，使得工商管理专业的存在面临更大的挑战。这种挑战主要表现在招生数量和质量的下降，以及就业环节方面的压力。面对这样的挑战，工商管理专业的教育者们会心存疑问：在中国快速发展的今天，企业和社会不需要工商管理专业的人才了吗？现实告诉我们：事实并不是这样。从企业调研的反馈信息我们得知，企业仍然需要大量的应用型管理人才，但现实是，毕业季到来之际，他们找不到足够的符合其要求、实践经历多、上手快且能力强的毕业生。也就是说，作为供方的高校与作为需方的企业之间出现了较大的供需错位，一方面是企业人才短缺，另一方面是高校毕业生积压，高校没能为企业培养出他们真正需要的人才。这个结果不能不让我们反思大学的教育方法、人才的培养体系是不是出了问题。

纵观我们的教学体系，可以说工商管理专业的理论教学体系已经比较成熟，无论从框架设计、内容范围还是教学方法上都在不断完善和创新中。案例教学、慕课教学、翻转课堂等新概念正驱动着理论教学走向深入和成熟。但相比之下，我们的实践教学却没有什么创新的亮点，再加之重理论、轻实践的惯性，使得高校培养的人才与现实的企业需求不能吻合。这是在精英教育向大众教育过渡过程中必然出现的问题。因此，构建符合现实需要的实践教学体系应该是工商管理专业亟须讨论的重要问题。

二、实践教学环节中存在的问题

（一）实践教学环节有名无实

从目前工商管理专业实践教学环节的设计上来看，主要由校内实践和校外实践构成。校内实践课基本上以软件模拟、实验室训练为主。而校外实践主要由认识实践和综合实践构成。校内实践环节虽然是学生们在软件环境下模拟真实的操作或动手完成一些活动程序，但是，其模拟内容或训练内容不能与现实工作技能挂钩，无法真实反映工作岗位的能力需要。这就出现实践环节与真实需要脱节的问题。甚至有一些校内实践课程也是由教师不停地讲授，学生完全没有互动环节和操作机会。如此一来，校内实践课程占用了大量的教学时间，但对学生能力的提高没有太大帮助。

校外实践课程的问题更明显。无论是认识实践还是综合实践，大都处于有名无实的状态。由于实践课程的分散性和自主性，教师对学生的实践过程无法有效监管。这就造成实践课程由学生个体自行安排，即使要求企业导师盖章或评语，也都不能有效地约束学生挂靠一个真实的企业去实习，学生们会提供实习的假证据，以获得实习分数。

（二）校外实践教学基地难找

实践课程要想与真实的工作岗位接轨，就必须与企业挂钩，通过企业的实践平台，真实地打造学生的本领，训练学生的技能。但是，当高校面对寻找企业实践基地这个问题时，常常很是为难。目前，大多数企业还没有树立起大学是企业的"人才后院"这个概念，他们只会在招聘季拼命地寻找人才，而不会提前前往大学，通过为学生提供实习机会的方式，做好培养未来企业人才的准备。因此，很多企业并没有向高校提供实习或兼职岗位的意识，他们把这种情形看作是付出成本的事情，这样一来，企业的大门很难对高校学生普遍敞开，其结果是高校的实践环节无法与企业挂钩，学生无法通过一定时间的企业体验或顶岗实习来完成实践技能的提升。实践教学就成为没有实际内涵的花架子和辅助理论课程的摆设。因此，毕业生距企业要求差距较大，而企业也无法找到合适人才。

（三）教师在实践教学方面存在技能短板

从教师层面来看，也存在明显的问题。目前高校的教师在结构上主要以科班出身的博士或硕士为主。这些教师在成长过程中所接受的教育大都是理论教育和学术训练。教师的工作除了教学外，主要以科研为主。因此，大学教师既没有大量的企业工作经验，也缺乏与企业近距离接触的机会。因此，让有着研究型经历的教师去指导实践型的课程，去传授实践经验和技能，教师们的技能短板问题就明显地暴露出来，很多教师根本无力胜任实践课程的教学任务。

另外，由于体制等原因，中国高校的教师来源主要是研究型大学的研究生，很少有企业兼职教师。因此，大学和企业就形成了两张皮，无法有机地粘连在一起。此外，在科研成果决定年终绩效的今天，大学教师把大量的时间主要放在科研上，因此，他们对于理论课程无暇顾及，更不要说重视实践课程了。长此以往，大学的实践教学就成为有名无实的摆设，学生也不可能从中获得价值。

（四）实践教学的过程管理不到位

实践教学环节关系到我们培养的人才是否能与企业需求匹配，这既关系到学生本身的价值，也关系到企业的价值。从这个角度讲，实践教学环节非常重要。但是在现实中，恰恰是这个环节没有得到足够的重视和监管。尤其是校外实践环节基本上处于自由的放羊状态。学生们可以以考研为由，千方百计逃避校外实践，更有一些学生拿来假的实习证明，通过熟人关系，就可以获得实习学分。而作为监督者的教师对此也无能为力。

（五）实践教学评价方法缺乏创新

从实践教学的评价方法来说，校内实践课程的评价方法基本与理论课程没有太大区别。考核内容难度较低，这是针对学生的作业进行评分，而没有根据学生的能力来评分。校外实践课程的评价方法就更没有经过标准分析，在形式上完成任务就成为实践分数的依据。至于学生的能力是否通过实践活动而提高，完全不得而知。总之，我们的实践环节的评价方法还是沿用传统的理论课程评价方法，缺乏创新，这也是实践课程不规范的显著表现。

三、构建有效的实践教学体系的设想

工商管理专业实践教学体系的构建和实施过程中存在一些亟须解决的问题。针对这些问题，我们要根据社会对工商管理专业人才需求的特点探索培养工商管理专业应用型人才的实践教学体系，使该体系既辅助学生的能力得到有效的提升，又满足企业对人才价值的需要。

（一）科学地构建实践教学体系

所谓科学地构建工商管理专业实践教学体系，就是要在明确工商管理人才定位的大前提下，研究工商管理专业学生的能力培养目标，并基于该目标合理配置理论课程和配套的实践课程。需要指出的是，在构建该实践教学体系过程中，不仅需要教师的讨论和参与，还需要企业导师、兄弟院校专家以及作为实践主体的学生加入进来，参与实践教学体系的设计。尤其是将学生拉入实践教学环节的设计过程，让学生参与整个体系的构建，这样在今后的实施中就增加了学生的配合度，也增强了他们的重视程度。

（二）在企业实践平台方面实现突破

尽管校外人才实践基地建设有着很大的难度，但是我们还是要寻找基地实践资源，搭建真实的企业实践平台。在这个过程中，我们应该注意构建双赢的实践平台，既让学生从实践中得到能力锻炼，又让企业从中受益，这个结果不是不可能的，关键在于我们在联系过程中要精准化、有针对性地去选择与双方需求都匹配的企业。当然，经费支持也是必不可少的。

（三）增加教师的企业调研、实习机会

教师是实践环节的指导者，是实际工作知识和能力的直接传授者。学生一方面向企业学习，另一方面也向教师学习。如果教师缺乏实际经验，教师的短板就会在人才培养过程中造成缺憾。解决这个问题的方法是加大教师进行企业调研的力度，甚至从管理制度上作出改变，为教师下企业实习开绿灯，提供时间支持和经费支持。高校大量的经费都用在科研方面，而用于教师实践环节的经费很有限。尤其对应用型大学来说，这一点更为重要。

这里，我们还需要思考一个问题，那就是多年来我们大学的定位始终没有一个清晰的结论。从形式上来看，我们是应用型大学，如果是这样，我们在教师队伍建设和学生培养方面就应该朝着应用型方向努力。但事实是，我们一直在培养研究型的师资队伍，并用研究型的教师培养应用型的学生，这就产生了明显的错位。这种错位长而久之不利于学生实践能力的培养，也失去了工商管理专业实践性强的特点。

（四）加强过程管理，改革实践教学评价方法

实践教学体系是由教学理念、教学内容、教学管理和教学评价等多层面构成。我们的实践教学体系设计大都把重点放在实践教学内容方面，而对过程管理和评价等问题并没有进行过多的研究，尤其是评价方法，基本与理论课程对评价方法一样。实际上，在这个问题上我们可以有所创新。实践教学的目的就是培养学生实际操作和应用的能力，那么，如果学生们在校期间参与了创业活动、创业大赛，学生科技活动大赛或利用假期去企

业实习，这些活动能否替代实践学分？我们需要在评价方法上创新，只有这样，才能调动学生对实践的积极性。

（五）细分方向，设计模块化教学体系

工商管理专业的实践教学体系在设计上可以更细化，根据1~4年级理论知识的递进，配以不同层面的实践教学内容，朝层次化、模块化、多样化方向改进，使实践教学环节的设计达到殊途同归的结果。

工商管理专业在发展过程中的确面临着挑战，但是我国台湾地区的台北科技大学和龙华科技大学的经验表明，应用型大学是可以平行于研究型大学的，发展出自己的特色，培养出与众不同的学生。关键是找对方向和路径，并设计出有特色的实践教学体系，这也是我们努力的方向。

参考文献：

[1] 杨之雷，王卫，潘瑞玉. 工商管理本科应用型人才培养的改革与发展策略 [J]. 浙江树人大学学报，2007，7（3）：86－89.

[2] 朱柏青. 应用型本科工商管理类专业实践教学体系构建 [J]. 黑龙江高教研究，2009（1）.

[3] 尹仕，肖看，王贞炎. 全开放的创新性实践教学体系构建 [J]. 实验室研究与探索，2013，11.

[4] 张士磊，孟昕元. 创新实践型人才培养的实验教学改革与探索 [J]. 实验科学与技术，2014（12）：149－152.

工商管理专业企业沙盘模拟课程
全学习周期的再设计

温 强

摘 要： "工商管理"本质上是对工商企业的管理，工商管理专业围绕企业运行规律展开教学。因此，认识企业、了解企业运行的方式和特点既是教学的目的，又是后续教学的基础。目前，作为认知企业规律的企业沙盘模拟课程在运行中存在一些问题。本文针对企业沙盘模拟课程现状，依据多年教学经验，分析了课程存在的问题和不足，并根据公式管理专业的培养方案特点，对企业沙盘模拟课程的教学管理进行了探索性的再设计。

关键词： 工商管理 沙盘模拟 全学习周期 设计

一、企业沙盘模拟课程的特征

企业沙盘仿真实验是瑞典皇家工学院的 Klas Mellan 于 1978 年开发的课程，其特点是采用体验式培训方式，遵循"体验—分享—提升—应用"的过程达到学习的目的。管理大师德鲁克曾经说过："管理是一种实践，其本质不在于'知'而在于'行'。"企业沙盘模拟的特点就是"在参与中学习"，强调"先行后知"，基于实战模拟理解管理思想、领悟管理规范、提升管理能力，在实战中培养管理人才。目前，企业沙盘模拟课程已被世界 500 强的企业作为中高层管理者的必要培训课程之一，同时也被欧美的商学院列为 EMBA 的培训课程。

企业沙盘仿真实验引入国内后，经过国内企业界、教育界人士的改造，最终成为高校的一门企业管理实践课程：企业沙盘模拟。改造后的企业沙盘模拟课程是利用沙盘教具（包括实物沙盘盘面、筹码、卡片等工具，以及与实物沙盘相配套的企业竞争模拟软件）模拟企业经营的综合性实践课程（王滢、徐凤、周喆，2013）。课程的参与者之一为老师，作为规则的讲解者和纠纷的仲裁者，维护整个沙盘课程的秩序，保证课程正常、流畅进行。课程的第二个参与者为学员，学员既是每个沙盘企业的管理者，又是企业运行规律的学习者，还是其他沙盘企业的竞争者。企业沙盘模拟教学是一种体验式的互动的教学和学习方式，它突破了传统教学中缺乏实践环节、理论与实践脱节、学生被动学习等的教学模式弊端（李军改、俞兰平，2008）。

根据作者多年讲授企业沙盘模拟课程的观察和总结，和传统的企业经营类理论课程相比，企业沙盘模拟实践课程具有以下特点。

表1　企业沙盘模拟实践课程和传统理论课程的比较

	沙盘模拟课程	传统理论课程
总体特点	实践性	理论性
总体形式	游戏加比赛	传统的"讲、听"方式
知识呈现方式	1. 同一主体、同一过程中综合呈现； 2. 以具体的经营问题出现。	以文字、公式对理论进行阐述、讲解
学员参与方式	团队方式	个体方式
课程驱动	1. 企业运行实践驱动； 2. 经营任务驱动。	课程设计中的知识或内容逻辑驱动
学员学习知识的方式	1. 面对问题、解决问题式； 2. 犯错式； 3. 顿悟式。	1. 知识体系解释式； 2. "选正确答案"式； 3. "进阶式"。
学习过程中学员（小组）间的关系	1. 小组间是竞争基础上的合作； 2. 小组内部是配合、协同的"和平"式。	

资料来源：作者总结。

从表1可以看出，企业沙盘模拟课程与传统的企业经营类理论课程相比，在"知识呈现方式""课程驱动"和"学员学习知识的方式"方面具有非常明显的优势。

在知识呈现方式方面，传统课程更多以文字形式、以显性的方式出现，其外在特征就是各种原理的阐述，而在企业沙盘模拟课程中，知识是以企业经营危机、经营不足、经营需求等形态以隐性的方式出现的。

在课程驱动方面，传统课程依靠知识本身的逻辑驱动，是"纯理论"的。虽然教师在讲授此类课程时，也会大量引入案例，但课程设计本身是理论性的。而企业沙盘模拟课程的运行是由企业组织的运行要求——生存、发展和达成企业目标——所驱动的。这种驱动力符合经济社会的现实、符合企业组织的根本属性和特征。

在"学员学习知识的方式"方面，企业沙盘模拟课程大量通过"犯错"来让参与者——学生——学习知识。这种方式习得的知识往往对学习者而言印象更深刻，因为"挫折"或"教训"等往往让人刻骨铭心。而传统课程主要是依靠一种"正面引入"的方式来传授知识，学习者是通过"选择正确答案"的方式习得知识。

二、目前企业沙盘模拟课程教学中存在的问题

企业沙盘模拟课程是一门具有丰富内涵的实践课程，但目前在对该课程的设置和教学管理中存在一些问题。

首先，一门课程难以把企业沙盘模拟课程蕴含的丰富内涵充分发挥出来，课程价值大打折扣。企业运行千变万化，蕴含的问题极多，既有对经营环境的认知，又有企业战略、市场营销、人力资源、法律、品牌、财务、管理体系、信息化、融资和绩效管理等，涵盖工商管理专业所有的专业课程。但目前的企业沙盘模拟只是一门课程，指望通过这一门实践课程在有限的学时里把上述所有问题或者说大部分内容都加以实践和训练是不可能的。如此，企业沙盘模拟课程所提供的企业仿真环境对教学的贡献和价值就打了折扣。

其次，课程开设时间单一，不能随着学生思维和知识的完善和增长动态提供具有针对性的训练、实践内容。上述把企业沙盘模拟设置为一门课的做法，使得该课程在开设时间上比较僵化。目前，企业沙盘模拟课程的开始时间为三年级末、四年级初。之所以这样安排，是考虑到学生在结束三年级的学习后，已经具备了相当的企业管理专业知识，可以通过企业沙盘模拟课程训练检验对所学专业知识的掌握程度。但这样的安排只是考虑到了专业知识的实践，而忽视了专业知识实践之前应该首先完成的企业认知。如此安排造成了本应该训练所学专业知识的课堂变成了学生认识企业、了解企业运行特点的课堂，导致课程目标偏离。这说明，从学生成长的角度，目前在三年级开设的企业沙盘模拟课程开设过晚，课程计划的目

标与学生实际情况不符。

三、企业沙盘模拟课程的再设计

（一）课程分解，构建"进阶式"的企业沙盘模拟课程体系

企业运行是极其复杂的，是战略、人力、市场、资金、设施等多要素融合作用的复杂过程。作为对企业运行进行模拟的沙盘模拟课程，虽然是对真实企业真实运行的一种仿真、模拟和简化，其运作也是复杂的。因此，需要将目前的一门课程，通过分解形成多门企业沙盘模拟课程，每门沙盘模拟课程只具有一个相对明确的课程目标，不同沙盘模拟课程具有的多个目标整合起来形成工商管理专业的综合培养目标。如此，形成企业沙盘模拟课程体系，如图1。

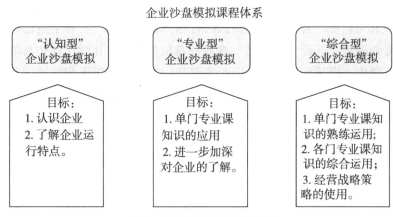

图1 企业沙盘模拟课程体系

"认知型"企业沙盘模拟课程，旨在帮助学生解决对企业陌生、不了解企业是什么样子及企业如何运行的问题。其主要目的是让学生熟悉企业，但对企业运行背后的机理不做要求和设定。

"专业型"企业沙盘模拟课程，假设学生已经了解了企业运行特点，并且已经学习了企业管理相关专业知识，如市场营销、财务会计、经济法、运营管理、管理学、人力资源等。"专业型"企业沙盘模拟课程，旨在帮助学生训练单门专业知识的应用，同时进一步加深对企业运行的了解。

"综合型"企业沙盘模拟课程，假设学生已经全部学完相关专业知识，并且对企业运行的形式、特点等已经有了相当的熟悉和认知。"综合型"

企业沙盘模拟课程，已经摆脱了让学生通过本课程训练单门课程知识的初步应用，而是专业知识的熟练使用；同时更重要的是强调各门专业知识的综合、融合应用，以及企业经营战略、策略的筹划、设计、执行和调整。

（二）课程开设时间前移，使课程覆盖或伴随工商管理专业学习的全周期

一般来讲，学生在大学期间获得的知识和能力，随着在校学习时间的推移和年级的增加而逐步增多和提高。因此，学生的专业知识和能力是不断变化的。这就需要学校开设课程的时间，应该能保证课程提供的知识和能力训练与学生在开课时点或开课学期的知识与能力水平匹配。如此，才能保证课程所提供的内容是学生需要的内容。

具体到企业沙盘模拟课程，就需要将首次开课时间前移至大学一年级。通过在大学一年级开设"认知型"企业沙盘模拟课程，达到让大一新生建立起对企业、公司的感性认识的目标。在二年级，针对学生已经学过一些专业课程，开设"专业型"企业沙盘模拟课程，让学生在仿真的企业运行环境中，训练所掌握的单门专业课知识。到三年级下半学期，学生已将本专业所有的专业核心课程学完。客观上，此时的大三学生最需要融会贯通所学的全部专业知识。因此，在三年级下半学期开设"综合型"企业沙盘模拟课程，旨在训练学生综合运用所学专业知识解决实际问题，同时训练学生的商业战略（详见图2）。

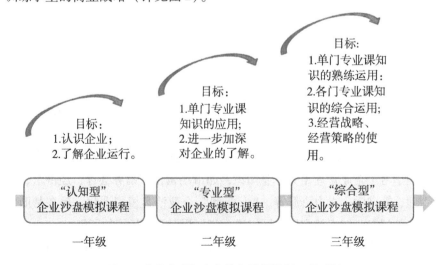

图2　"进阶式"企业沙盘模拟课程开设时间

（三）综合使用不同的沙盘类型

随着技术的进步，企业沙盘模拟类课程所使用的沙盘，除了原来的物理沙盘外（包括：企业场景地图、货币道具、物料道具、厂房道具、生产线道具等），又发展出了电子沙盘。物理沙盘的好处是企业实体的形象直观，企业"看得见、摸得着"，企业形态容易理解，可以增进学生对企业的感性认知，但其缺点也很明显：所需道具多、容易丢失、不容易保存、课程运行效率低等。电子沙盘的好处是不需要道具、不需要对道具进行额外的管理工作，更重要的是，电子沙盘能够促进学生对企业运行及其问题的理性和逻辑思考，促进培养学生的抽象思维能力。但其弱点是企业的形态不直观。

两种类型的沙盘各有利弊，而且互补。可以针对这个特点，综合使用两种沙盘。

在对一年级的学生开设"认知型"企业沙盘模拟课程时，由于此时学生刚从高中升入大学，刚结束紧张的高考复习，几乎没有接触过企业和企业运行。此时，学生们迫切需要的是建立起对企业及企业运行的直观认识。此时可以使用物理沙盘。

而在"综合型"企业沙盘模拟课程中，由于学生已经经过前期"认知型"和"专业型"企业沙盘模拟的训练，已经建立起对企业及其运行的认知，通过理论课程的学习，抽象思维的能力也初步发展起来。此时，与学生的能力和素质相对应，就可以使用电子沙盘（详见图3）。

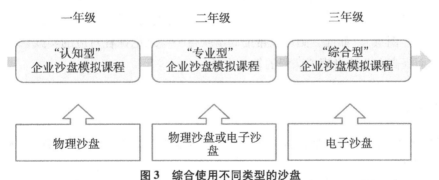

图3　综合使用不同类型的沙盘

（四）课程衔接，与别的课程建立联系，建设与别的课程的"接口"

工商管理专业的核心课程，换个角度理解，其实是企业运行的各种活动按照"专业"的思想对其进行提炼并进行理论化后形成的。在企业层面，它是各种具体的活动、任务；在理论层面，它们是分门别类的专门知识体系。

在把企业活动理论化的过程中，具体而多样化的活动被高度地抽象为概念、命题、判断等。此时，理论已经完全脱离了具体的活动。学完理论的学生，如果在参加沙盘模拟课程前没有一个"接口"课程作为"过渡"，学生头脑中高度抽象化的概念等很难转化为企业的具体活动。从以往的教学实践看，学过理论的学生在面对理论所对应的企业活动时，绝大多数人都表现得非常陌生，好像他们从来本没有接触过这类知识。这样的教学效果可想而知。

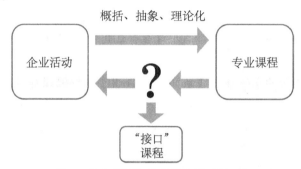

图 4　沙盘模拟与其他课程的"接口"

因此，学生在参加企业沙盘模拟课程前，应该参加一个"接口"课程。这个课程的主要目的是帮助学生把抽象的专业理论知识"还原"成具体的企业活动。这个课程可以灵活设置，比如教授理论课程的老师可以在本门课程结束时，利用很短的时间讲一下本门理论课程在企业中是个什么样的"图景"。如此，则可以帮助同学获得一些理论课程对应的实践认知，进而提高企业沙盘模拟课程的教学质量。

参考文献：

［1］李军改，俞兰平. 关于高校有效开展 ERP 沙盘模拟教学的思考［J］. 科教文汇，2008，（10）：88.

［2］王滢，徐凤，周喆. ERP 沙盘实践课程的定位、目标和教学设计解析［J］. 实践技术与管理，2013，30（4）：120－123.

［3］王文铭. 建构主义在 ERP 沙盘综合模拟实验教学中的应用研究［J］. 实验技术与管理，2008，25（06）：137－141.

应用型本科市场营销学教学改革研究

叶　敏　赵伯庄

摘　要： 应用型本科院校市场营销学教学普遍存在教学方法落后、教学内容较陈旧和偏理论、考核制度不完善、实践教学薄弱等问题。为了培养适应社会和市场需要的人才，市场营销学的教学需要进行改革。结合教学实践，本文从教学方法、教学内容、考核方式、实践教学等方面探讨了对教学改革的认识。

关键词： 应用型本科　教学改革　市场营销学　创新

进入 20 世纪 80 年代以后，国际高校教界普遍重视实践教学、强化应用型人才培养。在这种潮流的推动之下，应用型本科应运而生。应用型本科具有鲜明的技术应用性特征，以培养具有创新精神和实践能力的高级技术应用型专门人才为主线。应用型本科教育对于满足中国经济社会发展，对高层次应用型人才需要以及推进中国高等教育大众化进程起到了积极的促进作用。

一、应用型本科市场营销学教学现状

对于那些将自身定位在应用型的本科院校来说，如何在教学中将"应用型"体现出来，这对学校的发展来说是至关重要的。目前许多应用型本科院校的市场营销学教学与其定位不匹配，主要表现在以下几个方面。

（一）教学方法滞后

对于应用型定位的高校来说，如何教以及如何学成为高校教学中的突出问题。虽然教学方法上引入了多媒体等新设施，但目前市场营销学的教学仍以教师为中心推进整个教学过程，教师在教学过程中单方面关注知识的传授，一上讲台就对学生进行"知识轰炸"，缺乏与学生的互动。这种方法对于学生理解基本概念、基本原理比较有效，但是这种被动的灌输式教学没有充分发挥学生的学习积极性、主动性和创造性，背离了教学中的学生是主体的中心地位，已经越来越难以适应应用型本科院校教学发展的需要。尤其是像市场营销学这样的实践性和操作性很强的课程，必须进行教学方法创新，以更好地匹配应用型高校的定位。

（二）教学内容较陈旧，理论偏多

市场营销学在教学内容方面主要存在两个问题，一是教学内容比较陈旧，不能与时俱进。学生毕业进入企业公司，所学知识陈旧，与现实脱节。二是教学内容理论较多，内容偏宏观。4P 理论、定价模型和理论、渠道模型和理论占用课时比较多，学生以后工作能用到这些营销理论的机会不多，反而是更有可能进行产品（服务）推销、客户服务、创意工作，这些工作需要的是学生的实操能力。

（三）考核制度不完善

市场营销学课程考核方式比较单一，还是沿用传统的"课堂点名 + 期末考试"，考试一般以教师在课堂讲授时学生记的笔记为考试内容，许多学生在考试前复印其他同学的资料"临时抱佛脚"，就能够勉强过关。这样的考核缺乏一定的公平性、合理性，缺乏对学生创造性与创新能力的考察，也导致相当一部分学生在学习方面出现"课前不预习、课后不复习、考前突击复习、考完立马忘记"的现象。

（四）教学过程重理论、轻实践

应用型本科院校所培养的人才主要是满足市场经济发展第一线的需要，实践对于这些人才更好更快地融入他们的工作中是必要的，实践教学在应用型高校中的地位将会越来越凸显。目前，多应用型高校的市场营销学实践教学与理论教学相比，还是教学环节的一个软肋，一方面是主观上对实践教学环节没有给予足够的重视，认为它是一个弹性较大的可有可无的东西；另一方面是实践教学资源不足等客观条件有所限制。

二、应用型本科市场营销学教学改革建议

应用型本科高校的市场营销学教学要紧紧围绕学校的应用型定位这个核心展开，要更加突出营销理论知识的应用性。

(一) 改革教学方法

除了运用讲授式的教学方法外，还应组合运用其他教学方法，以突出应用和对学生实践能力的培养。

1. 案例教学法

在讲授相关营销理论时结合大量相关案例的分析，既能加深学生对知识的掌握和理解，又能提高学生的学习兴趣，使学生变被动为主动，加强了师生交流。案例的选取最好结合现实经济生活中的企业热点问题，还要有一定的难度。提前把案例材料交给学生，让他们课下通过各种渠道查阅资料，课上先由学生分析讨论，教师在案例教学中起引导作用，不要直接表明自己的观点，以免影响学生的思维，最后，教师再做点评总结。

2. 情境模拟教学法

情境模拟法使学生置身于仿真商业环境，有利于提高学生的创造能力、策划能力及营销知识的综合运用能力。在学期末，教师可设计某种较简单的情景，以考查学生灵活运用营销知识于解决实际问题的能力。可以将学生分成 5~6 人组成的小组，各个小组为同一行业中的各个公司企业，让小组每位同学分别担任不同的角色，公司组建完毕后，教师可以这样模拟：这几家公司都计划进入一个陌生的市场，为了使竞争更加激烈，让各家公司拥有大体相当的资源，教师提供陌生市场的各种相关数据，由这几家公司展开竞争，模拟实际操作。

3. 互动式教学法

这种方法强调学生在教学过程中的主体地位，在教学中虽以教师讲授为主体，但部分内容可以通过学生预习、查阅资料、制作 PPT 上台讲授。比如，讲授人员推销时，就可以由部分有推销经历或创业经历的同学来现身说法，学生讲授结束、学生讨论后由教师点评。在课后，教师要通过电子邮件、网络学堂等各种方式加强与同学的交流，听取学生对教学的反馈，及时改进自己的教学。

（二）合理选择教学内容

市场营销学的教学任务，一般用于课堂讲授的学时数为 48 课时，课堂讲授的主要内容包括：市场及市场营销核心概念；营销环境；消费者购买行为与决策；市场细分、目标市场选择与市场定位；营销策略研究（包括产品策略、价格策略、渠道策略和促销策略）。对于其他内容，如营销观念的演变、组织单位的购买行为、企业战略选择等内容，可以由学生自学来掌握。在所讲授的内容中，重点放在对学生以后从事营销有所帮助的知识及可操作性知识的传授上，如外延产品设计、人员推销、网络营销等应加大讲解学时数，在教学过程中贴近现实，加强实操演练。

随着营销环境的变化，市场营销领域的新观念和新理论不断涌现，服务营销、直复营销、网络营销等应运而生，为让学校教育能很好地与社会应用实际相衔接，还应对营销前沿理论、营销新概念作适当补充介绍，适时对教学内容进行更新。

（三）采取多元化考核方式

对教学方法、教学内容进行大胆地尝试和改革，当然就需要与之配套的考核评价方式。教师要根据学生的学习状况以及所教授内容创造出更多类型的考核评价方法，通过更为灵活、多变、周全的考核策略来考查学生的综合能力与水平。要改革传统的单一考核方法，采取多元化考核共存的考核方式，达到期末考核与过程考查的有机融合。降低期末闭卷考试成绩在总评成绩中的比例，加大平时成绩在总成绩中的比重。期末闭卷考试增加主观题比重，以尽量免除应试化考题模式。学生的最后成绩要从平时的表现中体现出来，如课堂讨论中问题回答及思考表现、策划案编写质量、创新设想成绩等项目都应该被纳入课程考核评价范围内，多方面、多角度对学生进行综合考查与评价，以此达到提高学生的实践创新能力与知识运用能力。

（四）强化实践教学环节

市场营销学是一门实践性、应用性极强的课程，实践教学在这门课程中有着极其重要的作用。通过实践教学不仅能够加快学生对于营销理论知识的消化吸收，而且可以让学生更好地适应社会，了解市场的需求，缩短学校和社会的距离。首先，学校要重视市场营销学实践教学建设；其次，加大市场营销学实践教学资源投入，包括项目资金、实践基地建设、实践教学的师资队伍建设等方面，在实践教学资源的分配方面，不能与传统课程按照统一标准来进行，可以适当降低标准并有所侧重。

市场营销学实践教学除了可以在学校的实验室（营销实验室）开展以外，还可以在校园外开展。具体操作如在校园外，教师划定时间期限，以各小组为单位，选择一家附近的企业，考察其营销现状及面临的问题，并运用所学营销知识提出改进建议，以小组为单位完成一份调查报告，到期进行总结汇报，教师综合评定各小组成绩。此外，请社会上成功的企业营销经理和其他杰出的营销管理人员到学校讲专题、做报告，组织学生到企业实地考察市场营销运作过程，以增强对市场营销的感性认识，丰富市场营销经验。

参考文献：

［1］郭晶. 我国高校市场营销专业教学的困境与对策思考［J］. 产业与科技论坛，2014（13）：152－153.

［2］郑远芳. 论营销策划课教师教学方法改革的探讨［J］. 经济研究导刊，2014（6）：87－88.

［3］彭磊. 高职院校市场营销专业广告学课程教学改革探索［J］. 时代金融，2012（3）：99－101.

［4］袁金娟，高攀. 教师自我提升与角色转换的探讨［J］. 科教文汇，2014（10）：18－19.

［5］徐志仑. 应用型本科高校市场营销专业教学研究［J］. 巢湖学院学报，2009（4）：133－136.

管理学课程激励理论教学中的思考

李英爽

摘　要：领导是管理的一项重要职能。激励是领导工作的重要内容和关键手段。如何有效实施激励，满足员工的有效需求从而使其努力工作实现组织目标的过程，是管理中的最基本问题。本文结合笔者管理学课程教学，从激励的根本出发点——人的需要和动机入手，结合新形势下对管理学教学的要求，从教学内容改革与创新，培养管理思维的角度，对管理学动机激励理论的教学方法及内容进行了探讨，通过教学内容改革与创新实现高校培养具备管理素质与能力的卓越人才培养目标。

关键词：管理学　激励　动机　教学探讨

激励问题是管理学研究的一个重要问题。研究激励，首先要了解人的行为过程。激励过程是个体在内在条件——需要和外在条件——诱因的共同作用下，产生强烈的动机，进一步决定行为的过程。内在条件是个人的需要，既有低层次的生理需要，也有高层次的精神需要和社会需要。外在条件是能够引起个体动机，并满足个体需要的外在刺激，称为诱因。例如，对一个饥饿的人来说，食物是诱因。动机是产生行为的直接原因。

至今为止，没有任何一种理论能够像动机理论一样合理地解释人类的行为，特别是人类行为的多样性。了解动机，可以帮助管理者更好地了解自身和管理对象，了解人类行为的本质，更加客观地解释一些员工行为，其本质是最强的激励来源，以激发每个人的潜能，推动员工所开展的工作取得与众不同的成就。

一、关于动机与激励的解释

动机（Motivation），在心理学上一般被认为涉及行为的发端、方向、强度和持续性。动机是名词，在作为动词时多称为激励（Motivating）。激励是指激发人的动机的心理过程。通过激发和鼓励，使人们产生一种内在驱动力，使之朝着组织所期望的目标前进的过程。动机通常不会是一成不变的，动机可能会增加或降低。然而，不管动机水准的高低如何，人们若能维持一定的动机水准，则不但能维持追求该目标的行为，也能维持心理上对该目标的渴望，直到人们知觉到该目标达成为止，因此动机时常被视为行为的前导驱力，若能掌握人们的动机，则往往可以协助预测其行为的方向性与模式。

二、动机需求理论

激励概念的研究一直在 20 世纪 30 年代以前，都不为学术界所重视。直到商业经济的繁荣，才带动了企业中激励员工的需求，从而推动了动机研究的发展。

早在 1953 年，美国哈佛大学教授大卫·麦克利兰（David·C·Mc-Clelland）提出成就动机理论，该理论认为人在不同程度上由以下三种需要来影响其行为。

成就需求（Need for Achievement）：争取成功希望做得最好的需求。

权力需求（Need for Power）：影响或控制他人且不受他人控制的需求。

亲和需求（ Need for Affiliation）：建立友好亲密的人际关系的需求。

在另一种更加广泛流传的理论当中，美国著名人本主义心理学家马斯洛（Abraham Maslow）认为人的需求分为不同的层次，动机是由多种同层次与性质的需求所组成的，而各种需求间有高低层次和顺序之分，每个层次的需求与满足程度，将决定个体的人格发展境界。这五个层次由低到高依次是：

生理需求（Body needs），级别最低的需求，同时也是最具优势的需求，如食物、水、空气、健康等。

安全需求（Security needs），同样属于低级别需求，包括人身安全、生活稳定、免遭痛苦、威胁、疾病等。

社交需求（Social needs），属于较高层次的需求，如对友谊、爱情、归属感的需求。

尊重需求（Ego needs），属于较高层次的需求，如成就、地位、名声、晋升等。

自我实现需求（Self actualization），是最高层次的需求，包括臻于真善美至高人生境界获得的需求，如自我实现、发挥潜能等。

很多成功者都面对过这样的问题：面对身边大多数人都认为不可能解决的困难；遭遇巨大的失败，受到他人的指责等。无疑，动机是一种非常有效也被认可的解释方式，即这些成功者在做相关工作时，具备超越一般人的极高的动机水平。

三、动机类型理论

以上各种需求理论很好地解释了动机是怎样运作的，但是对于每个人而言，即使面对相同的激励，其受激励的程度却有所不同。举例来说，一名经理在公司内部招聘中，拒绝尝试竞聘更高职位，能否就认为他缺乏该层次的需求呢？显然，有的现象不能单纯地用动机需求来做出合理的解释。那么，究竟是什么因素影响经理做出这样的选择呢？

每个人在面对不同事物时，会产生不同水平的动机。在某些相同类型的行为情境中，人往往表现出相同的行为模式。例如，当考试分数低于其他同学时，是否会拼命努力；当业绩被竞争对手超越时，是否会尽力击败对方？这些问题看似是不同的问题，但实际上属于同一类型，对照两个问题的答案，就会发现你在其中一个问题上的回答往往和相同情境其他问题的选择呈现出共同的趋势，而驱动并最终导致我们确定这种行为模式的，就是动机类型。当每个人在执行符合自己动机类型的事物时，个体会感受到最大的激励，具有更强的意志且倾向于不在意困难；相反，在遇到与自己动机类型相矛盾的事物时，个体会反感，并倾向于对困难的敏感和在意。不同动机类型，具有不同的特征，管理要点也不同，如表1-1所示。

表1-1 动机类型及其特征

动机类型	典型特征	管理要点
英雄型	具有较高的自我预期，乐于接受具有难度的挑战，行事果断，注重结果	1. 平均主义会令他们没有成就感 2. 关注排名并为之努力 3. 喜欢独特的奖励，如荣誉 4. 必须给予他们明确的、不断增长的目标 5. 不喜欢自己的荣誉被别人剥夺

续表

动机类型	典型特征	管理要点
观察者型	具有较强的思考力和天生的洞察力，行事谨慎，能够从不同角度看待事物	1. 厌恶被排名，会有反效果 2. 喜欢自己的分析结论受到重视 3. 他们需要营造一种优越感 4. 不喜欢别人质疑或反对自己的观点 5. 过程控制会使他们信服
维护者型	具有较强的风险意识，不会做超出自己能力范围的事情	1. 他们厌恶频繁的变化 2. 讲求实际 3. 不喜欢冒险，需要被给予承诺 4. 喜欢稳定的回报 5. 给予具体明确的任务 6. 偏向持续的小额奖励
开拓者型	具有较强的开拓精神，擅长打破陈规，不相信权威	1. 喜欢每隔一段时间就引入一些新元素 2. 要倾听并理解他们的理想 3. 喜欢冒险，喜欢好奇心得到满足 4. 会为低概率成功的任务花时间 5. 喜欢惊喜、一定自由度的开拓性工作 6. 持续的小额激励会让他们麻木
助人者型	具有较强的集体意识，能够体会他人的情绪，擅长和人打交道	1. 他们喜欢和他人一起工作的环境 2. 有交际需求 3. 会把人脉资源视作一种财富而为之努力 4. 适合帮助新员工融入团队 5. 他们从沟通中获取成就感，因此必须重视反馈 6. 喜欢被赋予紧急的任务
遁世者型	具有较高的离群倾向，需要私密的空间和时间	1. 喜欢独立而私密的工作环境 2. 非常注重自己的基本权益 3. 把私人时间视作一种财富而为之努力 4. 从独立空间中获取成就感，因此必须重视授权
博爱者型	具有较强的利他主义，不计较得失，容易获得他人的信任	1. 他们不喜欢利益至上的企业文化 2. 他们很在意自己的信誉 3. 憎恨受到欺骗，因此沟通需要公开坦诚 4. 在做违背自己本意的事情时，会特别难受
受宠者型	具有较强表现欲，倾向于接受他人的关注和爱护	1. 希望有在公众面前表现的机会 2. 不适应人人平等的企业文化 3. 在表现机会来临时，他们常常不拒绝做违背自己本意的事情

续表

动机类型	典型特征	管理要点
逗趣者型	具有较强的表演和模仿能力，倾向于在人群中扮演一个活跃气氛、令人愉快的角色，并从他人的快乐中获取快乐	1. 最擅长以模仿的形式进行学习 2. 讨厌枯燥乏味的工作 3. 不喜欢过于严肃的场合，非正式沟通会很有效
享乐者型	具有明确的自我形象，具有比较高的审美品位和生活要求，对感官刺激敏感，具有判断力	1. 他们厌恶被要求模仿他人 2. 讨厌不符合自己审美的工作 3. 喜欢严肃的沟通场合 4. 能够从视觉、味觉、听觉、嗅觉中获得快感，这类物质激励会很有效
组织者型	具有结构性的思维能力，倾向于接受有序的、有逻辑的、结构化的事物	1. 需要在严谨的体系中工作 2. 需要理解事物之间的前因后果才能动手 3. 能够重复简单的工作，包括细节
创造者型	具有发散性的思维能力，倾向于接受抽象的、开放的、未知的新事物	1. 喜欢拥有贴上自己标签的事物 2. 喜欢被赋予创造秩序的权力 3. 讨厌简单重复的工作

　　动机具有巨大的力量。人的需要和动机多种多样，激励必然涉及组织的方方面面，其作用往往因人而异，值得管理者从各个角度深入研究，推动人们在不同的领域取得与众不同的成绩。管理学作为经管类学生一门重要的专业基础课，是学习其他专业课程的基础，具有广泛性和实践性强的特点，为了使学生能够更好地理解管理学抽象的原理，提高管理素质与能力，培养社会所需的高素质管理人才，需要教师持续地开展教学内容与方法的改革与创新，不断探讨与完善构建以应用型人才培养为主旨的课程内容。

参考文献：

[1] 斯蒂芬·P·罗宾斯. 管理学 [M]. 北京：中国人民大学出版社，2009.

[2] 托马斯·S·贝特曼. 管理学 [M]. 北京：中国财政经济出版社，2004.

[3] 彼得·德鲁克. 卓有成效的管理者 [M]. 北京：机械工业出版社，2009.

经济管理类专业统计学课程教改探索

王永萍　耿建芳

摘　要：统计学是一门应用性很强的学科，是教育部经济管理类专业必修的专业基础课程之一，在新的形势下其教学面临着诸多挑战，需要对现有的教学模式进行改革。文章结合笔者多年的教学经验，分析了统计学教学中存在的问题，最后提出了教学改革的建议。

关键词：统计学　教学改革　案例教学

一、引言

英国著名生物学家、统计学家高尔顿说："统计学具有处理复杂问题的非凡能力，当科学的探索者在前进的过程中荆棘载途时，统计学可以打开一条通道。"这一描述揭示了统计学的魅力。2000年，经教育部经济学教学指导委员会和工商管理类教学指导委员会讨论，特批准了经济学类和工商管理类的核心课程，其中统计学是经济学类的8门核心课程之一，也是工商管理类的9门核心课程之一，由此可以看出统计学这门课程在经济管理类专业教学中的重要性。

统计学作为高等学校经济管理类专业基础课程之一，对于学生专业能力的培养起着不可或缺的作用。随着科学的发展，统计学呈现出以下几个方面的趋势：统计学与经管类学科结合日益紧密，统计学为各专业学科提供现代数量分析方法；统计学与计算机科学结合愈加紧密，统计分析软件的开发与应用使得复杂的统计计算与分析变得越来越简单；统计学的内容由以传统的描述统计学为主，向以推断统计学为主转变；先进的统计理念和现代数理统计方法越来越多地被统计学所吸收。统计学的内容日益丰富，但是高等学校的统计学教学远不能适应统计学发展趋势。

二、目前经济管理类专业统计学课程教学现状分析

(一) 统计学课程特点

统计学是一门收集、整理、显示和分析统计数据的课程，其目的是探索数据的内在数量规律性。统计学课程具有两个明显的特点：一是"三多两难"，即概念多、原理多、公式多，难理解、难记忆；二是高度抽象性，统计学中的很多概念都非常抽象，如果不和统计实践紧密联系，往往是很难理解的，如置信区间、假设检验等。一般来说，统计学课程主要阐明统计工作的4个阶段：统计设计、统计调查、统计整理和统计分析。前3个阶段所占比重较小，真正的难点在第4阶段。统计学本身的这一固有特点客观上加大了统计学教与学的难度。

(二) 经管专业学生特点

与统计学专业相比，经管专业学生大多具有以下特点：第一，数学功底相对欠扎实。许多高校在经管专业招生中都是文理兼收，在同一个专业既有文科生又有理科生。在文科学生中有相当一部分同学看到数字和公式就头疼，对统计学有着本能式的排斥，缺乏学习信心。而统计学作为一门对数学基础要求比较高的学科，涉及微积分概率论、数理统计等多门数学理论，尤其在抽样推断部分，更要求学生具有较强的逻辑推理能力。第二，学生侧重形象性或发散性思维与统计学要求的抽象逻辑思维方式不同，经管专业学生更追求学习过程中的创造性和趣味性，这种与统计学强调的逻辑性、推理性和严肃性思维模式的背离，使得更多的学生无法感受到统计学的学习乐趣。第三，对统计学价值认同的缺乏，经管类专业学生在对自己的专业保持较高认可度的同时，大多认为统计和自己距离遥远，与未来就业毫不相关，这种距离感和不认同进一步造成学生学习中的逆反。

(三) 教学内容与相关专业融合状况

统计学是一门方法课和工具课，统计学的生命在于应用，统计的价值和魅力只有在解决实际问题的应用中才能得以体现。在统计学教学中，一个统计学教师往往要同时承担多个专业的授课任务，教师通常不分专业，使用一个版本的教学资料。由于教学任务重、教师专业的局限性使得教师无法做到因专业施教。教师在统计方法的应用举例时，往往把一样的例子反复讲解给不同专业的

学生，与相关专业结合不够，难以让学生深切体会到统计在本专业学习中的应用价值，学生的学习兴趣难以得到激发，学习效果很难达到理想状态。

（四）教学模式状况

在教学模式上，统计学具有较强的理论性。随着数学理论的发展，统计学得到了快速发展，并形成了很多分支，如多元统计分析、时间序列分析、数据挖掘、贝叶斯统计等。同时，统计学也具有较强的实践性。随着计算机的普及，各种统计软件的出现，使得统计学的实践性越来越强，对于绝大多数学生而言，学习统计学的主要目的还是应用统计软件去分析现实的经济问题。

但是在实际统计学教学中，更多教师习惯于将教学重心集中在统计工作过程上，侧重于对统计概念的介绍。对于统计方法的讲解，通常以大量的计算练习作为主要手段。在此模式下，学生或许学会了怎样计算平均指标、抽样误差等，但对统计学的真正意义根本无从理解，更别说统计学的实际应用能力的提升。大多数学生在完成考试之后头脑中除了几个名词术语之外，很难记住太多其他的内容。在这种情况下，学生为学分而学，教师为完成任务而教，教与学毫无兴趣可言。

三、经济管理类专业统计学教学改革探索

（一）调整教学内容，优化教学方法

在传统的教学中，几乎每堂课都是老师唱主角，讲课满堂灌，学生除了记笔记之外很少有自己独立思考的时间，课堂上老师讲的内容虽然很多，但能在学生头脑中留下印象的却很少，更不要说对知识的掌握与应用。因此，要培养学生的创新能力，在教学内容上要有所选择和侧重，突出重点，让出更多时间给学生自学，激发学生思考问题的兴趣。对课堂讲授内容实行精选、精讲，给学生留出一定的思考空间，让学生自己思考、推理、举一反三，得出结论，解决问题。

（二）加强统计软件在教学中的应用

统计软件的应用使得管理工作从繁杂的计算中解脱出来，它不仅使统计数据的计算和显示变得简单、准确，而且使统计学由烦琐、抽象变得相对简单、轻松，由枯燥变得趣味盎然。在统计学教学中，应充分利用现代化信息教学技术手段，让学生在学习基本统计理论与方法的同时，增加统

计软件实际操作的机会，引导学生科学地解读运算的结果，以此增强教学的效果。既避免了枯燥的板书和讲解，又降低了教学的抽象性，使一贯以枯燥、难懂而著称的统计学变得生动而充满现实生活气息。目前统计软件很多，对于本科生而言，可以以 EXCEL、SPSS 为主，熟悉软件的操作和软件结果的分析。在具体的实践教学环节中，可以实行自主性实验教学模式，编制实验教学计划和软件说明书，把学生分成若干个 4~6 人的研究小组，指导学生选择合适的实验课题，检查、监督和指导学生进行实验并撰写实验报告。

（三）加强案例教学，突出专业特点

统计学是一门通用方法论，是一种定量认识问题的工具。作为一种工具，它必须与具体的实质性学科相结合才能够发挥出功效。从统计方法的形成历史可知，最小平方法与正态分布理论源于天文观察误差分析，相关与回归源于生物学研究，抽样调查方法源于政府统计调查资料的收集等。所以，统计学与实质性学科之间是交叉的，不是并行的。因此，在教学过程中，要将统计学与各专业学科紧密结合，教学内容、例题和习题的设计应用尽量贴近学生的所学专业，力求用统计分析方法解决专业课程上提出的问题。

加强案例教学。案例教学能够调动学生学习的积极性、主动性和创造性，有利于学生对统计知识的理解和应用以及动手能力、综合运用知识的能力和独立思考能力的培养，有助于教学过程中"教师主导、学生主体"作用的发挥，这不仅能将其与专业课程更好地融为一体，同时对专业课程学习也能起到促进作用。培养学生用统计方法解决专业问题的能力和学习的兴趣，这需要改变教师以不变应万变（如同一例子反复用于不同专业）的状况，要求教师不仅要钻研本专业领域的知识，还要涉猎经管专业的知识，关注经济生活中的实际问题、热点问题，精心收集、汇编各种有代表性的典型案例，可以针对不同专业，搜集实际数据进行统计分析，引发学生共鸣，激发学习兴趣。

参考文献：

[1] 王新华，刘红红. 统计学教学改革的探讨［J］. 沙洋师范高等专科学校学报，2010，8：12 – 14.

[2] 刘洪云. 大学财经类专业的统计学教学模式探讨［J］. 统计教育，2007（5）：28 – 29.

宏观经济学教学和考核方式改革的几点思考

胡艳君

摘 要：本文基于作者讲授宏观经济学的切身体会，从教学内容、讲授方式、考核方式等角度，对如何提升学生学习兴趣、提高授课质量和优化考核方式等方面提出了自己的一些思考。

关键词：宏观经济学 教学 思考

2014—2015 第一学期笔者第一次讲授大类平台课宏观经济学，在教学过程中遇到一些问题，对于教学的内容、方式、如何进行考核以及期末试题题型改革效果，有自己的一些思考，写出来同各位老师一起探讨。

一、关于教学内容

与微观经济学相比，宏观经济学研究内容复杂、研究方法抽象、涉及众多学派的思想，同时又有很强的现实性。因此，老师想要讲好这门课，学生想要真正学好这门课都不是一件容易的事。目前，宏观经济学作为学院的大类平台课，共有 48 个课时，为兼顾各个专业学习的需要，教学大纲安排的必讲内容为宏观经济学概论、国民收入核算、简单国民收入决定理论、产品市场和货币市场的一般均衡、宏观经济政策理论与实践、总需求－总供给模型、失业与通货膨胀，作为宏观经济学重要内容的经济增长理论和经济周期理论由于学时的限制也只能作为选学部分。

通过一个学期宏观经济学的教学，在教学内容方面，有以下几方面的体会和思考。

第一，想要按照目前教学大纲的要求讲好、讲透宏观经济学的内容，48 课时显然不够。一个学期上课的最大的感受是：几乎每节课都是自己在讲理论的内容，中间穿插少许现实经济问题的分析。课前曾经设想的课堂讨论、课程论文汇报都没有时间进行。

第二，一些理论性很强又相对比较难的内容是否可以考虑降低对学生的要求。例如产品市场和货币市场的一般均衡、宏观经济政策理论分析用了 16 个课时讲授，学生学习的效果似乎不是很理想。

第三，关于教材。相比较而言，国内的教材在系统性、趣味性、可读性等方面都与国外的教材有较大的差距。因此，为提高学生的学习兴趣，未来可以考虑采用国外的教材。

第四，关于课外学习。对于宏观经济学的庞杂内容来说，仅通过课堂的学习是远远不够的。而学生又很难做到自觉地进行相应的课外学习，这就要求老师通过一定的方式使得学生必须进行课外学习，如作业、课程报告、读书笔记等形式，把这些都作为课程考核的重要组成部分。尽管这个学期也采取了小组报告、个人作业等几种形式，希望学生可以在课外多查阅一些相关的资料，巩固课程上学过的理论知识，但还是由于课时的原因，学生学习的成果没有时间在课堂上展示和讨论，也使得其效果大打折扣。

因此，未来如果不增加课时，又要提高老师的授课质量和学生的学习效果，就应该在新版培养方案修订时，在教学大纲中考虑减少每部分需要掌握的内容，同时降低难度要求。

二、关于教学方式

关于教学方式，是一个老生常谈的问题，以教师为中心还是以学生为中心，估计大多数人都会赞成以学生为中心的课堂教学模式。但事实上，目前真正能做到而且又能做好的老师应该不会很多。尤其是对于宏观经济学这样理论性较强的专业基础课就更不是一件容易的事。

几年的课堂教学实践经历，一个很深的感触是，想要上好课，能让学生爱听，尽量调动学生的参与意识、积极性和主动性，与以下几个方面的因素有重要的关系。

第一，想要真正做到以学生为中心进行课堂教学，首先对老师提出了更高的要求。无论是课前的准备，课堂上的引导，还是课后对于学生学习成果的评价，都需要教师付出更多的精力。例如，在讲到"国民收入核算"中的 GDP（国内生产总值）时，除了介绍其概念、特点、计算方法、与 GNP（国民生产总值）的关系以及局限性等问题，同时会把我国近几年 GDP、人均 GDP 的情况及在全球的排名呈现给学生，同时也会分析大家关心的一些国家或者地区的情况，如美国、日本、韩国、我国香港和台湾地区等，一方面让同学真正了解和正确认识我国的经济实力和地位，尽管经济总量排在全球第 2 位，但人均 GDP 还不足世界平均水平。另一方面，也通过与我国香港和台湾地区发生的一些时事相联系，让同学认识到经济发展差距是影响两岸统一进程以及"一国两制"实施效果的重要因素之一。类似内容的引入会引起学生的一些兴趣，但是这并没有改变以教师为中心的授课模式，因为学生并没有真正参与到课堂教学中来。

笔者也曾经借鉴其他老师的经验，尝试让学生参与进来，要求一个班每节课有 1 名同学用 5 分钟的时间给全班同学分享近期自己感兴趣的一件经济时事，并作简要分析。但实施的效果并不尽如人意。首先，大部分同学不会在课前做认真的准备，而是在课堂上随便从手机上找一条经济信息读给大家，更不用说做分析了；第二，同学的参与热情不高，也许正因为分享信息的同学没有做充分的准备，所以很少有同学会回应他（她）的信息，尽管有时候有些经济信息是非常热点的时事；第三，老师本应对同学的分享做一些分析和评价，但有时候同学分享的信息未必是老师非常熟悉的内容，很难做出恰当的评论。总之，由于各方面的原因，这一尝试并没有对提高学生学习宏观经济学的兴趣起到多大的作用。

第二，同样的内容，用同样的方式组织课堂教学，对于不同类型的学生，效果有很大的不同。由于同时给 3 个班教授宏观经济学，其中两个班学生入学成绩相对较高，学习积极性比较高，而另一个班学生学习成绩相对差一些，同样是以教师为中心的课堂教学，前两个班的效果明显要好一些，至少在做一些时事分析的时候，学生会参与进来。

第三，想要真正尝试以学生为中心的课堂教学，有一个必要条件，那就是班级人数要少，最多一个行政班（40 个学生以内）。但是目前，由于班级以及师资力量等各方面的限制，经常是两个行政班的合班课，以课堂讲授为主尚且效果不佳，如果以课堂讨论式为主，结果更是可想而知。因此，未来应该尽量为师生创造提高课堂教学和学习效果的客观条件。

教学方式的改变不是一朝一夕的事，但也不能只说不做，未来我们可以集合整个教学团队的力量，分工合作，在以学生为中心的讨论式教学、研究式教学等方面多做一些尝试和努力。

三、关于考核方式

对于学生课程学习效果的考核，应当纠正以考试成绩作为衡量学生优劣唯一标准的偏差，扩大评价的内涵和范围，过程性评价和总结性评价并重。因此，宏观经济学课程考核的标准是多重的，平时成绩和期末闭卷笔试各占一半。平时成绩为过程性评价，在考核中注重学生在日常学习过程中的表现，如课堂研讨的表现，自主查文献讲课的表现，作业、课程报告的表现等。着重评价学生掌握方法和能力的程度，考查学生团队合作能力。这样一方面可以加强对学生平时自主学习过程的指导、监督和检测，另一方面可以推进对学生综合素质的训练和提高。事实上也在一定程度上起到了这样的效果。例如，有的小组就根据课程论文的选题进一步深化作为暑期社会实践的选题，再进一步完善实践报告，参加学校组织的"启明星"大学生课外学术科技作品竞赛。

期末考试采用闭卷方式考试，主要考核学生对宏观经济学的基本理论、基本知识、基本概念、基本技能的理解与把握。往年的考试主要采用名词解释、选择题、画图分析或说明题、问答题或案例分析题和综合计算分析题等题型，其中案例分析题的比例比较小。过去的2014—2015秋季学期，我们对考试题型做了较大的改革，加大了材料分析题的比重，占到一半以上，重点考查学生对理论知识的运用以及分析实际经济问题的能力，考试效果良好，可以作为未来试题改革的一个方向。

参考文献：

[1] 陈银娥，王毓槐.《宏观经济学》课程教学改革———来自课堂外的思考 [J]. 广西师范学院学报：哲学社会科学版，2010，4（2）：107 – 110.

[2] 张慧. 宏观经济学多元化教学模式的改革与探索 [J]. 长春大学学报，2012，109 – 111（114）.

[3] 林红斌. 探析宏观经济学教学范式改革中自主学习教学的运用 [J]. 教育教学论坛，2015，1（1）：180 – 181.

[4] 康爱香. 提高宏观经济学教学效果的途径———兴趣是开启宏观经济学大门的钥匙 [J]. 高等财经教育研究，2013，6（2）：14 – 18.

基于"90后"大学生心理特征的经济学教学模式设想

李锡玲　孙德红　胡艳君

摘　要："90后"大学生由于受社会、传媒和家庭等因素的影响，在行为、情感、思维、认知等心理方面特点突出、具有鲜明的时代烙印。本文借鉴了与"90后"大学生心理特征相关的研究成果，分析了这个群体在大学阶段的学习特点与传统教学模式的不协调，试图为经济学教学探索出一种新模式以及实现路径。

关键词："90后"大学生　心理特征　经济学　教学模式

一、"90后"大学生的心理特征

"90后"大学生是思想活跃、朝气蓬勃、积极向上的一代，是衣食无忧、坐享成果的一代，更是受到社会各界关注和热议的一代，他们出生在中国社会剧烈变迁、经济迅猛发展、信息高速发展的特殊时代，具有睿智而轻狂、成熟而盲目、理性而躁动的显著特征。

（一）自主性与心理依赖性双高的行为特征

在行为上表现出很高的自主性，渴望独立，表现得过早成熟，但实际是依赖心理强，抗挫能力差，假性成熟。他们是在倍受呵护和禁锢的环境中成长起来的一代，在"6+1"家庭结构（父母、祖父母、外祖父母）中，私密空间太小，只能通过网络来向同龄人倾诉。而当QQ聊天内容也被家长监视时，他们只能用"火星文"来保护自己的隐私了。

（二）外显张扬而深度不足的情感特征

社会环境的现实情况造成了"90后"大学生情感上躁动不安、荣誉感强、虚荣心强。他们的物质生活丰富甚至奢靡，精神生活却空虚迷茫。在他们张扬傲慢的背后是孤寂与无奈和无法宣泄的内心压抑之情。他们对喜爱的对象表示热衷，对信服的人表露出钦佩和羡慕，对取得的成就欢欣鼓舞，对不平之事表示愤慨等，并且在这些方面表现的程度更为强烈。

（三）观念超前的思维特征

在信息爆炸时代成长起来的"90后"，接受的海量信息使他们的思想更为早熟，对事物有自己独特的见解。他们在讨论问题时观点深刻、逻辑严密，善于表达，存在强迫自己用成年人的思维考虑问题的倾向。

（四）常常逆向而行的认知特征

"90后"一代大学生在明辨是非、判断善恶美丑时常常逆向而行悖与常理。他们善恶分明但有时善恶不分，他们敢爱敢恨，果敢直接，但却无法真正判断是非对错，经常是错号入座。从某种程度上可以说，他们的思想和价值观更加趋于功利性，常常以自我为中心，趋利避害，这是"90后"一代人自我矛盾的集中体现。聪明的"90后"都有一技之长，但大多数人对学习没兴趣，并且有强烈的叛逆意识。"90后"大学生的平均智商高、好奇心强、接受新生事物能力强，富有创造力，具有创新精神。

二、"90后"大学生普遍心理特征的成因分析

（一）市场经济环境的产物

改革近40年的中国发生了翻天巨变，由于整个社会过度地追求物质经济利益和精神享受，处在一种浮躁的气氛中。这一时期覆盖了这一代从出生到成人的完整生活阶段，生活环境相对前几代优越许多，没有经历过历史和政治上的动荡，也没有经历过大的经济波动，社会给了他们最好的物质条件，但也最深地伤害到了这一代人。社会的各种新奇气息无不被他们吸入体内，尘垢的过度沉积必然导致质的不同。市场经济环境催生了社会

收入分配的不均等，随着社会收入分配差距拉大，不同社会阶层的家庭环境差异很大，父母对社会现状的看法和情绪，在一定程度上影响青年学生思想观念的形成，导致"90后"大学生在思想和心理上的多元化。

（二）信息环境的产物

伴随着社会的飞速发展，媒体环境发生了显著的变化，互联网、移动电视、手机等新兴媒体大量涌现，网上聊天、短信、微信、博客、播客等新的传播方式的流行，拓展了大众传媒的传播途径，也带来了一些消极影响。互联网络的发展，导致"90后"对网络过分依赖，造成个人心灵明显封闭，削弱了他们的价值判断和控制能力；大众传媒的诱惑力和欺骗性导致多数学生成为信息浊流的牺牲品；国外信息资源的垄断和超量输出，对青少年心理形成了巨大的冲击，在一定程度上削弱了教育的效果；大众传媒的市场化，使许多媒体为了争夺、迎合更多的受众，而流露出媚俗、猎奇的心态；追求利益使得假冒伪劣广告、虚假有偿新闻等现象屡禁不止。由于监督、监控和管理技术尚不完备，致使一些大众传媒的不良倾向越来越明显，导致青少年心理扭曲和价值观念的偏差。

（三）独生子女政策与家庭环境的产物

他们的家庭是祖辈经受鏖战与磨难，父辈历经奋斗与改变，在两代人分别体验生死与贫苦后，这类家庭往往趋向于对孩子过分呵护，导致大多数"90后"大学生自我意识增强，以自我为中心、合作意识淡薄，缺乏艰苦奋斗的毅力和居安思危的责任感。同时，"90后"们大部分都是独生子女，除父母外，亲情观相对淡薄，性格孤僻，单亲家庭更加造成他们性格和心理上的某些缺失。

鉴于以上"90后"大学生的心理特征及产生根源，可以理解现有教学环境和教学模式中他们的行为（上课玩手机打游戏看视频、课下作业抄别人的甚至直接复印后把姓名改掉等）了。

三、经济学教学中的设想

经济学是我国高等院校经济管理类专业的专业基础课，它是一门研究市场经济运行规律及国家如何调节市场的理论观点与政策主张的学科，系统性、逻辑性强。传统的三教模式（教材、教师、教室），难以激起"90后"大学生的学习热情。鉴于此种矛盾，作者大胆设想以下教学改革。

（一）设想一：传统"三教"模式变革为"三游"模式

传统"三教"模式是指教材、教师和教室，其中教材是教学内容，教师是使用教材在课堂里传授教学内容的媒介，教室是传授教学内容的固定空间。"三游"模式是指游戏角色、游戏解说和游走空间，其中游戏角色由学生扮演，游戏解说是教师的任务，游走空间是指通过网络无论在哪里都可在线参与游戏活动。

（二）设想二：老师不再唱独角戏，转变为游戏解说

少数授课老师不再站在三尺讲台前，而是参与游戏其中，解说规则指导决策。更多的教师工作转变为开发设计与学生的辅导工作。

（三）设想三：不再执行统一考试，杜绝抄作业

能力强的学生可以凭借快速高绩分的成绩通过，富裕时间可以选择其他课程。学生可以自己决定大学的学习时间，打破传统的本科四年制。

以上设想乃高等教育的颠覆性遐想，这样重大的变革需要教育体制与系统的改革。现期不可能一蹴而就，需要过渡性的改革。

四、经济学教学的创新路径

（一）经济学教学中仍要遵循"厚基础"的原则

合格的经管类本科生不仅应该掌握专业知识，还应该具备一定程度的科学基础、人文素养和科技知识，这体现了"厚基础"的通才教育特色。经济学这门学科是从西方引到我国的，开设理论课的主要目的就是让学生了解市场经济运行的规律，能够通过学习理解经济政策的作用机理。

（二）经济学教学方式灵活，注重培养学生的经济学思维

要求学生必须阅读大量的文献资料，同时通过网络来完成课程的复习、预习以及模拟考试、综合训练等任务，从而增强学生的理论功底。

（三）重视学生是否具备融会贯通、动手实践的能力

为本科生提供从事研究活动和参加学术讨论会的机会，参与科研有助于学生对所学的经济学知识和基本理论有更深刻的理解，及时了解到经济学的前沿发展。第一个任务就是查找经济学的各种相关数据；第二个任务是以问题为核心利用数据分析问题；第三个任务是在网络超越时间和空间的限制，使学生和学生之间、学生和教师之间平等地讨论经济问题，了解国家宏观经济政策。

（四）灵活考核体系

在学生成绩评定方面，采用网上抽题作答，一人一卷，杜绝死记硬背和作弊，以准确和全面地对学生做出评价。

参考文献：

［1］陈蕾. "90后"大学生心理问题及教育对策. 南京审计学院学报，2009.

［2］谢国士. "90后"大学生思想特点及其教育对策. 魅力中国，2009（25）.

［3］陈华. 参与式教学法的原理、形式与应用［J］. 中山大学学报. 2001（21）.

［4］陈晓乐何颖. 独立院校《西方经济学》课程教学创新初探［J］. 知识经济，2011（23）：154－155.

［5］金丽，张守凤. 参与式教学与创新能力培养探析——以"西方经济学"课程为例田［J］. 人力资源管理，2011（1）.

服务经济学课程教学思考

王　娜

摘　要：随着全球经济的进一步发展，服务业已成为宏观经济的重要组成部分，而对于服务经济学这门学科而言，发展则较为缓慢。本文结合笔者自身教授服务经济学课程的经验，对该门课程的产生背景、当前的教学现状、存在的问题和原因进行了分析，并提出了解决途径。

关键词：服务经济学　教学过程　教学质量

一、服务经济学课程的产生背景

随着经济的不断发展，第三产业所占国内生产总值的比重越来越高，发达国家的第三产业产值（增加值）占国内生产总值的比重达到70%以上，这也意味着整个经济已经从工业化生产逐步过渡到了以服务业为基本生产部门的阶段。从教学角度来看，大部分的大学毕业生毕业后所从事的行业也都是服务行业。对于他们来说，对于服务业的认识还仅仅停留在传统的餐饮、物流等行业，认为这些行业是低端的。对于现代服务业、高端服务业的认识不足，从而对整个服务业的印象都是有极大偏差的，对于学生今后的就业也是非常不利的，因此，开设服务经济学这门课程有助于学生正确认识服务行业，认识产业结构和产业组织理论与我国服务产业国际化的发展空间，预期与判定服务产业政策的发展与变革，培养学生依据自身的职业倾向进行职业生涯选择的能力。

二、服务经济学课程的教学现状

在对服务经济学课程的教学现状描述之前，有必要对服务经济学的研究对象做一下了解，也是为了更好地分析当前教学中存在的问题。服务经济学是以服务产品的生产、交换、分配和消费四个环节及其经济关系和经济规律为研究对象的经济学分支学科。它通过对服务生产、服务流通、服务分配和服务消费"四环节"的经济现象和经济关系的分析，揭示了服务产业共有经济规律在服务产业领域起作用的条件及其特殊形式，探讨服务产业的特有经济规律的形成条件、作用形式与特点，并通过对服务产业各分支部门特殊经济规律的分析，揭示其共同的经济规律及发展趋势。以经济学原理和产业经济学为基础，不仅探讨服务经济学的理论体系，主要包括非实物产品理论和服务"四环节"理论，还揭示了服务产业的一些特有规律，如服务产业形成规律、服务产业价格变动规律、服务产业供求规律、服务产业比重增大规律、服务产业分配规律和消费规律等。

学习服务经济学的学生处在大三上学期，也就是已经接触到了本专业的专业基础课并且对自己的专业有一定了解的时期，在这个基础上学习服务经济学有助于学生进一步认识自己所学知识所处的行业，并能够根据个人的兴趣有选择地去学习该行业的发展动态和发展趋势。在教学过程中，笔者发现，与其他的课程如微观经济学和宏观经济学相比，学生学习服务经济学的积极性相对较高。由于服务经济学课程本身对于经济学理论的使用较少，一般来说只是回顾某些特定的理论，如需求与供给，不过是对微观经济学的简单重复，只不过分析对象不再是有形的商品，而是无形的服务。其他一些基础理论与之前所学到的理论不同，如国民经济核算当中对服务业增加值的核算，对宏观经济学中的国内生产总值进行了深入剖析，详细探讨了服务业增加值如何计算，这方面的知识较难，学生学习过程中略感枯燥，但这些知识点对整个服务业发展的总体把握是不可或缺的。另外就是服务的定价理论也有别于微观经济学中的价格理论，由于夹杂了服务的特殊性质，理解起来也较为困难。因此，在教学过程中发现学生的关注点更多地集中在具体的行业方面，如旅游、物流、电子商务等，并且学生关注的大多是日常接触的，而对于当前服务业发展趋势而言，如对咨询、信息科技、会计、研发等专业技术方面的关注还较少，学生对服务业领域的涉及面还需加强。

三、服务经济学教学过程中存在的问题及原因分析

服务经济学作为高年级学生的一门专业限选课，开设的学校并不多，

而且对于本科生而言，这门课程并没有可供选择的教材，国内仅有的服务经济学教材也是针对研究生的，难度较大，也没有一个统一的体系和逻辑。首先，服务经济学的研究并不像其他经济学类学科基本具有系统的研究体系，服务经济学的研究从开始就是零散的，在短短几十年的研究过程中虽然硕果丰厚，但并没有统一的权威的教材可供使用。其次，服务经济学的研究依学者的研究兴趣而不同，国外的学者多关注服务业的增长、服务业对经济增长的带动作用以及服务业的微观分析，国内的学者大多关注服务业整体的发展以及服务业的结构。因此，在服务业领域并没有一致的研究目标和研究方向，有的只是许多分散化的成果，难以用一条逻辑主线来整合。最后，服务经济学的发展极为迅速。服务行业是一个日新月异的领域，很多之前的理论已不再适应，很多服务内部的行业划分日益模糊，各行业之间不断融合渗透使得理论的研究滞后于行业的发展。

除此之外，由于服务经济学的理论性和行业发展的快速性，导致课堂教学内容比较杂乱。如果将行业分析作为讲课重点，那么对于不同行业间的理论就都必须有部分涉及，如金融服务业、互联网行业、电子商务、物流业、批发零售业等，这就需要大量的课时讲授或者学生课下学习。那么问题就是服务业涉及的领域太多，不可能在一个学期内讲完全部甚至是部分行业的发展。再加之学生的兴趣有所不同，所以课堂氛围也会受到影响。如果将服务业作为一个整体去讲授，那么服务业的相关理论就比较枯燥，学生没有充足的时间去了解服务业的各个领域并深入了解，仅仅停留在对服务业的整体把握上。因此，如何在有限的32个学时中既让学生对服务业的整体发展有所了解，还能够深入一些行业内部并且充分调动学生的积极性是笔者一直在思考的问题。

四、提高服务经济学教学质量的途径

在4年的服务经济学教学过程中，笔者一直在思考能够不断提高服务经济学教学质量的途径。针对上文所述的教学过程中存在的问题，本文认为有以下两条途径。

（一）形成系统的讲义

在教材缺乏问题上，任课教师应该大量阅读与服务经济学相关的文献，在现有讲义的基础上不断完善，力争形成一套适合本科生学习的、通俗易懂的讲义和课件。除了理论之外，由于服务业各行业发展速度不同，还应当实时跟踪各服务行业的最新发展动态，适时更新讲义的各项数据，寻找最新的案例和视频资料，满足学生多样化的需求。

（二）适当调整教学内容

在教学内容方面，在讲义和课件的基础上，适当调整当前的教学内容。现有的教学内容是在整个 32 个学时中，大概一半的学时用于讲授基础理论，其余课时讲授行业现状。由于课时的原因，对于行业现状的讲授也只能局限于三个行业，涉及面较窄。在今后的教学实践中，可以考虑基础理论与行业现状穿插进行，在行业动态讲授中，可以对学生做问卷调研，找出学生感兴趣的领域做重点讲解，其他行业依课时安排。这样可以充分调动学生的积极性，让学生使用学过的理论知识，以自己的视角来与大家分享个人或小组的行业分析报告，这样一方面可以激发学生的研究兴趣，充分了解感兴趣的行业，印象深刻；另一方面也可以锻炼学生的书面表达和口头表达能力，并促进学生的团队合作意识。

参考文献：

[1] 丁任重. 了解实情 面向实际 服务实践——关于中国经济学研究与发展的几点思考 [J]. 经济学家，2004，(3)：15–21.

[2] 王述英. 西方第三产业理论演变述评 [J]. 湖南社会科学，2003，(5)：85–88.

[3] 夏杰长. 开创中国特色服务经济学研究的力作——评郑吉昌教授专著《服务经济论》[J]. 技术经济与管理研究，2006，(5)：127–128.

高校金融专业实践教学模式研究

房　燕

摘　要：经济新常态背景下，经济体制改革与市场结构调整、互联网金融的爆发以及宏观经济政策的调整等，无不对金融专业毕业生的要求越来越高，高校金融专业的实践教学显得更为重要，必须完善实践教学课程体系，创新实践教学方法，加强专业实验室和实践基地建设，加大实践教学师资队伍建设力度，提高金融专业人才培养质量。

关键词：金融　实践教学　实验室　实践基地

近年来，我国高校金融专业普遍存在实践教学课程设置不科学，实践教学方法缺乏创新和实验室建设相对滞后和实践教学基地缺乏、实践教学师资较为薄弱等问题，如何创新金融专业实践教学模式成为当前亟待解决的问题。

一、完善教学课程体系，突出实践教学

目前，高校普遍采用学分制，在教学计划中往往理论学科学分所占的比重较大，而实践教学学分很少，基本上只局限于毕业实习中的短期社会实践，实践方式也只是在最后一个学期由学生自行到各种金融机构联系实习。这种模式达不到应有的效果，学生实践学习效果不佳。高校在制定金融专业实践教学培养方案时，应尽可能考虑学科发展方向和本校学生的特点，既考虑到方案的可操作性，又要保证方案实施的效果。首先，从教学模式上看，应重视理论教学与实践教学相结合，构建课程实验、综合实训和校外实习相结合的实验教学模式。当前经济形势下，金融创新层出不穷，这就要求金融实践教学不能局限于课堂教学，而应该构建多层次的实践教学体系，增强学生解决实际问题的能力。其次，从教学内容上看，应

以专业为基础科学设计相应的实验内容和实验项目。目前大多数高校的金融学科包含金融学、银行管理、证券投资、保险、金融工程、金融理财等专业，这些专业的实务操作性很强，对实践技能要求较高。因此，应根据各专业学生的培养目标和要求设置相应的实践课程体系，强化专业动手能力和创新能力。

二、创新实践教学方法，推行案例教学法

案例教学法（Case Study Approach）是由 19 世纪 70 年代美国哈佛大学法学院院长克里斯·哥伦布·朗戴尔（Christopher Columbus Langdel1）教授首创的一种教学方法。其主要是指在学生掌握了基本知识的基础上，在教师的精心策划和指导下，根据教学目的和要求通过典型案例的应用，使学生对案例进行分析，通过学生的独立思考或集体讨论，进一步提高分析问题、解决问题的能力，同时培养学生的沟通能力和协作精神的一种教学方法。在金融专业推行案例教学，通过让学生尝试解决问题的方式，培养学生主动学习和消化知识、独立思考、综合分析和创造性解决现实问题的能力。如在讲授影响汇率的经济因素时，能够启发学生通过收集资料分析找出影响某一具体货币汇率波动的原因，更有助于加深学生对这个问题的理解。例如，在商业银行业务经营与管理课程贷款业务教学中，可结合贷款的特征，给出一些财务数据让学生们对借款企业进行信用评估，进而得出银行的相应对策；在金融学教学中，可利用现实生活中的金融投资或金融热点案例，通过课堂案例分析，使学生能逐步掌握金融理论与金融实践的分析技能，使课堂学习的理论知识得到进一步巩固；在国际金融课程中讲授外汇知识中，可让学生根据当前的经济现状预测人民币汇率的未来走势，并通过与现实走势的对比，进行进一步的剖析，巩固所学知识；等等。

三、优化校内实践教学条件，加大专业实验室建设力度

很多高校已经建立了金融模拟实验室，在承担金融课程课内实验教学和校内实训教学方面取得了一定成效。但实验室只是作为课堂教学的补充手段，存在硬件配套不先进，软件配套不完善，利用率低，形式化严重等

问题。因此，应大力加强金融专业实验室的建设力度，实现硬件配备与软线配套的协调发展。金融实验室硬件的配备应满足金融学科的教学和科研任务，以网络、计算机和多媒体技术最大限度地实现资源共享。金融实验室的系统架构可以采用客户和服务器模式，主要设备包括卫星天线、数字卫星接收机、服务器、可堆叠交换机、工作站终端、电子显示屏、投影机、实物展台、DVD 机、录像机、中控系统、电动幕、音箱、刻录机、扫描仪、打印机等。在软件配套上，要满足基本的金融实验教学需要，并逐步完善，进而提高金融实验的层次。具体地说，金融实验室要能够开展商业银行业务模拟、证券实时行情分析与交易模拟、外汇行情分析与交易模拟、财务报表分析、期货模拟交易与行情分析及保险实务模拟等方面的实验课程，同时采用计算机网络通信技术和高性能计算技术，收集世界各个国家与地区的股票指数、上市公司基本财务数据、政府债券、期货、汇率、利率的实时数据和历史数据，通过配备的计量统计分析系统，能让师生使用数值分析、仿真操作等方法来研究问题。

四、加强产学研结合，建设专业实践基地

校外实践基地是高校实践教学的重要载体，是提高金融专业学生实践能力的有效途径。高校应充分利用外部资源，积极拓展渠道，加强产学研结合，逐步建立企业、学校"双向互助"教学实践基地。就金融专业而言，高校可与银行、证券公司、保险公司等金融机构联合，建立金融人力资源的双向培养和实习基地。通过实习基地建设，既能使学生在金融业务第一线切身感受金融业发展的脉搏，更好地将所学理论知识与实践有机融合在一起，锻炼自身的实践能力和业务水平，又能让上述金融企业了解学生的综合素质，从而吸纳一部分优秀毕业生，并与学校建立长期的用人协议，提高金融专业毕业生的就业率。

五、密切与实际操作部门的联系，推进实践教学师资的队伍建设

目前，我国高校金融专业实践教学发展的瓶颈在于教师队伍中缺乏"双师型"素质教师。教师从学校到学校，从理论到理论，没有经过教师职业技能训练，缺乏科研实践，加之教学任务繁重，学历进修压力大，生

产锻炼的时间严重缺乏，实际经验不足，动手能力不强，学生的实践学习效果不佳。由于实践师资的缺乏，部分课程的实验教学由理论课教师兼任，一些难度较大的或费时、费力的实验项目得不到落实，设计性、综合性、创新性实验项目考虑不多，实验室开放的要求更是难以实现。因此，高校应该加强金融专业实践课教师的业务培训，创造条件让实践课教师到实际操作部门调研或学习，并建立有效的激励机制，提高教师参与实践教学的积极性。例如，可要求实践课教师每 3 年必须有一个学期在实际操作部门进行业务实践，并对完成的教师在评先、职称评审方面给予一定的倾斜。同时，高校还可以从银行、证券公司、保险公司等金融企事业单位聘请有实践经验的人士到学校兼职，既可充实实践教学队伍，又可使高校实践课程与市场需求实现"无缝对接"。

参考文献：

[1] 佟锦霞. 高等院校金融专业实践教学的探讨———以江苏财经职业技术学院为例 [J]. 边疆经济与文化，2009，(12).

[2] 杨建平. 谈高等教育课程教学模式的创新 [J]. 重庆工贸职业技术学院学报，2008 (3).

[3] 祝文峰. 模拟银行实验教学在金融学专业课中的应用———以《商业银行业务与经营》课程为例 [J]. 湖南科技学院学报，2010 (5).

[4] 康海媛. 金融专业理论与实践结合的模式探讨 [J]. 科技创业月刊，2008 (7).

[5] 毛莹，陈会荣. 论新形势下高校金融专业实践教学模式创新 [J]. 湖北财经高等专科学校学报，2012 (6).

金融企业会计实践教学中存在的问题及对策

耿建芳

摘　要：把会计理论知识较好地应用于会计实践，一直是金融企业会计教学改革关注的重点。为适应经济形势，培养出更优秀的高级应用型金融企业会计人才，许多高校的会计学专业购入并安装了各种金融模拟教学软件，建立了金融模拟实验室。本文从分析金融企业会计实践教学的意义出发，结合高校金融企业会计学实践教学中的经验和教训，分析了该课程实践教学中普遍存在的问题，并提出了构建会计学专业相互融合的实践教学体系、改进实验教学方法和手段等改革方案。

关键词：金融企业会计学　实践教学　教学改革

一、金融企业会计学实践教学的意义

金融企业会计实践教学是以金融模拟实验室为基础，利用某一虚拟型的金融企业会计实践教学软件，将手工模拟操作与计算机模拟操作相结合，在实验室环境中再现社会和经济系统，提高学生的实践能力为目的的实验教学活动。对实现高校高级财务管理人才的培养目标具有以下重要意义。

（一）实践教学能为学生提供更多的操作机会

金融企业会计实践通过创造一个模拟的金融企业，使学生虽身处实践环境中，却好像置身于实际金融企业的财务部门一样，能够亲自动手填制各类传票、账表，并操作某一金融企业工具软件。通过实践，学生可以直观地了解金融企业会计工作的全貌，既培养其操作能力，又加深其对金融企业会计基础理论和会计工作内在联系的深刻认识。

（二）实践教学能够切实增强学生的职业意识

在金融企业实践教学中采用角色扮演法进行教学，使学生在模拟的工作环境中扮演一定的工作角色，从而掌握一定的金融企业工作知识和工作技能，包括原始凭证的审核、记账凭证的填制、银行汇票的出票、提示付款和资金清算等业务办理知识，在强化技能训练的同时，大大提高学生的职业意识。

二、当前金融企业会计学实践教学中存在的问题

（一）实践教学体系不够完善

目前，尽管计算机信息技术迅速发展，并极大地加速了管理学科内各子学科之间的相互交叉和渗透，但多数高校的金融企业会计实践教学模式仍处于封闭或半封闭状态。这主要表现在以下方面。

1. 实践教学教材的内容关联性差

从现有的金融企业会计实践教材来看，所涉及的内容往往只是纯粹的金融企业会计知识，导致该内容与相关的非金融企业财务知识相脱节。

2. 实践教学项目的各环节之间逻辑性差

金融企业会计实践教学项目所涉及的各环节通常相对独立，各环节的实践结果之间是否有关系，以及有何关系等，均需要指导教师作出进一步解释，否则学生很难自己理清各实践环节之间的逻辑关系。

3. 各实践项目之间连续性差

由于受限于金融企业会计学的实践教学计划，金融企业会计实践往往以验证理论教学中的部分重要知识点为目的，所涉及的各实验项目之间缺少连续性。

（二）实验室情景模拟设置不到位

许多高校在学生掌握相关金融企业会计理论知识后，为使学生提前进入职业角色，开始致力于营造实验环节的真情实景，对实验室进行情景设置。但多数高校由于对金融企业会计实践教学重视程度不足和经费缺乏，未能充分满足各组实验学生独自使用实验资料、用具和设备等实验要求，致使金融企业会计实践教学在情景模拟方面与现实中的银行业财务部门存在很大差距，导致实践效果大打折扣。

（三）实践教学资源整体优化不足

1. 金融企业会计实践教学未能突破拼盘式课程结构

金融企业会计学只是工商管理学科的一个分支，在实践教学中很难完全独立于其他管理环节单独进行，否则实践教学效果必然难以达到。目前，以金融模拟实验室为基础所开设的各实验课程之间缺乏应有的沟通和交流，协调性差，在实践教学资源利用上各自为政，由此导致金融类课程实践教学内容出现重复或遗漏，很难形成符合学生学习规律和实践教学自身规律的循序渐进、不断深化的课程体系。

2. 金融模拟实验室建设的规模和效益提升缓慢

多数高校都以实验课程为单位进行金融模拟实验室建设，这势必导致这些高校难以克服本位主义，即各高校都想将自己的金融企业会计实践教学提高到一个更高层次，但却跳不出本实验课程的圈子，不能从学生整体培养的角度，全面地考虑实践课程的总体需要。即使努力增加实践经费，也难以保证经费能够合理使用，从而导致实验室难以形成规模、实验设备更新速度慢、实验经费隐性流失等管理盲点的出现。

三、改革金融企业会计学实践教学的对策与建议

（一）拓宽实践内容，构建会计专业相互融合的实践教学体系

在实践教学中，内容单一的金融企业会计实践教材已难以满足社会对复合型、应用型会计专业人才的需求。金融企业会计实践教学与其他学科领域的交叉融合，将促使金融企业会计实践教学从单一的课程实践走向多功能实践。

1. 从单一教学实践转向多功能实践

在新的实践教学体系中，随着金融领域各学科知识的交叉融合，金融企业实践教学内容将纳入整个社会经济环境之中。如将金融企业会计与财务会计、企业管理、ERP、创业投资等方面的知识融合起来，形成综合性、设计性实践项目。

2. 提高学生的综合实践能力

在实践课程开发与建设方面，要朝着高定位、高层次的会计实践教学体系建设发展方向，加强自主型、边缘型和特色型实践项目的建设。新的金融企业会计实践教学体系应以验证性实验为基础，注重训练学生的专业

基本技能，以综合性、设计性实践为重心，注重提升学生的综合能力和创新能力，使学生在实验过程中能灵活运用所学的金融、会计、财务管理、企业管理、市场营销、税收等各方面知识，全面提高学生分析问题和解决问题的能力。

（二）提高实践教学的要求，改进教学方法和手段

1. 实践教学要求应与企业现行用人标准一致

在进行金融企业会计实践的初期，可要求学生按照最新的企业会计准则，结合某一金融类企业实际，设计一套该金融企业内部的会计制度。由指导教师对其中有代表性的会计制度设计做出评价，并要求学生在后续的实践过程中努力执行这些会计制度，借以达到提高实验标准和学生业务操作能力的目的。

2. 充分利用现有条件，建立新的实践教学平台

对计算机网络进行统一规划设计，选择合理的硬件配置，优化金融模拟实验室网络服务器资源。

3. 实行开放式教学，探索新的教学方法

激励学生学习的积极性，使学生拥有独立思考、自由发挥、自主学习的时间和空间。同时，在采用角色扮演法进行金融企业会计实践教学的过程中让学生在实践教学中唱主角，充分发挥他们的主观能动作用，让他们有更多的思考和动手的机会。

总之，在大力提倡素质教育的今天，金融企业会计实践教学在金融企业会计专业教育中的地位越来越重要。各高校应重视并不断深化金融企业会计实践教学改革，从而最大限度地为社会培养复合型应用人才。

参考文献：

[1] 张建松. 完善会计仿真实训教学体系的思考 [J]. 财会月刊，2009 (7)：15 – 18.

[2] 何夏蓓. 角色扮演法在会计实验教学中的应用 [J]. 经济理论研究，2009 (8)：21 – 23.

[3] 王树雄. 对当前高校会计模拟实验教学若干问题的思考 [J]. 辽宁行政学院学报，2006 (2)：23 – 25.

[4] 沈俊伟. 会计仿真实验在教学中的应用 [J]. 江苏经贸职业技术学院学报，2008 (2)：27 – 29.

专升本会计学专业税法课程
教学效果优化研究

梁　红

　　摘　要：税法课程是高等院校会计学专业的主干课程，而专升本又具有与普通本科不同的特点。本文从专升本会计学专业税法课程的日常教学出发，针对税法的特点及其教学难点，通过对税法理论及实践教学特点的阐述以及税法课程教学现状的分析，分别从理论教学和实践教学两方面提出了优化专升本会计学专业税法课程教学效果的思路。

　　关键词：税法　专升本　理论教学　实践教学

一、问题的提出

（一）专升本的特殊性对教学优化的挑战

　　专升本学生已经历过专科阶段的系统学习，特别是其中部分学生已接触过税法课程，对税法相关知识有所了解，但还有一部分学生没有学过税法这一课程，因此，学生在税法课程已有基础方面存在较大的差异，对教师的教学内容、教学方法的优化都具有一定的挑战。

（二）课程特点对教学优化的挑战

　　税法课程知识覆盖面广、知识点多、政策性强，具有较强的理论性与实践性。尽管学生的学习兴趣较浓，但由于该课程内容多、公式多、难度大、综合性和实践性强，对学生的逻辑思维能力、分析能力、解决问题能力的要求也较高，因此学生普遍感到学习吃力，课堂教学中表现出这是一门难教难学的课程。

（三）税制改革对教学优化的挑战

由于近年来我国税制改革步伐较快，特别是营改增涉及内容较多，改革时间较长，导致税法课程部分重要内容年年更新，要求教师讲授也必须与时俱进，这对教师的教学也提出了较高的要求。

（四）单一教学方法对教学优化的挑战

目前，以教师为中心，教师讲、学生记的"灌输式"课堂讲授法仍是许多高等院校讲授税法的主要教学方法。这种教学方法偏重于知识技能的传授，而未能给学生留有充分的思考空间，往往是教师讲得口干舌燥，学生却感觉收效不大，课堂教学效果不甚理想。

（五）学生的学习方法对教学优化的挑战

从学生的学习情况看，不少学生仍习惯于中学时代的思维与学习方法，依赖教师，死记硬背，生搬硬套公式，为应付考试而学，结果是考完就忘了，更谈不上运用所学知识去分析和解决实际问题，这样的学生很难有创新能力。这从考试结果也可以看出，一方面，学生一般对名词解释、简答、论述等背诵型的试题回答质量尚可，另一方面，对于计算题和案例分析题则表现出理解能力、分析能力和应用相关知识解决问题的能力较薄弱的特点。此外，学生对税制改革的了解不够及时，即使教师已告知相关网站、期刊、书籍，但学生主动性不强。

（六）短缺的校外税法实践教学基地对教学优化的挑战

由于税法课程涉及大量的法律条文及相关细则，教学内容会比较琐碎和枯燥，因此增强学生的动手能力、提高学生的学习兴趣是提高税法课程教学效果的关键。税法的实践教学需要更好地立足于实际的经营运作，学生需要深入企业、事务所、税务局进行实践，亲身感受税法的现实环境，便于学生更好地领会贯通所学理论知识并将其应用于实践。然而由于种种原因，学生很难真正在企业、事务所、税务局进行税法相关实践，因而税法实践教学中就欠缺了这一重要的一线校外实践教学基地。

二、对于专升本会计学专业税法课程教学效果优化的几点思考

（一）正确对待教材在教学中的作用

税法课程具有较强的政策性和时效性，税法相关内容更新非常快，国家会不断颁布和制定新的税收法律法规条例，因此教材必须选用能跟上最新税法变化的相应教材，如注册会计师或注册税务师考试用书。另外，教材的主要功能是课堂教与学的工具和桥梁，教师教学不能仅局限于一本教材，应当引导学生多读一些相关书籍、期刊、报纸，如《税务研究》、财政部和国税总局的网站等，掌握学科理论的发展动态，了解税法领域的前沿问题。基础知识的学习始终与现实需要相结合，这样才能不断激发学生学习的主动性。

（二）针对学生特点，采取有差异的特色化教学

如前所述，专升本学生之间存在较明显的个体差异，部分学生专科阶段已学习过税法，对基本原理已有所了解，但还有部分学生从未接触过税法。针对这种情况，教师可以在普遍讲授基本原理的基础上，结合实务工作和税制改革动向进行适当补充和扩展，并引导已有基础的学生带动未学过的学生共同学习，以满足不同层次学生的学习需要。

（三）教学中强调理论联系实际

在课堂教学中，注意收集经济生活中的实例，并根据各章节的内容选择适当的案例服务于教学，多举一些实际生活中的小实例，尤其是学生所熟悉的身边的人或事，由浅入深地讲解原本晦涩难懂的税法理论，这样可起到事半功倍的效果，例如从学生日常生活和身边事物入手讲解税法在生活中的应用等，这样做可以激发学生的学习兴趣并引导学生主动思考，培养其举一反三的应用能力，使学生由被动的接收者转变为主动的参与者和积极的研究者。

（四）适当运用对比教学法、讨论教学法和问题教学法，增强学生的主动思考能力

对比教学是一种加深学生对税法知识理解的有效方法，例如流转税和所得税是税法教学的重点内容，流转税在征税范围、税率和应纳税额的计算方法上有一些易混淆之处，企业所得税和个人所得税也同样有可比之处。另外，适当运用讨论教学，通过广泛讨论，一方面，可以促进教师与学生的经常性的交流，推动教师不断学习，更新知识，提高授课技能。另一方面，也调动了学生学习的积极性，增进师生之间思想与情感的沟通，提高了教学效果。而问题教学法则要求教师事先将内容提炼出来，以问题形式提出，从而启发学生思考，通过学生主动思索，达到对问题的充分认识，找到解决问题的方法。在解决问题的过程中，学生会学到更为广泛的知识，同时，由于学生经过了自己的思考，知识会掌握得更扎实。

（五）加强对重点、难点和疑点的针对性练习

由于学时有限，因此在设计练习题时，注意把握少而精，练习不在于多，而在于精，要具有一定的代表性，能反映知识的内涵和关键，体现知识的综合性、启发性和思考性，做到练习目的明确。教师在设计课堂练习时，要紧紧围绕教学大纲要求，针对教学重点、难点和疑点，把问题讲深、讲透，并训练学生发散思维，使其能够做到举一反三。此外，习题要随着税法内容的更新而实时更新，税法是以现行税法条文为标准，一年前建立的习题试题库有可能因税法的变化部分习题已经不再适用，可以考虑使用当年注册会计师考试税法习题（或注册税务师税法习题）作为参考。

（六）优化税法课程实践教学方法

对会计学专业的学生而言，税法课程的学习更注重将税收法律法规和会计业务核算、纳税申报等具体实践联系起来的操作能力的培养。一方面，课堂上，教师需引导学生进入真实实践环境，使其设身处地学以致用地进行有效的实践。教师引导学生自主分析问题，寻求解决问题的基本思路并设计具体方案，并最终引导启发学生自己得出结论。另一方面，学校还要积极组织学生到有关企业、事务所进行实地实习，使学生真实地感受生活。此外，实践教学也可与高校各种学生大赛结合起来，以某一个项目作为背景材料，以赛代练，赛练结合，使学生具有真实感、紧迫感和竞争意识。

（七）加强校外税法实践基地的建设

应注重加强校外税法实践基地建设，通过与企业、事务所的广泛联系，组织学生去实习，条件许可还可以安排去税务局实地考察。此外还可以组织有关教师组成管理咨询或培训团队，带领学生通过为企业提供税务咨询、解决特定税务问题、提供专项或综合培训等服务，一方面可以使企业自觉自愿地为学校提供实习环境，另一方面也能使教师真正深入实践，增强自身的综合教学能力，同时也展现了高校教师的社会服务能力。某种程度上也可以借鉴德国"双元制"教学模式，实行校企联合办学，以学校为主体，以企业为依托，以实践为核心，学校为企业培养人才，企业为学校提供实习基地。

参考文献：

［1］石泓费琳林艳王虹．大学本科税法课程教学改革与质量优化研究［J］．经济研究导刊，2012（23）．

［2］李建军．关于高等院校税法教学改革的探索［J］．中国乡镇企业会计，2014（3）．

［3］张宁．"营改增"背景下加强《税法》课程教学的探讨［J］．山东纺织经济，2014（6）．

证券投资学教学改革经验探讨

孙尧斌

摘　要：当前，证券市场发展日新月异，各种业务创新层出不穷。因此，对证券投资学教学的广度与深度也提出了更高的要求。教学以培养适应证券业发展所需要的专业人才为目标，面对这样的形势，对传统证券投资学教学进行改革就显得非常迫切。结合自己多年的教学经验，笔者谈谈自己的证券投资学教学改革经验。其主要体现在以下两个方面：在教学手段上，采用案例教学与多媒体教学相结合；深入开展模拟教学；积极组织学生参与模拟交易大赛。在教学方法上，注重理论联系实践，强调实践环节；定期邀请行业专家对当前经济运行状况进行专题讲座等。希望这些探索能更好地丰富证券投资学课程教学改革的实践活动。

关键词：证券投资　教学方法　教学手段　改革

近年来，随着我国资本市场的快速发展，证券市场在金融中的地位不断得到提升。证券市场是理论丰富、实践性非常强的行业。相应地，证券投资学与一般高校课程的讲授就有很大区别。除了在讲授基本理论、基本内容之外，还必须强调其实践性和创新性。要让学生真正掌握这门课程的核心方法，学以致用，势必对传统证券投资学进行教学改革。笔者主要从证券投资学教学手段和教学方法两方面改革着手，强调理论与实践相结合，提高学生的实际操作能力，以适应证券市场快速发展的需要。

一、证券投资学课程教学手段的改革

证券投资学课程教学的培养目标是培养业务创新能力强的复合型、实务型人才。因此，必须对传统的教学方法进行改革。大量采用案例教学与现代化的多媒体教学手段，更重要的是要引进模拟教学与投资现场教学。

（一）案例教学

目前，证券投资学课程教学方法基本上以讲授为主，学生的学习是被动的，体会不到主动学习的乐趣。案例教学是改变这一现状的有效方式。选择与证券投资学教学内容配套的典型案例，将一些难以理解、烦琐枯燥的教学内容运用生动的案例表现出来，通过分析讨论，引导学生运用理论知识解释经济现象原因、探讨规律，提高分析问题和解决问题的能力。案例教学能将知识的传授与知识的运用有机结合起来，因此，在教学活动中，应更多采用案例教学。

（二）现代多媒体教学

在证券投资学课程教学中涉及大量的图形、公式、技术指标、数据资料等，传统教学手段难以达到理想的效果。而运用现代多媒体教学手段可以解决这个难题。在基本模式上一般有两种模式，一是辅助式模式，通过制作多媒体课件，将本学科的知识结构清楚地揭示出来，便于学生掌握学科的整体框架和逻辑联系；解决传统板书和口述在某些教学内容方面面临的困难，用多媒体课件方便地表达出来，将证券市场运行和投资过程在课件中模拟表现出来。在课堂上借助多媒体向学生生动、形象、直观地演示教学内容，实现教师和学生之间的互动交流。二是直接式模式，通过制作网络版的教学大纲、复习题、问题解答、学科理论与实践发展动态资料等，在校园网上建立教学主页，学生可直接通过媒体进行学习，下载教学大纲、作业和各种资料，在课时有限的条件下，将多媒体教学与案例教学相结合，使声音、动态图像与案例讨论充分展示出来，提供给学生直观、形象的视觉和听觉材料，提高学生的学习积极性、互动性和学习效率。

（三）模拟教学

在课堂讲解完证券市场基本内容及基本原理后，利用实验室进行证券行情分析与模拟交易软件的教学。把上海和深圳两个证券交易所的实时股票交易行情及外汇期货行情软件引到课堂上，使学生置身于实际的股票交易环境中。学习如何使用行情分析软件，体会交易心理，感受交易气氛，理解交易规则，讲解技术分析方法。

其次，在学生已经基本掌握行情分析软件的功能以后，开展证券模拟投资。为每一名学生开设虚拟交易账户，要求学生独立运用所学的基本分析和技术分析方法，构建投资组合方案，模拟交易，并对学生模拟交易的结果进行分析，找出模拟投资过程中的缺陷及不足。

（四）现场教学

组织学生到证券公司营业大厅现场观摩实时交易的大型显示牌，学习如何使用股票交易自助机。让证券营业部员工向同学们讲解怎样开户、买卖、交割、清算等一系列市场行为。通过这种现场教学及观摩形式，收到了比在课堂上单纯地讲理论更好的效果。

（五）组织学生参加学联组织的全国大学生交易大赛

当学生能够熟练掌握基本的证券投资方法后，开展证券模拟交易比赛，每年定期通过学生理财协会，让学生参加全国学联组织的"国泰君安杯"和"大智慧杯"大学生精英金融选拔赛，进一步激发学生自己动手参与证券投资交易的兴趣，加深对证券投资活动复杂性的认识，积累操作经验，深化理论认识。

二、证券投资学课程教学方法的改革

分析证券市场走势、采取相应的投资策略，这样的投资决策能力是证券投资学课程的主要教学目标，要实现这一目标，必须借助于实时模拟的证券、期货行情系统，采用接近于真实交易环境的现代教学方法。总体上来说，教学方法改革主要应立足于以下几个方面。

（一）理论结合实践

在讲述证券投资技术分析部分时，对 K 线图、形态图、切线、波浪理论及技术指标等内容，静态地讲述它们的原理，可以通过课堂讲述。但要运用到动态分析之中，仅靠黑板、粉笔根本无法描绘这些图形和指标，学生也就无法掌握这些分析方法。因此，必须在金融实验室利用多媒体教学，采用实证分析教学，将证券投资分析理论与证券市场的实际操作结合起来，培养实际操作能力和风险意识，提高学生的综合素质。在具体操作上，利用实时证券行情系统、期货行情系统，演示大盘和个股行情走势，查看股票、股指期货、国债、大宗商品和外汇的历史及即时走势，讲解技术指标的动态运用；利用模拟股票交易系统，通过虚拟资金和虚拟撮合，讲解金融投资的具体实务，实现从交易、结算、风险管理全过程的流程操作。

（二）专业人士专题讲座

为了进一步把理论教学与实务操作更紧密地联系在一起，学院可以不定期开设资本市场专题讲座，把证券行业的高管人员或资深从业人员请进课堂，介绍国际、国内经济的最新动态与热点前沿问题。

（三）培养学生课堂外学习的习惯

除了课程本身的理论内容学习，还要介绍证券信息的网络资源获取渠道及搜寻方法，培养学生利用网络资源获得最新资料的能力，使学生能够根据自己的需要，自主搜寻和掌握最新的宏观经济形势、行业动态和公司经营方面的信息，为证券投资决策提供支撑。逐渐使他们养成关注国际、国内财经大事的良好习惯。冰冻三尺，非一日之寒。日积月累，在不知不觉中，学子们能够逐渐积累专业英才必需的经济常识。

参考文献：

[1] 郝会会. 面向市场需求的《证券投资学》课程实践教学模式研究 [J]. 中国农业银行武汉培训学院学报，2012（1）.

[2] 张志军，胡煜寒，刘恒怡. 证券投资学研究型教学模式的探索 [J]. 辽宁科技大学学报，2011（1）.

[3] 于丽红，兰庆高. 证券投资学课程研究性学习教学理论与实践 [J]. 沈阳农业大学学报：社会科学版，2012（3）.

[4] 杨泽云. 浅析证券投资学课程教学改革 [J]. 东方企业文化，2013（19）.

[5] 郭慧敏，吴铁雄. 证券投资学教学改革方案 [J]. 黑龙江教育（高教研究与评估），2012（12）.

关于金融实验班《人身风险保障与管理》课程的思考

苏艳芝

摘 要： 在实验班和普通班分级教学的背景下，本文针对金融实验班所开设的个人金融服务模块的核心课程《人身风险保障与管理》，经过两年的讲授，总结了授课经验并提出了授课过程中的几点思考，为以后课程的发展提供借鉴。

关键词： 实验班 多元化教学 市场实践 教学思考

一、课程说明

从 2011 级开始，校级金融实验班开设了《人身风险保障与管理》这门课程，课程作为金融学专业个人金融服务模块的核心课程之一，在个人金融服务模块的意义是非常大的。目前已经开设了两届，课程的任务是使学生掌握人身风险的表现和管理措施的实务技能，掌握人身面临的主要风险及社会保障的内容，综合管理个人人身风险，掌握必要的风险管理措施。基于当前社会人身风险管理所涉及的内容，课程分为两个部分，第一部分是商业人身保险部分，第二部分是针对人身风险的社会保障部分。

二、授课现状

对于课程的授课情况，主要分为以下三部分内容。

（一）商业人身保险部分以案例教学为主

授课的过程中，主要以锻炼和培养学生的实践能力为主要目的，培养学生管理人身风险的实践能力。第一部分从人身风险入手，了解每个个体面临的人身风险种类，组织学生讨论身边的风险种类，引导他们去认识和分析生活中的人身风险。针对人身风险管理的三大商业保险种类——人寿保险、健康保险、意外伤害保险——讲解每一种保险保障的内容、适用对象，并针对用于防范生活中的何种人身风险进行讲解，课后学生收集各家保险公司的产品，进行比较分析，讨论保险公司的产品哪个更具优势。带领学生使用保险计划书软件，为自己设计保险计划书，管理自己的人身风险。

（二）社会保障部分以学生分组查找资料并进行讲解为主

在人身风险控制措施中除了商业保险之外还有一个很重要的方面，那就是社会保障，课程中的第二部分主要内容就是关于我们的社会保障方面的规定。针对2011级学生，笔者采取的是以教师主讲的方式，让学生掌握和了解我国当前主要存在的人身保障制度，学生反应效果不好；针对2012级学生，笔者换了一种方式，让学生去调查出生地的人身社会保障方面的制度及现状，针对养老、医疗、工伤保险相关内容，学生分别做了调查，学生的积极性很高，最后的学习效果很好。

（三）两本教材以学生的自学撰写读书笔记为主

《人身保险》和《社会保障》这两教材让学生利用业务时间自己学习，写下读书笔记。教材介绍的主要人身保险的原理和社会保障制度的发展过程，没有太多难懂的内容，学生完全可以自己学习和消化吸收。学生自己学习，教师辅助以辅导，学生完全能够理解。节省时间，效率比较高。

三、授课总结

通过两届实验班学生的授课，对授课班的学生做了问卷调查并进行对比分析，针对人身风险保障与管理课程，总结出以下几点内容。

（一）课程以考查课的形式进行较好

实验班学生的学习状态比较好，考试反而约束了他们的学习动力。在授课过程中，笔者发现了一个有意思的现象，实验班的学生和普通班的学生相比较而言，这些学生知道自己该做些什么，主动学习的兴趣更强，综合素质更高一些。下课的时候他们也是看看新闻、玩玩手机，但是上课铃声响过之后，每一位学生都能够停下手机的玩耍，专注于上课的事情，这一点在普通班里的现象是：学生课上课下都在玩手机，专注于学习的比较少。既然实验班学生学习的自觉性比较高，就没有必要用考试来约束他们的学习。这也是在和学生沟通的过程中，学生的反馈结果，人身风险保障与管理是考查课，大部分学生反映的结果是没有考试压力，平时学习的时候主动性比较强，会在老师的引导下多看书多查找资料，了解得更多，学习的效果更好。

（二）多元化的教学方式效果更好

针对人身风险管理措施中商业保险部分，以案例教学为主，从学生分组讨论自身面临的风险入手，针对不同的风险引入案例，讲授如何防范和管理这些不一样的风险，并组织学生讨论生活中面临的人身风险的具体表现，在讨论中讲授防范风险的方法，学生的学习效果非常好。

针对社会保障这部分内容，因为制度性和法律性的特点，社会保障制度全国是一样的，但是不同地区的执行状况不同，消费者对社会保障的了解程度也是不一样的。笔者采用的是让学生自己去做调研的做法，学生分小组去调研自己家乡的社会保险中养老、医疗和工伤保险的执行状况和保障程度，调查之后进行总结展示，效果非常好，学生的学习积极性、参与性都很高。调查结果的展示和调查过程对于学生而言都是非常好的锻炼，他们非常清楚直观地了解到我国社会保险在不同地区的差异，不同的经济发展水平对社会保险的影响。

（三）教材以自学为主，教师为辅，更加调动学生自主学习的积极性

两本教材《人身保险》和《社会保障概论》的授课是采取学生自主学习，撰写读书笔记方式进行的。这要比课程一章一章地讲效率高出很多。通过课上的案例分析，集中讨论，需要的理论知识学生在课下就可以在教材中找到。通过开始的引导，后来学生自己就可以提前准备好上课讨论时需要的理论基础知识。学生学习的积极性得到了很好的发挥。

（四）结合保险市场的发展进行教学，学生的参与性更强

商业保险，因为社会上保险行销员的影响以及社会对保险的各种传言，很多学生都是反感保险的，也和大众消费者一样，认为"保险是骗人的"。在授课过程中通过组织讨论保险实务中的真实案例，分析不同群体面临的不同人身风险种类及原因，分析每一类保险产品开发的意义，让学生自己查找并调查人身保险市场的保险产品状况，学生逐渐转变了对保险的认识，也意识到了保险对于我们每一个人人生的重要意义。

人身保险市场就是围绕针对人身风险的发展和管理而发展的，社会在发展，风险在发展，防范和管理这些人身风险的措施也在发展。授课结合保险市场最新的产品研发和消费者对风险管理意识的变化进行，让学生体验生活、风险其实就在自己身边，如何防范和管理这些风险，是每一个人都需要面对的。养老、医疗、意外伤害是我们每一个人都要面对的，结合市场的产品状况，市场发展状况，让学生设身处地地管理自己面临的风险，防范自身风险，学生的参与性更强，也更愿意学。

四、对《人身风险保障与管理》课程的几点思考

（一）课前准备一定要充足

人身风险管理的案例准备，需要教师结合学生的状况，准备既能学到知识又感兴趣的案例，学生要感兴趣就需要找一些和学生这个身份相关的真实案例，这样的案例才能引起学生的共鸣和学习兴趣，这需要教师从大量的案例中去筛查，要付出很多劳动。准备合适的案例资料，案例教学才能取得良好的效果。

（二）不断调研了解学生的学习需求，调整授课方式

每一批学生的想法和学习需求是不一样的，在把握课程教学任务的前提下，教师需要充分了解不同的学生对课程的认识和需求的不同，采取不同的方式，满足学生的学习需求，充分调动学生的学习兴趣，才能收到良好的效果。

（三）拓宽知识面，提高学生全面素质

人身风险保障与管理，主要是管理和防范人身风险的，而人身风险是每个人都要面对和管理的，管理和防范风险是贯穿始终的思想。教师要对风险管理所涉及的知识进行全面把握。风险管理的理论应用范围非常广泛，教师需要不断拓宽知识面，将风险管理技术和思想分散在各个案例的讲述中，培养学生的全面风险管理意识，全面培养学生分析问题处理问题的能力。

（四）培养学生的科研素养和创新能力

学生在对不同地区的社会保险执行状况进行调研的过程中，要积极引导他们分析不同地区社会保障出现问题的原因，分析出现问题的影响因素。这些引导可以培养学生做一些基础的研究，培养他们如何利用所学为社会服务。

生活中面临的人身风险很多，在通过分析管理风险过程的原则下，面对不同的风险，其实有很多的解决办法，可以培养学生的创新意识。生活在不断变化，风险管理方式也在不断发展，需要面对实践，不断改进风险管理方式。当人身风险管理深入每个学生潜意识里的时候，管理风险方法的创新也将层出不穷。

参考文献：

［1］张国平，周艳，曹春艳. 基于应用型人才培养目标下的研究性教学改革探讨［J］. 常熟理工学院学报：教育科学，2014（6）.

［2］李小艳，康颐. 关于保险学课堂案例教学改革的几点思考［J］. 时代金融，2014（6）：227.

［3］岳红伟. 社会保障专业课程教学改革的应用型导向研究［J］. 教育教法探讨与实践，2015（1）：96.

［4］李鹏. 应用型本科院校保险专业教学改革［J］. 教育与职业，2014（10）：123－124.

电子商务网站建设课程建设的探讨

薛万欣　李丹丹

摘　要：随着互联网技术的发展和电子商务应用的迅速普及，对于电子商务专业的学生来说，应用所掌握的专业技术和知识构建一个网站很重要。但由于网站构建技术更新换代很快，所以在电子商务网站建设课程中注重学生对 Web 页面、后台管理、前后台链接等方法的掌握显得至关重要。本文探讨了电子商务网站建设课程的课程地位、目的与任务，讨论了电子商务网站建设课程建设的方法，给出了评价学生掌握程度的理论知识和实践知识的考核标准，以此加强电子商务网站建设课程的建设，提高其教学质量。

关键词：电子商务网站　课程建设　考试标准

电子商务网站建设课程有助于培养学生综合运用所学知识和所掌握的技术根据需要开发一个小型的商务网站的综合素质和能力。由于个人兴趣、爱好的不同，学生可以在此门课程中发挥个人的喜好与优势，创造性地开发与设计色彩和功能各异的网站，在学习中极大地发挥学生的积极性和主动性。所以对于此门课程的考核，也就无需那么传统与拘束，可以标新立异，设定一个以考核能力与创新为主、理论与动手密切结合的考核标准。

一、电子商务网站建设课程的地位、目的及任务

电子商务网站建设课程是一门综合性技术课程，课程的目的是使学生学习知识、掌握方法、提高能力、学会应用；课程的任务是使学生了解电子商务网站的内涵、目前的发展、所采用的技术、实现的功能；掌握如何创意设计电子商务网站；如何设计制作基于动态网页技术的网站；了解电

子商务网站建设的全过程，熟练掌握用一种语言完成某种类型的电子商务网站。通过电子商务网站建设课程的学习，可以尽快掌握电子商务网站的开发过程，并尽早实现学以致用适应岗位并且成为合格适用的人才。

二、电子商务网站建设课程教学建设情况

（一）课程内容与要求

本课程主要从电子商务网站的概念入手，依次介绍电子商务网站的功能、类型、组成，在此基础上介绍静态网页和动态网页的设计及架构设计原则和相应的技巧，给出电子商务网站的软硬件设置和 Web 站点设置，介绍 VBScript 和 ASP 中主要的对象和方法，利用 ASP 和 Dreamweaver 的结合运用制作综合实例，从而能够清晰地了解建设电子商务网站的知识体系。课程分为掌握、理解和了解三种层次要求；"掌握"的内容要求理解透彻，能在本学科和相关学科的学习工作中熟练、灵活运用其基本理论和基本概念；"理解"的内容要求能熟知其相关内容的概念及有关理论，并能适当应用；"了解"的内容要求对其中的概念和相关内容有所了解。

（二）课程学时分配

电子商务网站建设课程共计 64 学时，其中讲授课时 30 学时和实验课时 34 学时，具体每个章节分配学时数如表 1 所示。

表 1　电子商务网站建设课程学时分配

教学内容	学时分配				小计
	讲课	实验	设计	讨论/习题	
第一章　电子商务网站概述应用实例	2	2	4		8
第二章　电子商务网站的规划与设计	2		2		4
第三章　Web 应用程序	2		2		4
第四章　建立 Web 应用开发及运行环境	4		2		6
第五章　ASP 对象	2		4		6
第六章　建立和发布 Web 站点	2		2		4

续表

教学内容	学时分配				小计
	讲课	实验	设计	讨论/习题	
第七章　登录和密码验证系统	2		4		6
第八章　商品信息维护系统	4		4		8
第九章　集成的购物车系统	4		2		6
第十章　论坛制作	4		4		8
第十一章　使用第三方组件（综合练习）	2		2（＋4）		8
合计	30		32（＋4）		66

（三）课程授课方法

电子商务网站建设课程全程在机房完成授课，采用实际项目驱动的方式，引入案例法，此方法贯穿了整个教学的全过程，每一部分的知识都有相关案例与之配套，通过案例能够让学生更深地理解所学知识。人手一机，在教学过程中采用教与学合一的方式，通过教师引导，激发学生学习的欲望和热情，引导学生独立思考问题，学会搜集相关信息资料，让学生全程参与。多种教学方法的灵活应用，能够大大激发学生的学习热情，从而增强该门课程的教学效果。

三、电子商务网站建设课程考核标准

电子商务网站建设课程既要考核学生的理论知识掌握，也要考核实践知识的掌握，考核标准设定为理论知识和实践知识考核标准两部分。请见表2和表3。

（一）理论知识考核标准

表2　电子商务网站建设课程理论知识考核标准

考核内容	知识点	分项分	说明
动态网站基本原理	掌握服务器、客户端、动态网页、静态网页的概念	2	2
	正确阐述动态网页、静态网页的工作原理	2	2

考核内容			知识点	分项分	说明
ASP 程序设计 基础	超文本标记语言 HTML		掌握 HTML 的基本常用命令的使用方法	△	综合程序设计 选 68 或 66
			掌握 HTML 涉及表格、表单、框架命令的使用方法		
	VBScript 脚本		掌握 VBScript 数据类型、常量、变量、运算、函数	△	
			掌握 VBScript 控制语句的使用方法		
	ASP 五大对象	Request 对象	掌握 Request 对象作用及其 5 种获取方法	5	
			掌握服务器获取客户端数据程序设计方法	△	
		Response 对象	掌握服务器传数据到客户端程序设计方法	△	
			理解 Response 的 Redirect 方法的用途	5	
		Cookie	理解 Cookie 的概念和特点	2	
			理解掌握读取 Cookie 和设置 Cookie 的方法	5	
			掌握用 Cookie 编写计数器的程序设计方法	8	
		Session 对象	掌握 Session 对象作用、原理及方法、事件	5	
			掌握建立读取 Session 对象程序设计方法	8	
		Application 对象	掌握 Application 对象的特点、方法和事件	5	
			掌握利用 Application 对象编写聊天室程序设计方法	10	

续表

考核内容			知识点	分项分	说明
ASP 程 序 设 计 基 础	ASP 五大对象	Global .asa 文件	理解 Global.asa 程序的特点、作用、位置	5	综 合 程 序 设 计 选 68 或 66
			理解利用 Global.asa 和 Application 对象编写计数器的程序设计方法	8	
		Server 对象	理解和掌握 Server 对象的作用	△	
			理解和掌握 Server 对象的 Create Object 方法的使用方法		
			掌握 HTMLEncode 方法、MapPath 方法作用	3	△
	连接数据库		理解和掌握 ODBC 的概念	2	选 3 或 5
			理解和掌握 ADO 的概念和基本结构	5	
			掌握页面与数据库连接程序设计方法	5	5
	访问数据库程序设计		掌握网页显示数据库记录程序设计方法	5	选 20
			掌握添加新记录网页程序设计方法	5	
			掌握修改记录网页程序设计方法	5	
			掌握删除记录网页程序设计方法	5	
			掌握查询记录网页程序设计方法	5	

（二）实践技能考核标准

表3　电子商务网站建设课程技能考核标准

考核内容		技能要求	分项分	总分
创 建 站 点	网站开发环境搭建	能够在 IIS 中正确建立虚拟目录	5	20
	创建数据库及数据表，并设计输入数据	能够在 Dreamweaver 中正确建立站点	10	
		能够正确创建数据库及数据表，正确设置关键字，能够正确设计输入数据表中的数据		
	连接数据库	能够在 Dreamweaver 中正确连接数据库，包括利用 ODBC 设置数据源的方法和字符串连接的方法	5	

考核内容		技能要求	分项分	总分
首页设计	首页设计	能够正确建立页面框架或页内框架	5	10
	各页面的链接	能够正确创建各页面的链接	3	
	创建和使用 Session	能够正确创建和使用 Session 对象 能够在网站内各页显示当前用户信息	2	
用户登录模块设计	用户登录模块设计	能够正确进行表单设计 能够正确进行用户登录服务器行为的设置 能够正确进行插入新记录服务器行为的设置 能够正确进行检查新用户服务器行为的设置 能够正确建立查询记录集 能够正确地将要修改的记录显示在页面上并可修改 能够正确进行更新记录服务器行为的设置	10	选10
	新用户注册		10	
	用户信息的修改		10	
后台模块设计	显示数据库记录	能够正确进行表单设计 能够正确设置和使用隐藏域 能够正确设置重复区域 能够正确设置分页显示 能够正确设置显示区域 能够正确设置静态和动态列表 能够正确进行插入新记录服务器行为的设置 能够正确地将要修改的记录显示在页面上并可修改 能够正确进行删除记录服务器行为的设置 能够正确进行更新记录服务器行为的设置 能够正确设计分类查询 能够正确设计按关键词进行模糊查询	10	选45
	在线添加新记录		10	
	在线修改记录		15	
	在线删除记录		10	
	后台在线查询记录 （前台在线查询记录 操作要求同此）		10	

续表

考核内容		技能要求	分项分	总分
前台模块设计	前台在线查询记录	能够正确地设计制作放入购物车页面 能够正确地设计制作查看购物车页面	10	选10
	购物管理		10	
访问权限设计	网页访问权限设计	能够正确进行限制网页访问权限的设置；	5	选5
访问次数统计	网站访问次数统计	能够正确创建和使用 Global. asa 文件 能够正确创建和使用 Application 对象	5	

四、总结

电子商务网站课程自开设以来，一直受到学生的欢迎与喜爱。在针对在校学生和毕业生的调查中均显示电子商务网站建设课程对应学生综合能力的培养和工作岗位的帮助意义非凡。教学团队经过多年的建设，将课程建设成为北京市级精品课程，教材建设成为国家"十一五"规划教材。

参考文献：

［1］余永红，赵卫滨，蒋晶，徐劲松.《电子商务网站建设与管理》课程教学改革研究［J］. 软件导刊，2014（2）：171－174.

［2］江梅霞. 基于工作过程的电子商务网站建设课程建设的思考［J］. 中国电子商务，2014（12）：31.

电子商务专升本专业实践课程体系综合改革与实践

王晓红　刘在云

摘　要： 基于专业人才培养目标及电子商务运营的主要工作岗位需求，电子商务专升本专业通过探索和实施"1＋1"人才培养模式及"教学、创业、就业一体化"实践教学模式，构建培养电子商务应用型人才的专业实践课程体系、实践课程教学团队、实践教学运行保障机制等措施，全面推进实践课程体系的综合改革。

关键词： 电子商务专业　综合改革　实践课程体系　实践教学模式

电子商务是国家战略性新兴产业，已成为信息化建设的重心。电子商务的快速发展，使得社会对电子商务专业人才的需求日益迫切，现如今各类学校培养出来的电子商务人才却不能充分满足社会和企业的需要。北京联合大学电子商务专升本专业培养富有创新创业精神和较高的综合职业素养，具有较强的网络信息处理和网络营销能力，面向各级机关、行政事业单位和各类企业，从事网络维护与信息编辑、网络营销与网站推广相关工作的高素质电子商务应用型人才。为此，电子商务专升本专业在2011版人才培养方案中实施了"1＋1"人才培养模式和"教学、创业、就业一体化"实践教学模式，并取得较好成效。

一、电子商务专升本专业实践课程体系改革与实践

鉴于专升本学生及其教学的特点，北京联合大学电子商务专业基于人才培养目标及电子商务运营的主要工作岗位需求，从电子商务应用型人才的培养模式、实践课程体系、实践课程教学模式、实践课程教学团队、实践教学保障机制等方面开展深入研究，并结合我校面向行业、服务区域经济的特点，全力推进电子商务专升本专业实践课程体系的综合改革与

实践。

（一）探索并实施"1+1"人才培养模式

电子商务专升本专业采用"1+1"人才培养模式进行电子商务应用型人才的培养，部分学生在校内1年利用课堂教学和开放实验室活动夯实基础知识和培养实践能力与素质；与企业合作，学生在校外1年以顶岗实习的方式在企业进行实习。通过加强学生的综合职业素质，提高学生就业能力和质量。

依托北京联合大学国家级服务外包人才培养模式实验区的支持，北京联合大学于2011年和上海商派网络科技有限公司建立了战略合作伙伴关系，校企双方通过合作开发综合实践课程、接收学生实习和教师实践、共同申报研究课题、参与专业建设、建立校内人才培养基地等形式共同培养电子商务人才。

（二）构建企业级电子商务运营的实践课程体系

实践教学内容突出行业特色，构建六层次－六模块的企业级电子商务运营实践课程体系。基于对电子商务行业的调查，工作岗位、典型工作任务、专业核心能力等的分析，根据企业电子商务运营用人需求，校企合作共同构建企业级电子商务运营的实践课程内容体系，由电子商务发展、企业电商之路、全网全程营销、百度竞价推广、电子商务规划和电子商务系统应用6个部分构成，如图1所示；课程体系由课内实验、课程实训、综合实践、社会实践、学生竞赛和毕业（论文）设计6个层次构成，网络信息编辑实训、学年论文、认识实践、专业综合实践、毕业（论文）设计等实践课程内容环环相扣。教学内容与实际岗位需求相对接，以缩短学校教育与企业需求的距离，提高就业率和就业质量。

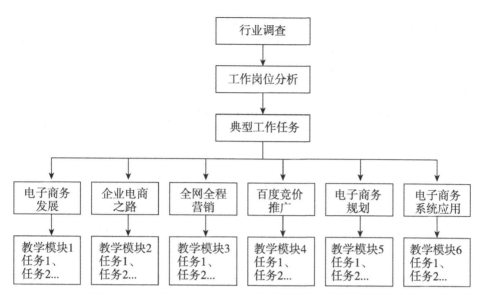

图1 企业级电子商务运营实践课程体系教学内容设计过程

（三）探索并实施"教学、创业、就业一体化"实践教学模式

"教学、创业、就业一体化"培养电子商务应用型人才的实践教学模式，即由学校企业联合建立专业实践训练基地，训练基地依托行业企业项目、技术人才、就业岗位等优势，与学校开展紧密型合作办学，有效可持续合作培养高素质高技能应用型电子商务人才。电子商务专升本专业利用企业教师及实践教学基地的优势，以企业为主导，通过搭建企业真实工作环境，按企业用人需求及标准进行实践课程教学。依托企业级电子商务运营的实践教学内容完成真实题目的毕业（论文）设计；加强学生岗位实战的演练，缩短学生岗位适应的周期；通过创业性实践教学活动及综合素质的训练，最终使学生全面实现就业。

1. 以提升教学效果为目的的创新教学手段方法，依托企业的线上云平台，围绕真实电子商城的搭建开展专业综合实践课程的教学

采用"请进来"和"走出去"相结合的方式，变传统的封闭式教学为开放式教学形式，充分实现课堂与实践地点的一体化；采用顶岗实习、专业综合实践课程到毕业（论文）设计全程培养、真实电子商城教学、项目驱动、以赛促学等方式，变单一教学为多元学习形式，充分实现课堂与实践教学内容的一体化。

2. 基于综合应用能力构建多元化的课程考核体系

考核内容层次多元化，即从基础知识、技能及职业素质等多方面进行考核；考核主体多元化，即教师、学生、企业等多主体共同参与考核；考核方式多元化，即采用作品竞赛评比、实习报告、企业评定等多种方式；考核过程多元化，采取教师评价与学生评价相结合、过程考核与结果考核相结合、个人考核与团队考核相结合等多种形式。

3. 校企合作共同开发实践课程及教学资源库

电子商务专升本专业与上海商派网络科技有限公司、中国软件评测中心、中鸿网络科技公司等开展合作，共同开发实践课程及教学资源库，建立行业优秀企业案例库、学生优秀作品库、网络学堂等，编写实践教学指导手册，完成企业级电子商务运营教学知识点录屏等。通过教学资源库的建设带动电子商务专升本专业实践课程教学模式和教学方法的改革。

（四）加强实践课程教学团队建设

电子商务专业已构建一支由校企共同组成、教学水平高、实践能力强、结构合理、人员稳定、充满活力的双师型实践课程教学团队。教学团队具有"强实践、重创新"的教育教学理念，富有团结协作和改革创新精神，能够满足电子商务专升本专业发展的需要。如专业综合实践课程团队由电子商务专业教师和多名上海商派公司企业培训教师共同组成，企业教师由上海商派公司根据授课模块指派；课程内容主要由具有丰富电子商务系统开发、运营等行业经验的企业教师讲授，电子商务专业教师全程参与辅导。

（五）建立实践教学运行保障机制

基于真实电子商城培养应用型电子商务人才的"教学、创业、就业一体化"实践教学模式，为其他高校电子商务及相关专业建设和人才培养提供了经验和范例。针对引进企业教师讲授专业综合实践课程，通过签订合作协议、规范企业实践教学活动等建立相应的管理机制；针对校外顶岗实习的实施，通过学院、校教务处的通力配合，制定了完整、可推广的课程置换方案；针对毕业（论文）设计环节建立了双导师制，分别为每个毕业生配备企业导师和学校导师。

二、电子商务专升本专业实践课程体系改革成效

电子商务专升本专业经过 3 年多的实践课程体系综合改革与实践，有效地促进了学生实践及创新能力的提升以及教研、科研与教学的联动，从根本上缩短了学校教育与企业需求的距离。

（一）促进学生实践及创新能力的提升

从专业综合实践课程到毕业（论文）设计全程培养，学生可以在专业综合实践过程中完成毕业（论文）设计的选题及开题工作；专业综合实践结束后，学生即可利用上海商派公司 ECStore 系统的强大功能完成毕业（论文）设计任务。近 3 届学生中共有 102 名学生利用企业的线上云平台完成了毕业（论文）设计工作，获得校级优秀毕业（论文）设计称号 3 项；专业综合实践课程到毕业（论文）设计全程培养模式提高了毕业（论文）设计的真题率，切实地为中小企业开展电子商务活动解决了实际问题。

实践课程教学组织与实际项目、作品竞赛、品牌赛事相结合，如校级高等职业教育学生实践能力提升训练计划项目、真实电子商城作品竞赛、e 路通杯全国大学生网络商务创新应用大赛及教育部"创意 创新 创业"电子商务挑战赛等国家级品牌赛事，激发学生的创新意识，达到以赛带练、以赛促学的目的。近 3 年，共有 12 个项目团队顺利完成了高等职业教育学生实践能力提升训练计划项目；7 名同学实施了顶岗实习置换学分；学生积极参加相关的品牌赛事，获得北京市级二等奖 1 项、三等奖 4 项；10 多名学生被推荐到合作企业进行实习，5 名学生被企业教师推荐到相关单位中就业。

（二）促进教研、科研与教学的联动

电子商务专升本专业实践课程体系的综合改革与实践，不仅使学生的电子商务理念发生转变、电子商务知识得到扩展和延伸、电子商务操作技能得到提高，使学生在未来的创业就业发展中具有一定的创新意识和创新思维，也锻炼和提高了电子商务专业教师的实践能力和教学能力。目前，电子商务专业具有双师素质资格（经过学校认定）的教师比例达到 54.5%。

电子商务专业教师及时将研究的电子商务热点问题引入实践课程的教

学中，引导学生进行相关知识的学习、培养学生分析问题和解决问题的能力，并将研究成果融入教学中，提高了课堂教学质量，开拓了学生视野，使得学以致用更能贴近行业和企业。师生共同完成了205家北京知识产权代理机构网站建设的基本情况和SEO数据的收集整理、76家农业产业化龙头企业电子商务模式的资料收集整理，并在此基础上发表了3篇科研论文；团队教师积极申报各级各类教育教学研究项目5项，公开发表教学研究论文10篇，编写教材3部。

参考文献：

[1] 檀梅婷，盖会双，李英，李素云. 专接本教育人才培养模式探索［J］. 中国成人教育，2004（1）：13-14.

[2] 栾奕，张卫东，刘玮，刘利. 跨学科专接本教育形式的课程设置［J］. 唐山学院学报，2009，22（4）：102-103.

[3] 王晓红，薛万欣，王磊. 电子商务专业专接本教育人才培养模式的探索与实践［J］. 职业技术，2011（1）：20-21.

[4] 王瑞丰，沈晓平. 对我国高等院校"专接本"教育模式的反思［J］. 学术探索，2012（11）：182-185.

[5] 许明. 江苏省"专接本"教育教学管理实践与反思——以江苏省常州建设高等职业技术学校为例［J］. 辽宁经济管理干部学院学报，2014（2）：65-66，78.

[6] 马伟，张霞，何彦. 基于就业视角的"专接本"教育实践与探索［J］. 科技视界，2014（11）：21.

基于创新能力培养的电子商务
案例教学模式探讨

牟　静

摘　要： 信息技术的迅猛发展及商务活动的大量涌现，促使电子商务在各行各业飞速发展，这对电子商务专业学生的创新能力提出更高的要求。只有通过对当前电子商务中已决问题、待决问题和设想问题案例进行深入分析研究，在教学组织、教学内容和教学考核方面进行合理安排，并积极发挥学生学习的主动性，这样才能有效地培养学生的创新能力。

关键词： 创新能力　电子商务　案例教学　模式

素质教育必须强调创新教育，创新教育就是培养学生的创新意识、创新精神、创新能力。创新能力的培养是创新教育的核心。我们需要培养电子商务专业学生的创新能力。

一、电子商务专业学生现状

信息技术发展的快速性和商务活动的多样性对各行各业提出了新的要求，全社会不仅需要大量的电子商务人才，而且更需要大量的电子商务创新人才。目前高校在对学生专业认知度介绍方面、教材使用情况、教学及考核方面都存在一些不尽如人意之处，这严重影响了学生学习的热情，从而影响其创新能力的培养。

在学校的电子商务专业学生由于对专业缺乏兴趣，再有教师在教学模式上的"满堂灌"和"一言堂"现象比较普遍，使得学生缺乏学习兴趣，造成学生的学习热情及主动性较差，出现了许多学生想当然认为知识无用，以至于不去用心研究和探讨，更不用说创新。另外，应试教育造就了大批的考试高手，有些学生临考前突击复习也能取得较好的成绩，这也给学生一个概念：平时可以不好好学习。这些都或多或少地影响着学生学习的主动性。

二、电子商务创新能力培养的重点及过程

所谓创新能力就是人们产生新认识、新思想和创造新事物的能力。创新能力涉及一个人的多种能力，如认识能力、观察能力、记忆能力、判断能力、分析能力、想象能力、实验能力、自学能力、吸收知识能力和信息能力等，是一个人综合能力的具体体现。因此，在培养电子商务专业大学生创新能力时应注意对组成创新能力的各种相关能力的全面培养，这样才能全面提高其创新能力。

学生主动学习能力的培养是创新能力培养的前提。

首先，主动性学习的核心理念是为学生创造一个良好的学习环境，激发其学习动机，让学生主动参与。通过外界的刺激和氛围的建立，达成主动性学习。主动性学习不仅要向学生介绍电子商务专业国内外最新的发展动向及电子商务成功企业和企业家的典型事例，提高学生对专业学习的浓厚兴趣，从而将被动性学习变为主动性学习；而且还要突破传统教学的单向传授，以综合的途径去帮助学生学习知识和发展能力，鼓励学生用心研究和探讨，真正达到学以致用。国外大学在这方面有很多值得我们借鉴的地方：从学校所布置的学习环境上，图书馆有沙发，校园内到处都是桌椅，学生随时可以坐下来看书学习；授课过程中，教师注重启发学生，学生在课堂上随时可以举手问教师一些问题。

其次，创新小组的构建和活动开展。从事与本专业相关的实际工作或科学研究极大地提高了学生的学习积极性，并在活动中锻炼了学生的动手能力和思考能力。也可以根据专业特点，组建为社会服务的小组，锻炼学生的专业能力，也更好地融入社会并服务社会。在此过程中提高学生发现问题、分析问题和解决问题的能力，同时还增强了团队合作和沟通能力。国外大学鼓励学生组成项目组，共同完成案例分析报告并在课堂上进行展示和汇报，同时结合专业关注的社会问题，提出好的方案并解决社会实际问题。

再次，校企合作，教学活动目的化。通过校企合作，培养符合企业要求的学生，增加学生实践的机会。学生通过参与企业实践活动，真正了解

实际企业的运作及存在的问题，利用所学知识及能力解决企业实际问题。

最后，发现新的商业机会，改革和创新商务活动。对企业进行创新的电子商务，既可以在商业模式上，也可以在宣传推广方面开发一些好的思路，并予以实施从而进行检验、修正和改进。

三、围绕创新能力培养的电子商务案例教学模式设计

教师在每堂课开课时，都要做好充分的课前动员准备，通过专业认知，使学生对本专业有一个初步的感性认识。可以介绍成功的电子商务人士的事迹，电子商务应用行业的典型案例。为使专业教育收到实效，可以请国内外著名的专家教授介绍该专业最新的发展动向和趋势，同时也可请企业家到学校讲授电子商务应用的现状及其创业的经历。当然，有条件的话可带领学生到与专业相关的企事业单位亲身感受和调查，激发学生学习的主动性和积极性。同时，还需给学生解释现在所学的内容与日常生活实践有何联系，对学生今后发展有什么意义；要在开课时向学生公布本门课程的学习计划和成绩考核方法，并申明本门课程的学习成绩将严格按照既定学习目标来考核，重视过程考核。

（一）在教学内容上突出重点、难点

为了节约有限的课堂时间，在教学内容上，教师需做到突出重点、难点，加强引导，调动学生主动学习的积极性，动员学生有效利用课余时间。在案例教学模式的组织上可选择以下三种方式。

1. 教师组织案例、教师进行分析模式

该模式一般是由教师结合课程内容插入案例，主要目的是通过讲解案例，进一步阐述相关理论的现实应用及意义，加深学生对该理论的理解和认识。因此，案例在内容的选择上一定要密切联系相关理论，案例不能过长，整个过程以教师讲授基本理论知识为主，案例主要起到例证的作用。

选择的这类案例可以是已决问题案例，即对电子商务活动从情景描述到问题解决的全过程作了较详尽的介绍，它是案例教学初级状态的教学资料。可帮助学生了解电子商务整体发展过程，这个过程有助于提高学生的观察能力和认识能力。

2. 由教师组织案例、学生占主导地位、对案例进行分析的模式

该模式的主要目的是培养学生综合运用相关知识进行分析的能力。这种案例信息应该比较完全，且附有思考题，要求学生对案例的分析时间也较长。一般先让学生认真阅读案例并独立思考问题，随后由教师组织进行小组讨论，通过小组成员间的积极探讨，找出问题的症结所在，提出最佳解决方案。接下来是小组发言，每个小组选一名代表讲述分析结论和解决方案，其他小组可就其结论、方案进行提问，通过小组间的互相探讨、启发，逐步达到大体一致的认识、意见或结论，由教师根据情况做必要的小结。最后，可要求学生写出案例分析书面报告。通过写书面报告来增强学生的总结能力，培养学生的书面表达能力，并提高学生的综合案例分析能力。

选择的这类案例可以是待决问题案例，即对电子商务某部分的活动只介绍情况过程和指明问题所在，要求学生做思考和讨论，找出问题成因或影响因素，进而提出解决问题的备选方案，从比较优劣中抉择。

3. 教师提出问题、学生组织案例、并由学生进行分析的模式

该模式的主要目的是通过让学生亲自查找相关信息，从而了解社会经济发展动态，培养学生组织信息、发现问题、分析问题的能力，增强学生实际动手操作的能力。案例的具体内容由学生自己安排，教师只提供方向和指导性意见。

这类案例可以是设想问题案例，即只提供电子商务活动的相关背景材料或迹象，启发学生从中寻找存在的问题、相关影响因素，进一步对活动的发展做出判断，并试图自行提出解决问题的措施，阐明这些措施在电子商务活动中的作用和效果。

这个过程可以较好地提升学生的想象能力、实验能力、自学能力、吸收知识能力和信息能力等。

（二）在教案设计上要体现学生主体性，突出探究、实践能力的训练

学生在课堂教学中不仅要接受知识，更重要的是在教师的指导和帮助下，主动去探求知识，培养和发展各种技能。

（三）在教学方法上采取启发式、小组讨论式、质疑答辩式

现代课堂教学理论认为，教学过程中，要加强"学"的成分，营造良

好的课堂氛围，使学生乐于学。鼓励和组织学生进行讨论交流，在课堂上发表自己的想法，尊重他们的主观感受和独到见解。

四、结语

针对学生创新能力的培养，作为教师，应该有责任有义务去引导大学生端正学习态度，加强主动学习的意识，通过对案例教学的全面设计和有效实施达到培养学生创新能力的效果，培养学生成为新时期电子商务创新人才。

参考文献：

[1] 林健. 卓越工程师创新能力的培养 [J]. 高等工程教育研究，2012（5）：11 – 13.

[2] 陈翠荣. 大学创新教育实施困境的博弈分析 [J]. 中国高教研究，2014（7）：23 – 25.

[3] 王世军，等. 营造创新教育氛围，培养学生创新能力 [J]. 教育与职业，2014（12）：15 – 17.

信管专业计算机类课程的数字化教学研究

祁　梅

摘　要：本文从信息管理与信息系统专业的计算机类课程教学角度出发，首先概述了数字化学习的特点，分析了影响信管专业计算机类课程学习的主要因素，论述了数字化学习对实现信管专业人才的培养目标，提高学生的学习能力、信息处理能力，以及提高学生综合素质等方面的重要作用。

关键词：数字化学习　信管专业　计算机课程　影响因素

信管管理与信息系统专业培养包括管理学、经济学、计算机科学与技术等多学科交叉的复合型人才。其中计算机类课程对信管专业学生信息技术应用能力的构建与培养起着关键作用。然而，对于信管专业，特别是大类招生分流后的学生来说，计算机类课程属于难度较大的课程，学生在学习中有比较普遍的畏难情绪，学习成效有时并不理想。随着数字化学习在学校教学中的应用，为计算机类课程的学习提供了很好的课堂教学的辅助和补充功能。

一、数字化学习及其特点

数字化学习是指通过互联网或移动互联网平台进行学习与教学活动的学习模式，它充分利用了现代信息技术所提供的、具有全新沟通机制与丰富资源的学习环境。信息技术应用到教育教学过程后，使得学习环境、学习资源、学习方式都向数字化方向发展，形成数字化的学习环境、数字化的学习资源和数字化的学习方式。

（一）数字化学习的三要素

数字化学习是指学习者在数字化的学习环境中利用数字化学习资源以数字化方式进行学习的过程。它包含三个基本要素，即数字化学习环境、数字化学习资源和数字化学习方式。

数字化学习环境是指利用多媒体、网络技术，将学校的主要信息资源进行数字化，并实现数字化的信息管理方式和沟通传播方式，从而形成高度信息化的人才培养环境。数字化学习环境包括网络设施、教学平台和通信工具等。

数字化学习资源是指经过数字化处理，可以在多媒体计算机上或网络环境下运行的多媒体材料。它能够激发学生通过自主、合作、创造的方式来寻找和处理信息，从而使数字化学习成为可能。数字化资源包括数字视频、数字音频、多媒体软件、CD－ROM、网站、电子邮件、在线学习管理系统、计算机模拟、在线讨论、数据文件和数据库等。

数字化学习方式是指在数字化学习环境中，人们的学习方式发生了重要的变化。学习者的学习不是依赖于教师的讲授与课本的学习，而是利用数字化平台和数字化资源，教师、学生之间开展协商讨论、合作学习，并通过对资源的收集利用、探究知识、发现知识、创造知识、展示知识的方式进行学习。因此，数字化学习方式具有多种途径：①资源利用的学习；②自主发现的学习；③协商合作的学习；④实践创造的学习。

（二）数字化学习的特点

数字化学习使课程学习的内容具有先进性。通过数字化的学习环境，老师和学生通过互联网能够充分利用当前国内、国际现实世界中的信息作为教学资源，并融入课程之中，方便学生进行自主学习。同时，数字化学习使课程学习的内容具有多层次性。把数字化资源作为课程内容的补充，相对于课本内容，老师和学生可以根据自己的需要、能力和兴趣选择不同难度水平的内容进行探索和继续学习。

在传统教学中，老师要做到完全尊重学生的差异，因材施教，并不容易实现。在数字化学习中，网络环境可以支持学生的学习差异，为有能力的学生继续深入学习提供可行的途径，也为学习能力较弱的学生提供课后复习的条件。

数字化学习强化了学生学习的主动性。学生可以随时在网上获得所需的学习资源，不受时空限制，获得高质量的相关课程信息，同时也可以实现信息的任意传送、接收、共享、组织和存储。

二、信管专业计算机类课程学习的影响因素

从专业设置考虑，信管专业人才培养的主要目标之一是培养从事管理信息系统开发、应用、管理的人才。计算机类课程无疑应在专业课程设置中处于核心地位。对于学生普遍认为比较难学的计算机类课程，影响其学习效果的因素主要有以下几个方面。

（一）大学课程学习的影响因素

通过分析近年来国内外学者对于大学课程学习影响因素的研究，可以看出，他们主要从学生、教学和环境三个方面来阐述影响因素。

1. 学生因素

影响学生学习效果的一大因素是学生的学习态度，主要体现在学习动机和学习目标上。另外，学生学习课程能支配的时间以及所具备的基础知识会在一定程度上影响学生的课程学习效果。

2. 教学因素

研究表明，在教学方面影响教学效果的主要因素是老师的教学能力，如教学方式、教学手段的选择与运用、教师的知识水平与人格特征等。

3. 环境因素

主要是指社会、学校、家庭、课堂等非智力的外部环境对学生课程学习效果的影响。

（二）信管专业计算机类课程学习的影响因素与学习成效的关系

上述三个方面考虑的是影响课程学习的一般性、通用性的影响因素。常香云等（2010）基于信管专业计算机类课程学习有其特殊性，研究了影响因素与学习成效的关系。

1. 学习行为与学习成效的关系

学习行为主要包括课前预习、出勤率、课堂参与度、课后复习和练习

等学生学习行为因素。研究显示，学习行为的好坏在较大程度上影响课程学习成效。计算机类课程要求学生在课堂上能听懂，课中与课后的实际编程练习是保证学生学习效果的必要条件。学生行为受学生学习态度、学习环境等因素的直接影响。由于学习态度的成因比较复杂，在不考虑学习态度的情况下，可以通过改善学习环境来提高课程学习成效。

2. 教学特色与学习成效的关系

教学特色主要包括教学内容、教学方法、教学手段、考核方法和实践环节等影响因素，其对课程的学习成效具有相当的影响力。信管专业的计算机类课程具有与时代发展紧密结合的特性，及时更新课程内容，与国内外最新技术发展保持同步，可以有效地提高学生的学习兴趣。多样化的教学方法和教学手段，特别是多媒体教学、开放式教学平台等，可以调动学生的学习积极性，鼓励学生个性化发展，开发学生的创造性思维能力。实践平台对于计算机类课程的学习来说尤为重要，是学生专业知识应用能力的训练保障。

3. 学习环境与学习成效的关系

学习环境主要指开放式平台、参考资料、学习氛围等学校范围内的环境影响因素。改善课程学习环境可从构建开放式教学平台，利用课程网站、e-Learning 系统、移动通信设备等，加强师生、学生与学生之间的交流，使学生能够通过多途径、不受时空限制进行课程学习。通过创建良好的学习氛围，如计算机类课程的项目开发、小组竞赛等方式，增加学生课下学习、探讨和研究的时间，促进课程学习，尤其是动手能力的提高。

三、数字化学习在信管专业信息技术能力培养中的作用

（一）提高信息专业学生的学习能力

信管专业的综合性、实践性和先进性特点，都要求学生具有很强的自学能力，如信息系统的分析能力和设计课程能力。课本只是介绍基本理论和基本知识，要想完整做一个信息系统，只看课本是不可能完成的。在互联网上有很多网站，有具体的信息系统开发经验的介绍，学生可以通过网络资源或利用别人的经验提高自己实践能力。

（二）提高信息专业学生的信息加工和处理能力

信管专业的学生要求能利用现代信息技术进行信息收集、加工、处理、

控制和利用。这些能力的学习和实践离不开数字化学习，如信息检索。互联网不仅是信息的海洋，更是练习检索实践的开放式平台，在公平开放的互联网面前，信息对每个人都是平等的和充分的，但信息加工和处理能力却会千差万别，信管专业的学生要求比其他专业的学生有更高的信息加工和处理能力。通过学习借鉴，可以快速提高学生的信息加工和处理能力。

（三）培养学生的综合素质

在开放的数字化学习平台上，学生可以方便地对同一学习内容彼此交流与合作，结成若干个协作学习小组，以获得对教学内容更深的理解与掌握。这种协作式学习与学生独自学习相比，有利于促进学生认知能力的发展，有利于学生健康情感的形成。协作式学习要求多个学习者对同一问题用多种不同的观点进行观察比较和分析综合，以便集思广益，这不仅对问题的深化理解和对知识与技能的掌握大有裨益，而且对高级认知能力的发展、合作精神的培养和良好人际关系的形成也有明显的促进作用。

在开放的数字化学习平台上，还能够为学生提供以问题为中心的自主收集信息、处理信息和应用信息去解决问题的探究性学习环境。创新能力和信息技术能力是信管专业学生必须具备的两种重要的能力素质。开放的数字化学习平台，使学生能够利用互联网这个世界上最大的知识库、资源库，进行基于自主发现、自主探索的探究性学习，成为培养信管专业学生能力素质的重要途径。

参考文献：

［1］曾德琪．汪·玛格丽特等人对影响学校学习因素研究评介［J］．四川师范大学学报：社会科学版，2000，27（2）：14－20．

［2］皮连生．学与教的心理学［M］．上海：华东师大出版社，1997．

［3］常香云，等．信管专业计算机类课程学习的影响因素及机理研究［J］．现代教育技术，2010（4）：55－59．

［4］李勇．信管专业与数字化［J］．经济研究导刊，2009（20）：257－258．

应用型本科信管专业数据分析类课程的教学研究

任成梅　张士玉　于丽娟　黄　艳

摘　要：应用型人才强调学以致用，在其课程教学中有其自身的特点和要求。数据分析类课程是实用性很强的课程，在本文中笔者以自身教学实践为基础，围绕信管专业应用型人才的数据分析能力培养进行研究，对信管专业数据分析类课程的改革进行探索实践，以提升教学效果，为课程教学建设和专业应用型人才培养提供参考。

关键词：数据分析　数据挖掘　教学研究

应用型本科院校就是培养本科层次应用型人才的高等学校，是培养具有一定知识、能力和综合素质，面向生产、建设、管理、服务等一线或岗位并适应其需求，具有可持续发展潜力的高级应用型专门人才的高等学校。相对于科学型人才培养而言，应用型人才则是更强调学以致用，在熟练的技能操作基础上，具有规划、分析和解决多种实际问题的能力。北京联合大学自 1985 年经教育部批准成立以来，一直致力于培养适应国家特别是首都经济社会发展需要的高素质应用型人才。在应用型人才定位上，北京联合大学以培养基本素质好、实践能力强，具有创新创业精神和社会责任感，具有一定的国际视野、较强的适应能力和可持续发展能力的高素质应用型人才为目标。

信息管理与信息系统专业作为联合大学管理学院的六大本科专业之一，在信息管理类应用型人才培养中担负着重要的作用。教育部教学指导委员会制定的有关国家质量标准——信管专业主干课程指导意见中指出本专业的人才特点是："对本专业相关领域的发展动态及新知识、新技术具有一定的敏锐性，能够利用信息技术工具等各种手段获取相关知识；能够综合运用本专业相关知识和方法进行信息系统规划、分析、设计和实施；能够掌握通过数据分析等手段支持组织管理决策的相关理论和方法。"由此可见，数据分析能力是信管专业人才的一项重要能力。

一、信管专业数据分析类课程建设情况

（一）课程设立

2010 年，为培养提升学生数据分析职业能力和研究能力，在信息管理与信息系统专业 2011 版教学计划中开设了专业任选课程数据分析与预测。着重培养学生的数据加工、分析、信息处理等能力。教学目标以培养学生职业技能为主，通过课程教学培养学生掌握基本的数据分析与预测原理和方法，应用现代计算机技术解决经济与管理的理论与实务问题，具备从事基本数据加工、分析、信息处理等相关职业所需的基本技能。最后安排了一章的数据挖掘作为拓展内容，为学生了解行业前景，继续深入学习数据分析方面的知识作简单介绍。经过两轮教学实践，教学效果表明学生数据分析能力和研究能力明显提升。学生在市场调查与组织、基本数据分析工具的运用、报告的撰写等方面均有了大大的进步，对学生在参与教师项目、毕业设计选题、学生竞赛、学生就业等各方面均大有裨益。

（二）课程发展及现状

随着信息技术及应用模式的飞速发展，全球数据量及复杂性都在急剧增长。我国企业对商业智能的应用需求呈明显上升趋势。"大数据"时代的到来给我们的人才培养带来挑战。据 Gartner 公司调查发现，数据分析和商业智能成为 2012 年首席信息官最优先考虑的技术。数据挖掘技术作为其中的核心部分也成为各个高校教学中的重点内容。与此同时，在前期的教学实践中我们发现，本专业有相当一部分学生在做数据深入分析和学习中表现出了浓厚的兴趣和潜力，但由于课时所限，只能课后与教师单独交流学习，学习系统性和连贯性都不够。

鉴于此，信管专业在进行 2013 版教学大纲修订时，将本课程的教学目标定位在通过课程教学使学生掌握基本的数据分析及挖掘原理和方法，应用现代计算机技术解决经济与管理的理论与实务问题。在应用能力的培养

上，不局限于基本数据的处理，加大了数据挖掘部分的内容，延长了教学课时，教学内容的安排上也添加了单独的实验模块。在内容、结构安排上都更加合理。由于数据基本分析和数据挖掘内容体系之间存在差异，对教学的组织和实践提出了更高的要求。主要的问题集中在以下几个方面。

首先是课程容量问题。课程内容缩减了数据的基本统计分析与处理的内容和课时，减少了关于数据统计基础理论知识讲解，侧重数据分析应用技能培养，同时增加了关于数据仓库和数据挖掘方面的知识和应用内容。将以统计分析为主的课程，拓展为以数据挖掘为主的课程。课程由 32 学时延至 48 学时（包含课内实验课时）。课程研究中发现仅就数据挖掘方法本身来说，就是一个博大精深的领域，有一系列的理论和方法。而目前课程学时安排既有数据基础分析又有数据挖掘，两者无论是从理论基础还是实验条件都存在很大差异，因此在教学实践中的整合是面临的首要问题，对教师课程组织提出了很高的要求。

其次是课程难易程度的把握。正如前文所述，两部分内容的差异化造成其难度也是不同的。数据基本分析，学生切入相对较低，主要侧重在知识和工具的综合应用。数据挖掘不同于前者，需要有一些理论知识作基础，相对来说难度更高。教学上理论内容过少，则对于结果的解释难以深入理解；但如果理论内容过多，数据挖掘操作方法的练习时间则会不够。在操作中，不仅要对平台工具进行简单操作，还需要对挖掘结果做出科学合理的解释。因此授课中，课程难易程度的把握，在两部分内容教学中的转换对教和学都是较大的考验。

最后是课程内容的衔接问题。对于学生来说，需要接受两大部分的知识，如果是系统的、一体化的，那么接受起来更加容易，理解起来也更有逻辑性。同样是基于前两点，教学中如何将两部分知识从理论到实践都完美衔接确实是个很大的挑战，这也是直接影响教学效果的一个重要方面。

总之，在 2013 版教学计划中，数据分析类的课程教学考虑到市场、行业、学科等多方面因素，课程内容得到了丰富，教学结构也更加合理，不过在教学整体计划中教学课时的综合考虑、课程的时长安排、结构调整依然存在改进空间。

二、数据分析类课程的改革探索

数据分析作为信息化的高级阶段，经过大量社会调查，对政府、事业单位和各类企业十分重要。合理设置数据分析类课程教学体系对应用型人才数据分析能力的培养大有裨益。结合管理学院信管专业在2015版培养计划的制订，数据分析类课程教学进行了如下的改革探索。

（一）单一课程转为两门课程

在教学计划总体课时的允许下，单独开设数据仓库与数据挖掘课程，以支持对学生数据挖掘能力的培养。这样数据分析类课程教学由一门变为两门，对数据分析能力培养构成综合培养体系。这样两门课程可以有独立的教学实践，完成各自的核心能力培养。

（二）教学重点各有侧重

在教学计划中，以计算机操作、概率与数理统计、统计学、管理学等前期课程为基础，两门课程分别各有侧重。数据分析与预测侧重数据基础分析和应用，让学生掌握完整的规范的数据分析流程、基本工具的使用、数据分析报告的撰写等实用技能；数据挖掘侧重数据深度挖掘的应用，了解数据挖掘的经典理论和方法、挖掘常用工具的使用、挖掘方法选择和结果的解释，丰富和提升学生数据深度分析能力。

课程实践教学中，采用学生容易上手的数据分析以及数据挖掘工具，通过教师直接指导，及时地发现和解决学生在应用中出现的问题，同时吸收原有课程的教学方法和教学经验，从应用出发让学生掌握更加实用的知识。

（三）课程教学系统化

从统计学、数据库原理等基础课程开始，到进入数据分析和挖掘能力培养，再到毕业设计环节的综合应用，形成数据分析类课程的系统化教学。从基本理论的学习到综合能力的应用锻炼，全方位、有梯度地锻炼学生的数据分析应用能力，为学生就业、深造打下扎实的基础，也为信管专业学生的应用型能力培养提供了可靠的保障。

三、结语

在面向应用型本科数据分析类课程的教学上和传统的高校本科教学存在诸多的差异。信管专业数据分析类课程的改革，从教学实践、调查研究入手，围绕当前社会发展和学科建设的需求，在传统课程中融入新知识，与时俱进，提升了教学效果，满足了社会对信息时代新型人才培养的需要。在以后的教学中，还需要进一步结合学生的特点和市场对人才的需求，对教学方法、教学内容进行不断的探索和实践。

参考文献：

［1］陈景增. 高校应用型创新人才培养模式［J］. 高等工程教育研究，2005（1）.

［2］洪熹. 应用型本科《数据结构》课程的教学研究［J］. 福建电脑，2013（3）.

［3］冯芷艳，郭迅华，曾大军，陈煜波，陈国青. 大数据背景下商务管理研究若干前沿课［J］. 管理科学学报，2013，16（1）.

［4］赵卫东. 商务智能（第二版）［M］. 北京：清华大学出版社，2011.

［5］任成梅，黄艳，张士玉，于丽娟. 经管类人才教育教学实践与探索［C］. 2014.

管理信息系统课程教学改革与实践

于丽娟　任成梅　董　爽　赵森茂

摘　要：根据管理信息系统课程特点以及经管类专业学生的学习特点，分析了管理信息系统课程在传统教学模式下存在的问题，针对社会对经管类学生的能力目标要求，重新定位了管理信息系统的教学目标，改革和重新整合了教学内容，采用专题研讨、案例教学以及自主实践等教学方法进行教学，经过4轮的教学实践表明，课程的教学效果得到大大提升。

关键词：经管专业　管理信息系统　教学改革

在信息经济时代，企业的发展已离不开管理信息系统的支持，管理信息系统课程已经成为高校经管类专业的主干课程。改革前期对经管类专业学生的教学还普遍存在问题，学生觉得难懂、难掌握，因此有必要根据课程特点、经管大类招生特点以及当前的教学现状进行分析，对教学中的教学目标及内容、教学方法、实践教学等方面进行探索研究。

一、教学特点及问题

管理信息系统是集计算机科学、通信技术、信息科学、系统科学、管理科学、运筹学等多门学科为一体的复合交叉学科，其应用目的是为了对管理活动有关的信息进行科学系统的管理，以支持组织各级的管理决策活动，实现组织的整体目标。学习管理信息系统要求学生具有上述多学科、综合的知识与能力。从学生角度来讲，经管类学生大都文理兼招，因此在知识基础、能力基础和兴趣志向方面都表现出很大差异。文科学生缺乏数理知识，缺少理性思维、逻辑推理的能力，更倾向于管理学科，注重管理知识获取与组织能力的培养。理科学生缺乏人文知识，缺少发散思维、组织沟通能力，更倾向于技术学科，注重于技术知识的获取与动手能力的培养。总体来看，经管类专业培养计划设置的课程大都偏文，偏向文科方向发展，这就使得经管类学生大多技术基础薄弱，动手能力差，非常不利于学生对管理信息系统技术部分的学习。

从教学内容看，管理信息系统课程的核心内容是管理信息系统的规划、分析、设计、实施与运行和维护，这些内容不仅理论抽象、枯燥，同时又特别强调实践和实用，学生必须在学习理论知识后，再亲身实践，才能深刻理解课程的概念、原理，掌握管理信息系统开发、应用与运行维护的知识、方法和技能。此外，随着现代管理与信息技术的发展，课程内容也应随着社会实际管理信息系统开发与应用的变化而变化。传统教学已经不能适应新形势。首先，教学内容组合陈旧，大多数是以结构化生命周期法的开发过程分配章节，完整地介绍系统开发理论、技术和方法的时间长，对"急于求成"的学生不太适合；其次，现有的教材有些附有教学案例，但所附案例介绍不够详细，学生不了解相关背景知识，更谈不上深入分析。最后，大多数教学忽视实践教学环节，这对于该课程实践性很强的特点来说显然是不够的。

二、教学目标及内容改革

针对目前大多数院校经管类专业对管理信息系统课程目标定位不清晰、不准确，教材内容及布局不合理等问题，经过多年的教学改革实践，形成了适合经管类专业学生的管理信息系统课程教学体系。

首先，在教学目标方面，由于经管类专业学生培养的目标是社会需要的经济管理类人才，强调管理理论与管理方法应用实践能力的培养，因此其教学目标与信息技术类专业不同。对于经管类专业学生，学习管理信息系统课程更重要的是使学生能够应用管理信息系统的技术和方法实现管理目标，而不在于强调学生掌握管理信息系统的开发技术与方法从事系统的设计与开发工作，由此，管理信息系统的应用能力成为经管类专业学生管理信息系统课程的核心目标。

其次，在教学内容方面，目前市面上教材多数不能适应经管类专业管理信息系统的教学目标要求。一类是偏技术类的，多数是按照结构化系统开发方法分章节布局，所介绍的技术方法系统性强，有一定深度，同时知识点繁多琐碎；一类是偏管理理论与方法的，但不含有管理信息系统的开发方法；还有一类是既包括管理信息系统技术开发方法，又包括管理的基本理论和知识，但所有内容聚集在一起，没有轻重之分。因此必须要根据教学目标和学生的实际情况，分拆和补充某些教学内容。

管理信息系统的应用能力成为经管类学生课程学习的核心目标，该目标强调将实际管理需求能够应用管理信息系统进行实现，从而提升管理效率和管理目标。为此，学生应掌握管理信息系统的基本理论，了解管理信息系统的应用领域，具备一定的系统规划、分析与设计能力，具备一定的信息系统实施与运营维护能力。课程的重点应从管理信息系统的开发转向管理信息系统的规划、应用和管理，重新按模块组织教学内容。

模块一是管理信息系统的理论基础，包括信息及信息管理，管理信息系统概述；模块二是管理信息系统的应用，包括管理信息系统的应用，企业进销存管理系统；模块三是管理信息系统的分析与设计，通过一个案例介绍系统的分析和设计阶段各阶段的工具与方法；模块四是管理信息系统的实施与运行维护，包括系统实施与运行各阶段的工作内容与方法；模块五是管理信息系统应用实践；安排学生使用进销存管理信息系统实现管理业务，使学生深刻理解管理信息系统。

三、教学方法改革

管理信息系统具有理论性、实践性、抽象性强的特点，因此教学过程中改变传统单一的课堂教学方式，结合上述教学内容，提出了专题讨论、案例教学以及自主实践相结合的教学法。

首先是专题讨论法。针对管理信息系统的应用领域，教师讲授相关的管理方法和知识框架，学生以小组形式通过课后查阅收集资料，自主学习和研讨管理领域的问题及管理信息系统的技术应用问题，如管理信息系统对管理、对企业竞争优势的影响，企业的信息安全问题，管理信息系统实施的成败因素等。之后由学生以多媒体课件形式在课堂展示和讲解，教师启发同学提问、思考和讨论，最后由教师总结，梳理重点，强化专题内容。

其次是案例教学法。由于管理信息系统分析与设计不仅涉及组织的管理业务、管理流程，而且涉及分析管理业务需求以及管理流程的方法和工具，这对于没有实际管理工作经验的大学生来说极具抽象性，不利于快速掌握。另外，管理信息系统具有多种知识的综合性和系统性，必须要具备系统化思维，掌握系统开发的基本方法与工具，这对于缺乏较强的信息技术能力、缺乏系统化思维的经管类专业学生来说，难于理解并掌握应用系统设计的工具和方法。为此，以一个火车票预购系统的分析与设计为例，详细介绍系统的系统分析与设计的思想、设计过程与设计方法，这使得系统分析与设计的工具和方法更加具体化，便于学生掌握。

第三是自主实践法。除课堂授课外，课后安排学生开展管理信息系统自主实践，以一个进销存管理信息系统软件来模拟企业管理业务的运营，学生分成模拟进销存岗位职能，实现一个完整的进销存管理的业务流程，岗位包括人力资源管理者、采购人员，销售人员、库存管理人员等。这些人员通过在系统中将管理业务涉及的信息在系统中录入、存储、输出等操作模拟完成进销存业务。之后，角色互换，多次体验各岗位职责的任务和信息管理的目标和内容。在企业经营模拟过程中，发现问题，努力寻求解决问题的手段，提交实践报告。自主实践使学生更愿意积极地思考和探索管理信息系统的应用及其方法，有效地提高了学生的学习兴趣和积极性。

此外，结合企业认识实践、企业专家讲座等方法开展教学。如组织学生到应用管理信息系统效果较好的企事业单位参观和交流，实地了解管理业务如何在管理信息系统中实现，了解管理信息系统的实际构成、运行特点和所起的作用以及如何对其进行管理维护。专家讲座更侧重使学生了解管理信息系统在企业中的作用和产生的影响。

四、结束语

管理信息系统课程对于经管类学生而言，是一门很重要而实用的课程，学好这门课程符合社会信息化发展的必然趋势。管理学院从2010级实施经管大类招生后，管理信息系统就成为大类学生的学科限选课，到2014年已进行了4年的教学探索和实践。在教学中结合课程特点、学生专业基础及能力特点，不断探索和改革教学内容和方法，使得教学效果得到大大提升，具体表现为教学内容不再枯燥，学生的学习兴趣和积极性不断提高，课程内容与专业和未来职业需求更加契合。

参考文献：

［1］董德民. 经管类专业管理信息系统课程教学改革探索［J］. 中国电力教育，2009
（9）：112 – 113.

［2］靳延安. 经管类专业《管理信息系统》课程教学内容及实践教学改革与研究［J］.
现代企业教育，2014（11）：422 – 423.

［3］徐生菊，徐升华. 经管类专业《管理信息系统》课程教学改革研究［J］. 图书馆
学研究，2012（1）：7 – 10.

［4］陈敏，骆瑞玲，刘昭. 经管类专业管理信息系统课程的教学改革探讨［J］. 广西
教育学院学报，2014（5）：176 – 178.

信息系统集成技术课程立体化建设研究

王艳娥　梁　磊　祁　梅

摘　要：本文从信息系统集成技术课程教学实践出发，结合信息管理与信息系统专业学生特点，针对课程应用性和实践性的特点，进行了课程教学的立体化教学体系建设研究和探索。本文着重阐述了课程的立体化、多元化的教学资源建设，立体化、模块化的教学模式，多元化、层次化的教学方法，以及过程化、立体化的评价体系。

关键词：立体化　教学资源　教学模式　教学评价

信息系统集成技术课程是信息管理与信息系统专业的一门重要专业课程，重点培养学生 Web 信息系统建设、开发和维护能力。课程的特点是具有较强的实践性和应用性。由于学生是工商管理大类招生、文理兼收，部分学生觉得课程较难，而部分学生又觉得课程的深度不够，如何解决这一矛盾是课程在教学设计和实践过程中都要重点考虑和解决的问题。考虑到文理兼收、大类招生等情况，课程应以先进的立体化教学思想作为指导，在课程体系结构和教学方法等方面不断探索和改进，力求激发学生的学习兴趣，促进他们学习的积极性和主动性。

一、立体化教学体系

立体化教学体系包括立体化教学资源、立体化教学模式和立体化教学评价三个部分。其中立体化教学资源通过教学系统的构建来实现，立体化教学模式包括教学层次化、教学内容模块化和教学方式多元化，立体化教学评价则通过立体考核系统来实现。分析不同层次学生的特点，结合课程培养目标，设计和开发立体化教学资源，推行立体化教学方法，采用立体化的教学评价模式，达到提高教学质量、提高学生学习效果的目的。

二、立体化教学资源

从多媒体课件和信息系统案例库到现代化网络课程，课程组对信息系统集成技术课程相关的教学资源进行了全方位、立体化建设，形成了多元化的立体教学资源体系。

课程的信息系统案例库，涵盖了学校考勤管理系统、企业培训管理系统、村信息化网站、服装销售网站、汽车网上租赁系统等多种形式的完整案例。各种形式的案例让学生能更清晰、更直观地了解各种信息系统的业务流程和设计开发特点，眼界更加开阔，思路更加清晰。

课程利用学校的网络学堂，建立了内容丰富的网络课程教学资源。网络课程的栏目包括课程概况、课程内容、授课教案、练习作业、实践教学、参考资料、辅导答疑等。课堂概况栏目中设有课程简介、教学大纲、教学日历、考核方式、教学团队介绍、课程通知等栏目。课程内容栏目中设有主要教材与教学参考书、电子讲稿等栏目。整个网络课程以课时为单位，提供整个课程的电子讲稿；练习作业栏目中设有课程习题、作业布置、典型案例、考试大纲、作品展示等栏目。网络课程习题以章为单位，每章设有思考题、讨论题、测试题。将职工培训管理系统和网上商店案例结合相关知识点和技能进行案例剖析。

实践教学栏目对课程实验的教学要求和内容，以及1周实践教学的内容和要求进行了详细的说明和介绍。参考资料栏目设有印刷资料和网络资料，介绍了与本课程相关的参考文献和网站网址等内容。辅导答疑栏目设有学习指南、常见问题答疑、在线交流等内容，对学生学习进行指导，将课程学习中常见的、普遍性的问题进行归纳整理，供学生参考。

三、立体化教学模式

（一）教学对象层次化

我院信息管理与信息系统专业学生情况较为复杂，学生是工商管理大类招生，并且文理兼收。在教学实践过程中，明确教学目标，注意因材施教，分层引导。对于编程能力弱的学生，可以通过降低难度要求，提高成就感，从而激发他们的编程兴趣；对于编程能力强的学生，从深度和广度上提出更高要求，使他们的能力得以充分发挥。

（二）教学内容模块化

在课程教学内容的设计上，充分考虑了本专业文理兼收的特点，采用了"可视化控件＋代码"逐层深入的模块化内容体系。改革了从编程语法讲起的传统教学思路，从简单的数据操作可视化控件作为信息系统开发内容的起点和重点。这种方式无需编写任何代码，只需要拖动控件，配置数据源、设置属性即可实现对数据库的增加、修改、删除、查询这些基本的数据库操作。学生学起来非常直观，理解简单、容易实现。在熟悉掌握了可视化控件和开发平台后，引导学生利用可视化控件完成用户注册、用户登录、网络投票、网站计数器等常用功能的制作，并适当增加代码编程，让编程能力强且想从事系统开发工作的学生能学到更深层次更复杂的编程知识。在学习了简单常用的网站功能后，引导学生进行完整的小型信息系统设计和开发。实践证明，这种模块化、逐层深入的教学内容体系很适合学生。

（三）教学方式多元化

信息系统集成技术课程在授课形式上进行了探索，采用了在机房授课的形式，边讲解理论边进行实践操作，实现了"从做中学"。课程采用了层次化案例教学、学生利用网络进行自主学习等多元化的教学方式。

1. 层次化案例讲授

信息系统集成技术是一门实用操作性强的课程。如果采用传统教学模式侧重于抽象语法的讲授方法，课程内容空洞、枯燥，对于信管专业学生，理解困难，也不容易激发学生的学习兴趣。根据多年的教学经验，课程组对该课程进行了一系列的教学探索，采用了层次案例教学方法。

课程组依据教学目标和教学内容，选择了学生成绩管理系统、职工培训管理系统、网上花店等多个不同层次的案例。课程第一堂课向学生展示这几个案例，包括学校的教务系统、校园一卡通查询系统、往届学生的毕业设计作品，让学生明确课程的重要性和学习目标，并且激发他们的学习兴趣。

课程基础知识包括平台搭建技术、可视化控件技术等内容。教学中以内容较为简单的学生成绩管理系统为案例，将案例中的学生信息管理功能按照知识点进行分解，使学生很快就能利用可视化控件技术开发简单的显示数据库信息的页面，并掌握 Web 信息系统开发模式和开发思路。在掌握控件基本操作技能之后，引导学生综合利用控件技术，完成学生信息查询、课程查询、成绩查询、师生留言、师生信息注册、师生登录等常见的网站功能模块设计和制作。由点到面，由简单到复杂，最终以为企业开发的培训管理系统作为综合案例，开发出一个小型的信息系统。课程组将网上花店案例按照课堂教授的知识点进行了分解，设计为实验作业的内容，在复习课堂所学知识的基础上，鼓励学生创新，提高分析问题、解决问题以及综合应用知识的能力。

2. 学生自主学习

结合网络教学资源，充分利用学生的课外时间，让学生在整个学习过程中带着问题，为解决问题而主动学习，提高教学效率。课程利用网络开展师生互动交流，开展在线答疑辅导。网络教学资源的建设和使用，让学生可通过网络进行课外自主学习，做到课前预习、课后复习，扩展自己的知识面。

四、立体化考核方式

课程建立了立体化的评价体系，采用过程性评价和考核性评价结合的方式。过程性考核注重考查学生平时的学习情况。过程性考核主要包括实验作业、课下作业、考勤等常规项目，另外本课程还增加了课堂表现和网络学堂使用频率项。课程表现是鼓励学生在课堂上积极回答老师的问题，而网络学堂是鼓励学生利用网络化进行课前预习和课后复习。实验成绩是依据学生完成的先后顺序和完成质量综合评定的，除了当堂检查实验的结果，还要进行相关知识点的提问。

考核性评价采用上机考试形式，考试内容上主要考查学生基本控件技术、控件应用技术、网站功能制作方面的掌握程度，并将信息系统的设计和开发能力放在专门的 1 周课程设计课程中进行考核。

五、结语

立体化教学是一个先进的教学理念。在多年的教学中，课程组不断探索创新，构建了立体化的教学资源体系、立体化的教学模式和立体化的教学评价体系。实践证明，课程深受学生喜欢，大大提高了学生的学习兴趣和学习主动性，增强了学生学习的自信心，培养学生的学习能力，取得了不错的教学效果。

参考文献：

[1] 董莺. 《多媒体技术》课程立体化教学体系构建 [J]. 现代计算机，2010（8）：53－55.

[2] 姜凌. "电子商务概论"课程立体化实验教学研究 [J]. 实验实践教学，2013（11）：85－86.

[3] 王艳娥. "信息系统集成技术"课程建设研究与实践 [J]. 中国电力教育，2013（7）：88－89.

[4] 陈湘骥. 算法类程序设计课程多层次实践教学体系的构建 [J]. 实验室研究与探索，2012，31（8）：319－322.

基于案例教学的信息系统分析与设计
课程自主学习教学探讨

赵森茂

摘　要：本文讨论了信息系统分析与设计课程的实际教学情况，综合了教学中的主要问题，提出了在课程教学中采用案例教学法，以推进学生自主学习，并对教学活动中案例设计的原则、教学模式的设计、教学过程管理，以及教学过程中应注意的问题等进行了讨论。

关键词：信息系统分析与设计课程　案例教学　自主学习

一、信息系统分析与设计课程的教学现状

信息系统分析与设计课程是信息管理与信息系统专业的必修课和基础课，是专业培养学生核心能力的核心课。这门课程的特点是知识点多且杂，其中包括管理学的相关知识、计算机软硬件技术、网络技术和数据库知识，并且课程中涉及信息系统开发的技术、技能和思维方法，综合性、实践性能力要求较强。管理信息系统的开发方法非常抽象，难以直接从实践的结果中证实理论。故课程的教学方式和组织方式直接影响学生学习课程知识的积极性和主动性，直接影响课程教学的效果。在实际教学中往往延续传统教学方式，课程的教学效果不是很理想。综合其原因，可以归纳为以下四点。

第一，授课形式采用教师讲授、学生听课、完成作业的方式，使学生对课程讲授与练习的目的性了解较少，课程参与度较低，直接影响了课程的教学效果。

第二，课堂教学中理论教授多、描述工具介绍得多，但真正让学生可操作的内容很少，学生学习方式以记忆为主，学习目的以应付考试为主。

第三，由于课时有限，实践环节过少，没有充足的时间应用与练习所学知识，使得学生所学知识与实践严重脱节。

第四，考试方法单一，不能考核学生应用知识解决问题的能力。

为了解决上述问题，笔者通过在教学实践中的摸索和尝试，采用案例驱动教学法展开信息系统分析与设计课程的教学实践，以此激发学生的学习兴趣，促进学生自主学习，以期取得良好的教学效果。

二、"案例教学与自主学习"教学法的提出

案例教学是以"行为导向"为基础的现代教学方法，其强调在教学过程中利用案例将教学活动的各个知识点和教学环节串联起来，利用案例项目的实现过程，将学习的主导权交给学生，使学生主动参与学习活动，促进师生相互交流，并且促进学生在案例的实践中反复练习和实践反思，形成一定的学习能力、实践能力和职业能力。自主学习是以学生作为学习的主体，通过学生独立地分析、探索、实践、质疑、创造等方法来实现学习目标。通过案例教学改变学生在学习中的被动地位，使得学生主动查阅学习资料或借助他人的帮助，从而激发学生的学习兴趣和求知欲望，充分调动学生的学习积极性和主动性，进而培养学生自主学习的学习习惯，成为学习活动中的主体。

三、基于案例教学的自主学习教学活动的组织

（一）案例设计的原则

案例设计在基于案例教学的自主学习教学活动过程中至关重要，案例设计的质量直接影响到课程的教学效果，在设计教学案例过程中有以下原则应遵守：

1. 结合学生特点、紧扣课程内容设计案例

信息系统的建立是为企事业单位解决实际的业务问题，在设计信息系统建设案例时首先要研究学生的情况，对其专业方向、研究领域或熟识的业务流程有全面的了解；其次，案例是为教学活动服务的，案例须能说明课程的教学内容，设计案例时必须紧扣课程内容，覆盖课程的所有知识点。

2. 案例设计应具备一定的解决实际问题的能力

从心理学角度分析，当人们能完成或解决实际、生产生活中一项具体的问题时，往往能激发出很强烈的关注和兴趣，这能促进人们不断探索的动力。同理，具备一定解决实际问题能力的信息系统案例能够激发学生的兴趣和主动性。

3. 案例设计综合性

信息系统的实践涉及许多知识领域，通常单一的知识是难以实现信息系统的。在信息系统案例的设计中一定要覆盖课程知识点、重点和难点，以及其他相关课程的有关知识点。案例的设计必须以学生职业（就业）能力为出发点，以调动学生学习的积极性和主观能动性为引导，以完成教学任务为最终目标。

4. 问题驱动教学

案例编制时预留问题，让学生在课前阅读案例引导文件时，了解待解决的问题，带着问题步入课堂，带着问题组织小组，带着问题整理知识，带着问题寻找资料。

（二）案例教学在信息分析与设计课程教学中的实施

1. 教学模式的设计

基于案例教学的自主学习活动不是教师完全不管，放任学生自己学习，而应在教师的指导下，在完成案例的过程中，完成课程知识点的学习活动。在实际教学中笔者采用"基本课程＋案例教学＋实践反思"的模式，即：将课程分为三个阶段，分别是：

（1）课程讲授阶段。此阶段主要是讲授信息系统的基本知识和粗线条的介绍分析设计方法。

（2）案例教学阶段。此阶段主要是组织学生进行案例实施，让学生在案例实施中发现问题，解决问题。

（3）实践后反思与点评阶段。此阶段主要是在学生完成案例任务后，组织点评与反思，用系统的、条理性的、规范的方式描述信息系统的各个知识点、建设的方法和理论。

2. 教学过程的过程管理

在案例教学中对课程的过程控制至关重要，一旦控制不力将导致教学过程的混乱，轻则课程任务无法完成，重则将影响后续课程甚至毕业设计无法开展。在具体实践中，笔者采用"前、中、后"三阶段的控制方法，进行过程管理。即：

（1）课前准备。通过网络学堂布置阅读材料，让学生在课前充分阅读案例和相关资料，使学生深入理解案例要求和初步了解案例的实施技术。

（2）课中督促。督促学生按信息系统项目实施的阶段展开工作，设立案例实施里程碑，在里程碑检查指标中指明所使用的技术、思想和方法等课程知识点，并按里程碑要求检查学生案例实施的完成情况，促使学生在受控的情况下完成案例的实施。

（3）课后总结。组织案例实施答辩，让学生讲述实施过程、实施思想和实施技术等。记录学生案例实施的成绩，同时组织学生讨论案例实施的情况，并当众点评。

四、案例教学过程中应注意的问题

（一）鼓励学生解决生产生活中的实际问题

信息系统分析与设计课程的最终目标，就是要解决面向生产生活中的信息系统的分析与设计问题，在案例选择和设计过程中，鼓励学生从实际的生产生活中发掘问题，并用信息系统解决问题。

（二）养成学生归纳式学习的学习方式

课程案例是一个具体的信息系统开发任务，其包含了信息系统的相关知识、建设方法和实现技术，但由于案例规模的限制，每个案例对这些知识、方法和技术的描述又不尽详细，这就要求学生和指导教师要对这些知识进行分析、总结、升华，发掘出其后蕴含的理论思想，并从案例实践中归纳出信息系统建设中的概念和原理。

（三）充分利用网络学堂资源进行师生间的交流

在案例教学中，师生之间是"互补互辅"的关系。网络课堂提供了信息展示和师生交互功能，在教学活动中师生应积极使用网络学堂资源共享资源、分享心得，共同促进课程健康良好地开展。

（四）促进学生自主学习

变传统的推式学习为拉式学习，变教师引导为学生引导，变知识点推进为知识点引领，促进学生未解决问题而自主学习。

五、总结

针对实践性强的课程在学时有限的情况下，通过改变教学方法，使学生在学习中的地位由被动变为主动，知识的获取方式由知识灌输式变为知识汲取式，改变信息系统分析与设计课程由于知识理论点多、方法枯燥等引起的问题，使学生在用中学、在学中用，使学生在学习课堂知识时，有若干真实、具体的案例作为知识的应用载体，避免停留在抽象枯燥的理论层面。

参考文献：

［1］甘仞初. 信息系统分析设计与管理［M］. 北京：高等教育出版社，2009.

［2］薛华成. 管理信息系统［M］. 北京：清华大学出版社，2007.

［3］邓三鸿. 案例教学在管理信息系统课程中的实践探讨［J］. 现代教育技术，2012（9）.

［4］周俊峰. 案例教学法在《管理信息系统》教学中的应用［J］. 时代教育，2010（10）.

网络增强型课程评价的设计

黄　艳❶

摘　要： 随着教育信息化进程的加速，网络课程的设计开发在普通高等学校中的应用越来越广泛。如何有效地整合各种资源，开展网络教学活动日益被关注。本文分析比较了网络增强型课程和基于网络的课程的异同，重点探讨了网络增强型课程评价的设计，构建了包括课程内容、教学设计和教学管理三个维度的评价指标体系。

关键词： 网络增强型课程　基于网络的课程　课程评价

随着网络技术的应用，网上学习因其时间灵活、方便等特点已经成为众多人热衷的一种学习方式。各种网络课程应运而生，如美国的 Coursera、Udacity 和 edX 三大教育平台提供免费的大型开放式网络课程，即 MOOC（massive open online courses），中国的国家精品课程资源网面向全国提供优质网络课程资源等。目前，国内许多高校都通过网络来开展教学活动，但这种快速增长所带来的结果是许多面向全日制在校学生的网络课程，无论从教育的角度还是从技术的角度，都不是很理想，其中一个突出的问题便是定位不明确，与课堂教学不接轨，致使该类网络课程没有很好地发挥相应的作用。本文从网络课程的功能出发，将网络课程区分为基于网络的课程和网络增强型课程，探讨了网络增强型课程与基于网络的课程的不同之处，并着重论述了网络增强型课程评价的设计。

---

❶　本文是北京联合大学教研项目 JJ2015Y079 的阶段性研究成果。

一、网络增强型课程与基于网络的课程

网络课程可以分为两大类：一种是基于网络的课程（Web-Based Courses），是指通过网络表现的某门学科的教学内容及实施的教学活动的总和，它包括两个组成部分：按一定的教学目标、教学策略组织起来的教学内容和网络教学支撑环境。另一种是网络增强型课程（Web-Enhanced Courses），是指以网络为工具实现课外辅导、答疑、学习指导、扩展知识等功能的辅助型网络课程，是对传统课堂教学的补充和延伸。国内很多高校都开设了校内网络课程，譬如基于 Blackboard 平台的网络学堂，此类课程属于典型的网络增强型课程。

网络增强型课程与基于网络的课程主要有两点区别：

（1）师生在空间上的联系不同。基于网络的课程中师生在空间上完全分离；而网络增强型课程是以课堂教学为依托，师生在空间上并非完全分离。师生之间既可进行网络形式的线上交流，也可以进行见面形式的课堂交流。

（2）通过网络交流的强度不同。基于网络的课程教学通过网络进行全面的交流与反馈，师生之间基本没有见面式的交流。而网络增强型课程是通过网络进行增强型的交流与反馈，是对传统式课堂交流的一种补充。

二、网络增强型课程评价的设计

从现有文献来看，针对基于网络的课程评价体系的研究已经取得一定进展。由政府组织或相关研究单位提出的具有代表性的评价体系有：现代远程教育工程教育资源开发标准（教育部，2000），CELTS－22.1——网络课程评价规范（教育部教育信息化技术标准委员会，2002），高校网络课程实施质量的评价标准（清华大学，2003）等。除此之外，很多研究者通过探索研究网络课程的结构、设计和实施过程，提出了一些网络课程评价理论模型。李葆萍（2004）等人提出立足于课程、教学内容、资源以及工具 3 个维度的网络课程评价体系。马治国（2004）认为网络课程评价可以从两个方面（网络课程内容评价和网络教学支持系统）和三个维度（技能、知识、情感和态度）入手。熊志刚（2012）提出一种基于开放评价体

系的在线课程评价模型，从教学性、技术性、信息性、界面性、智能性、导航性、网络性、文档性、远程教育环境等 9 个方面对在线课程进行评价。

但是，针对网络增强型课程的评价研究并不多。王靖（2006）从学习活动的设计、导航的设计和界面设计三个维度分析了网络增强型课程的重点建设内容。王雅杰（2012）确定了网络增强型课程教学评价的 8 个维度，分别为：课程定位、学习目标、教学内容、教学资源、学习动机激励、教学评价、教学交互和教学策略，并进一步细分为 16 个指标项。

网络增强型课程与基于网络的课程具有很多共性特征，需要考虑的很多因素是类似的，如需要进行教学内容的网络化展示，需要考虑如何利用网络平台进行适宜的教学设计，网络学习资源的管理和评价等。因此，用于评价基于网络的课程的评价指标体系在一定程度上能应用于对网络增强型课程的评价。同时，由于网络增强型课程有其特殊性，如不同于基于网络课程中师生在空间上的完全分离，其定位主要在于对传统课堂教学的补充。因此，网络增强型课程还应有其特定的一些评价指标。

本文以目前国内权威的教育部教育信息化技术标准委员会颁布的 CELTS－22.1——网络课程评价规范为标准，从中挑选并扩充出适用于网络增强型课程的评价指标。该标准对网络课程的评价有 4 个维度，分别为课程内容、教学设计、界面设计和技术，又进一步细分为 36 个指标项，其中 20 个必需指标和 16 个可选指标。由于网络增强型课程多是依托于学校或某些组织提供的统一网络教学平台，技术性和界面设计由教学平台自身决定，不受使用者的控制，因此，界面设计与技术维度的指标不适合用来评价网络增强型课程的质量。在余下的课程内容和教学设计维度中，挑选出 13 个指标。同时，网络增强型课程不仅包括教学内容的呈现和设计，还应该突出对教学活动的管理，以实现对课堂教学的补充。同学们在学习网络课程中会积累大量的信息，如用户的访问日志、注册信息、答疑信息、考试成绩、作业情况、交流情况和学习进度等。通过对这些信息进行分析利用，也可以从一定程度评价某一门网络课程的实用性。因此，本文把教学管理也作为一个评价维度。最终，网络增强型课程评价模型由目标层、准则层、指标层 3 个层次构成。网络增强型课程评价是目标层 A，从总体上衡量网络增强型课程的质量；准则层由 3 部分组成，具体为：课程内容 B_1、教学设计 B_2 和教学管理 B_3；指标层由 20 个指标组成，详细指标体系如表 1 所示。

表 1 网络增强型课程的评价指标

目标层 A	准则层 B	指标层 C
网络增强型课程评价	课程内容 B_1	课程说明 C_1
		内容目标一致性 C_2
		科学性 C_3
		内容分块 C_4
		资源扩展 C_5
	教学设计 B_2	学习目标 C_6
		学习者控制 C_7
		内容交互性 C_8
		媒体选用 C_9
		实例与演示 C_{10}
		练习 C_{11}
		练习反馈 C_{12}
		结果评价 C_{13}
		沟通与协作 C_{14}
	教学管理 B_3	学生管理 C_{15}
		内容管理 C_{16}
		教学进度 C_{17}
		学习资源管理 C_{18}
		学生反馈意见 C_{19}
		学习效果测量 C_{20}

（1）课程内容指标。评判目标包括：课程内容符合课程目标的要求，科学严谨，课程结构的组织和编排合理，并具有开放性和可拓展性。主要包括：①课程说明：说明整个课程的目标，说明课程所属领域范围、所针对的学习者群体、典型学习时间以及有关的教学建议等。②内容目标一致性：课程内容能涵盖课程的各项学习目标；课程内容的深度与课程的学习目标相适应；课程的重点突出，主次详略得当。③科学性：课程内容科学

严谨，且能够适当反映、渗透该领域的最新进展。具体说明：内容科学严谨，没有思想性、学术性、表述性错误；资料来源可靠；能适当渗透该领域的最新进展。④内容分块：按主题把内容逐级划分为合适的学习单元或模块，每个页面主题明确，每个段落意思集中。⑤资源扩展：提供与课程内容相关的、有学习价值的外部资源链接。其中指标①—④在原指标体系中属于必需指标，⑤属于可选指标。考虑到网络增强型课程是对课堂教学的补充，通过网络提供更多与课程内容相关的资源也非常重要，因此将⑤资源扩展指标也纳入其中。

（2）教学设计指标。评判目标为：课程的教学设计良好，教学功能完整，在学习目标、教学过程与策略以及学习测评等方面均设计合理，能促成有效的学习。主要包括：①学习目标：各学习单元都有明确具体的学习目标。②学习者控制：在学习过程中，学习者能按照自己的需要对学习环境进行个性化定制，控制学习进程，选择和组织学习内容。③内容的交互性：课程提供了充分的交互机会，引发学习者对学习内容的积极投入、操纵和思考。学习过程中包含充分的交互活动机会，这些交互机会能够引发学习者对学习内容积极投入、操纵和思考。④媒体选用：适当运用文本、图表、图像、音频、视频、动画等媒体形式来表现课程内容。⑤实例与演示：针对主要课程内容提供有关的实例和演示，在需要时提供多种变式，以促进学生对知识的理解。⑥练习：课程提供了不同层次的练习，让学习者应用新习得的知识技能。⑦练习反馈：学习者在练习中能得到有意义的反馈。⑧结果评价：给学习者提供关于各单元和整门课程的测验，测验具有较高信度和效度。⑨交流与协作：结合主要课程内容设计需要学生讨论或协作解决的问题及相应的要求，讨论交流可以借助教学平台所提供的交流功能而实现。其中指标①—⑧在原指标体系中属于必需指标，⑨属于可选指标。同学们通过网络交流相关内容，可以作为对课堂教学的有力补充，因此也将⑨交流与协作纳入指标体系当中。

（3）教学管理指标。教学管理维度包括学生管理、内容管理、教学进度、学习资源管理、学生反馈意见和学生学习效果测量6个方面。具体包括：①学生管理：学员的身份认证，管理学生档案，掌握学生的学习情况以及学生的学习时间和学习效果。②内容管理：管理课程内容，对不同层次的学生开放不同的内容。③教学进度：对教学过程中的时间安排进行管理。④学习资源管理：对硬件资源和软件资源进行管理，能够对资源库的资源进行及时的更新，清除和添加相关的资源。⑤学生反馈意见：便于从学生处得到反馈，及时对课程进行修改。⑥学习效果测量：通过对系统记录的学习者当前的学习状况以及参与各种学习活动和练习的结果，进行统计整理，使学习者及教师均能了解学习者的学习情况，有利于双方都能从各自角度进行调整和改进。

本研究通过建立课程内容、教学设计和教学管理三个维度的评价体系，能够较好地针对网络增强型课程的特性进行评价，而区分于基于网络的课程的评价。本研究只是对网络增强型课程的评价指标进行了定性的设计，下一步研究还需要进行指标定量的设计和进一步的网络课程的实证检验。

参考文献：

[1] 李葆萍，李秀兰．网络课程的评价指标体系研究［J］．中国电化教育，2004（11）：65 - 68．

[2] 马治国．网络课程评价的理论与实践［J］．辽宁教育研究，2004（5）：69 - 71．

[3] 熊志刚．开放评价体系下的网络课程评价模型研究［J］．广州广播电视大学学报，2007，4（12）：10 - 14．

[4] 王靖，刘志文．网络增强型课程的设计［J］．教育技术导刊，2006（1）：34 - 35．

[5] 王雅杰，层次分析法在网络增强型课程教学评价中的应用［J］．中国远程教育［J］，2012（10）：42 - 45．

[6] 教育信息化技术标准 CELTS - 22.1——网络课程评价规范［S］．教育部教育信息化技术标准委员会，2002．

[7] 黄建华，网络课程评价及其评价方法的研究［D］．保定：河北大学，2005．

基于虚拟化的高校实验教学模式分析与思考[1]

王 耀

摘 要：云计算平台能够将计算任务分布在由大量计算机构成的资源池上，以使得各种应用系统能够根据需要获取服务，而虚拟化技术则能够大幅度提高云平台中资源和应用程序的效率和可用性，提升系统的安全性和可靠性，减少对硬件的依赖。采用基于云平台的虚拟化技术是实验教学中心采用网络方式对计算机实验室进行统一管理和部署最有效的方法和手段，虚拟化技术在实验教学管理中有三方面具体应用，对虚拟化技术应用的优势和不足进行了分析。在采用虚拟化技术后，实验教学模式也将随之发生改变。

关键词：云平台 虚拟化技术 虚拟机 实验教学模式 实验教学管理

目前，有不少高校设置了实验教学中心用来管理实验教学。为了更高效地对计算机实验室进行管理，实验教学中心多采取网络的管理方式对计算机进行统一部署和管理。这就要求计算机实验室提高信息系统资源利用率、提升系统的安全性和可靠性，减少对硬件性能的依赖及硬件更新速率，从而降低管理成本、提高管理效率。采用基于云平台的虚拟化技术是能够统一管理实验室并且满足上述要求最有效的方法和手段。而在采用云平台的虚拟化技术后，实验教学模式也随之发生了变化。本文在简要分析云平台和虚拟化技术的概念基础上，对采用虚拟化技术的计算机实验室管理内容、技术优势和存在的不足进行了分析，并对采用此技术后实验教学模式的改变进行了思考。

---

[1] 本文为北京联合大学教学改革与研究项目校级重点课题"基于云平台的经管类实验教学模式改革研究"（2013立项）的阶段性成果。

一、云平台和虚拟化技术

（一）云计算和云平台

云计算将传统的以桌面为核心的任务处理转化为以网络为核心的任务处理，利用互联网中的计算系统来支持互联网各类应用。"云"是一些计算资源，通常为一些大型服务器集群。

云计算平台简称为云平台，它是一个强大的云网络，连接了大量并发的网络计算和服务，可以利用虚拟化技术扩展每一个服务器的能力，从而将这些资源结合起来提供超级计算和存储能力。

（二）虚拟化技术

虚拟化，原指资源的抽象化，就是把物理资源转变为逻辑上可以管理的资源，以打破物理结构之间的壁垒，所有的资源都透明地运行在各种各样的物理平台上，资源的管理都按逻辑方式进行，完全实现资源的自动化分配。

虚拟化技术通过虚拟机监控器对底层硬件资源进行管理，支持多个操作系统实例同时运行。虚拟化技术的目标是实现资源利用率的最大化，同时将底层的物理设备与上层操作系统、应用软件分离，从而实现计算资源的灵活性。

虚拟化是云计算的基础技术之一，通过虚拟化技术可以最大限度地屏蔽软硬件资源的差异性，根据需要灵活分配这些资源，减少总体成本。

（三）虚拟机

虚拟机（Virtual Machine，VM）是一个模拟真实计算机进行工作的软件系统。按 IBM 的定义，虚拟机是物理主机（Host）的一个或多个拷贝，每个拷贝都是完全受保护的独立系统，它像主机一样运行自己的操作系统和应用程序，通常称作客户机（Guest）。换句话说，虚拟机是通过软件模拟的、具有完整硬件系统功能的、运行在一个完全隔离环境中的完整计算机系统。

目前流行的个人虚拟机有 VMware ACE、Virtual Box 和 Virtual PC。

二、基于云平台的虚拟化技术在实验教学中的应用

（一）传统的计算机实验室管理存在的问题

在传统的计算机实验室管理中，教学资源通常安装在不同的机房内，一旦离开机房的环境，该教学资源就可能无法使用。

不同的机房可能安装不同的软件或同一个软件的不同版本，如果将这些软件统一，不仅工作量很大，也常因为硬件不同而造成无法安装软件的情况发生。

随着实验用的软件版本不断升级，实验软件对计算机硬件的要求也越来越高，此时如果不进行更新换代，计算机的硬件就会显得性能低下，这样需要大量的资金投入。

传统的计算机实验室多采用保护还原卡进行系统的保护和安装，管理人员付出的管理时间多，部署系统效率相对低下。

（二）虚拟化技术应用于计算机实验室的分析

从以上存在的问题可以得出结论：传统的计算机实验室的管理方法显得越来越不适宜。引入基于云平台的虚拟化技术可以很好地解决上述问题。

基于云平台的虚拟化技术在实际中可以通过以下三个方面应用于计算机实验室管理。

一是利用虚拟化技术，如 VMware vSphere，建立服务器池，将实验教学中心的各种服务器高度集成在一起，这样既节约了成本，又方便了管理员的管理，还优化了资源，同时提升了信息系统的性能，并提高了系统的安全性与可靠性。

通过 VMware vSphere 这样的虚拟化技术，可以利用模板很方便地在几分钟之内克隆出一台与硬件无关的虚拟机服务器，这样的虚拟服务器与真实服务器没有两样，但由于虚拟服务器运行在 VMware vSphere（由它来负责调配和运行硬件资源）之上，其对硬件的依赖性大大降低，运行起来更稳定，性能提升，安全可靠性增强。作为实验教学中心的管理人员，只要以远程的方式建立一个虚拟机就相当于增加了一台服务器，不仅节约了成

本，还能够方便管理。此外，通过 VPN 方式，使用者在家里都可以利用虚拟服务器里的教学软件进行远程学习，这极大地提高了学习效率。

二是利用 PNS 虚拟桌面系统、幻影虚拟桌面系统等这样的云平台，可以快速地安装和部署实验室里每一台计算机的操作系统和应用软件。这样的虚拟桌面云平台不再以传统的硬件保护卡那样的方式进行工作（使用保护卡的每一台计算机上都必须有真实的操作系统和应用软件），而是将操作系统和预装的应用软件内容作为一个映像文件全部存放在云平台的服务器上，实验室的每一台计算机在这里可以称为一台客户机。作为客户机，可以选择本地启动方式（即通过虚拟桌面云平台将做好的系统部署到客户机上，相当于我们过去的软件装机过程），也可以选择在服务器上启动（即客户机相当于无盘工作站）。作为后一种启动方式，只要能达到千兆光纤连接服务器的带宽，使用者不会感到系统运行迟缓。这样，对于硬件相对较差的计算机实验室而言，采用无盘方式，也可以运行对硬件需求高的操作系统和应用软件，从而减少了更新换代计算机的投入费用，节省了大量的开支。同时，利用虚拟桌面云平台部署系统非常简单，只要将存放在服务器内的映像文件改变（如增加或删除某个应用软件），然后通过管理端选择待部署的客户机名称即可，客户机下次启动时，系统内容会自动更新，极大地减轻了实验教学中心的管理工作。

三是利用 VMware vSphere 这样的虚拟化技术建立大量的"客户虚拟机"（与前面的服务器虚拟机不同，客户虚拟机相当于供上课的教师和学生使用的个人电脑），使用者可以通过任意一台终端设备（如手机、iPad、笔记本电脑、台式机等）以远程连接的方式进入属于自己的客户虚拟机进行操作。由于客户虚拟机预装了上课用的各类软件，教师和学生不必再自己单独安装所需要的软件，而且由于这样的客户虚拟机是个人专属的，不像计算机实验室的电脑是公用的，学生在某一节课所做的操作不会被别的学生破坏掉，因而显得更安全。由于客户虚拟机存储在云平台的专用存储上，客户虚拟机里的数据更安全更可靠。另外，使用者操作时使用的是云平台上的虚拟系统，作为连接用的设备（如旧台式机）性能并不要求有多高，这样一来，即使是特别老旧的电脑，也能使用，这无疑减少了因电脑升级而带来的成本。目前，客户虚拟机有专用客户端连接和网页连接（Web）两种方式，使用很便捷，此外，通过 VPN 方式，使用者在家里也可以远程登录学校的虚拟客户机，摆脱了家里操作系统及应用软件与学校不一致的问题。

以上三方面是虚拟化技术在计算机实验室的具体应用。虽然使用虚拟化技术有如此多的优势，但在实际使用过程中，也存在一些风险，具体表现有以下三方面。

一是 Vmware vSphere 会自动调整硬件资源的使用，如某一服务器负载过大，会自动修改外设（如 U 盘、加密狗）的接入位置到其他负载低的服务器。这对于某些带有加密狗工作的教学服务软件是致命的。由于加密狗自动转移了，该台虚拟服务器无法自动找到加密狗，而导致教学软件服务启动失败，从而造成使用问题。这个问题只能通过管理人员重新手工设置加密狗的位置来解决。如果想彻底解决，最好是不要使用带有加密狗的教学软件。

二是部署系统的虚拟桌面云平台稳定性不是很好，偶尔会有客户机蓝屏、无法启动的现象发生。要解决此问题，需要研发者进一步修改源程序，提升该系统的稳定性。

三是客户虚拟机的不同连接方式工作的性能表现并不一样。经过使用，使用专用客户端连接最为稳定，通过 Web 方式连接在使用上还不是很方便。此外，对手机连接的支持还不够完善，这还需要开发者进一步的开发和完善。

三、对引入虚拟化技术后实验教学模式改变的思考

首先，传统的实验教学模式基本都是教师在实验室讲授课程—布置任务—指导学生完成任务。这样的过程虽然能够发挥学生一定的学习主观能动性，但还不够，这样的实验教学还处于老师主动布置、学生被动接受的过程。而且，由于实验室的软硬件资源和家庭个人电脑不一致，多数情况下学生回到宿舍或家里无法完成实验课程的任务，从而只能在实验室内完成任务。但现在引入了基于云平台的虚拟化技术，通过 VPN 方式，利用客户虚拟机，学生在家里就可以使用和实验室一样的软硬件资源，课堂的任务完全可以回宿舍或家里完成，那么在实验教学课堂上教师的关注点能否变为提升学生的专业素养、更充分地发挥学生学习的主观能动性呢？而作为学生，在课堂上能否不忙于完成任务，而是想办法提升自己的专业思考

力呢？这恐怕是引入虚拟化后首先要思考的问题。

其次，引入虚拟化技术后，学校和教师能否思考建立虚拟班级？即在实验教学过程中，打破原来的行政班级壁垒，以更有效的方式组织学生建立虚拟班级，从而开展更有利于提高学生学习能力的实验教学方式。

再次，引入虚拟化技术后，学校和教师能否思考如何结合学校已有的网络学堂开展更好的远程实验教学模式？而这种远程实验教学模式一旦开启，与之相关的教学内容、教学评价、过程评价体系中的种种标准是不是该重新思考和定义呢？

最后，作为与实验教学相关的教学软件开发商，能否研发利用手机进行操作的教学服务软件？这样通过引入虚拟化技术后，学生就可以在任意一个有网络的地方通过智能手机登录进入相应的教学软件系统进行学习，从而真正做到实验教学随时学、随地学。

四、结束语

基于云平台的虚拟化技术在高校的计算机实验室的管理中起着越来越重要的作用，这是高校实验教学中心建设的趋势。它有着很多无可比拟的优势，但也存在一定的问题，需要管理者进行风险控制。而随着虚拟化技术的引入，高校的实验教学模式也将随之发生改变。究竟如何利用这种改变去更好更有利地组织教师开展教学、提升学生的学习效率和学习能力，将是学校、教师、学生以至于教学软件开发商们要共同面对和思考的。

参考文献：

[1] 董焱. 基于虚拟化技术的实验教学中心环境构建 [J]. 实验技术与管理，2011，28（3）：299-302.

[2] 肖斐. 虚拟化云计算中资源管理的研究与实现 [D]. 西安：西安电子科技大学，2010.

[3] 刘鹏. 云计算的定义和特点 [EB/OL]. http：//www.chinacloud.cn. [2002-11-27].

[4] 全筱筱. 基于云平台的现代化医院综合管理系统的构建 [D]. 合肥：安徽医科大学，2013.

[5] 谢阳. 基于虚拟化技术的 Web 服务平台及应用系统研究 [D]. 上海：东华大

学，2014.

[6] 江迎春. VMware 和 Xen 虚拟网络性能比较 [J]. 软件导刊，2009，8 (5)：133 – 134.

[7] 张青，杜召阳，白佳. 采用虚拟化技术优化 IT 基础架构，有效提升 IT 服务提供能力 [J]. 电信技术，2010 (3)：82 – 84.

[8] 汤文学，李丽山，孟存霞. VMware 虚拟机软件在网络技术实验中的应用 [J]. 电脑知识与技术，2008 (7)：1366 – 1368.

[9] 金海. 计算系统虚拟化—原理与应用 [M]. 北京：清华大学出版社，2008.

[10] 百度百科. 虚拟机 [EB/OL]. http：//baike. baidu. com/view/1132. htm? fr = aladdin. [2014 – 8 – 25].

[11] 汪杰. PNS 虚拟桌面系统在机房管理中的应用 [J]. 2013，9 (34)：7934 – 7935.

浅谈基于云平台的开放实验性教学

周晓璐

摘　要：随着云技术的逐渐成熟，开放实验性教学已经得到了广泛的应用。本文通过对开放性实验教学优势和不足的讨论，论述了云平台对开放性实验教学的补充作用，以及基于云平台的开放实验性教学的优势。

关键词：云平台　开放实验性教学　教学管理

一、云平台简介

作为一种新的前沿技术，云概念一经推出，就逐渐成为一种潮流，到目前为止云概念被越来越多的环境所应用。云概念是指电脑、手机、电视等电子应用产品能够通过互联网提供包括云服务、云空间、云搜索、云浏览、云社区、云应用等一系列资源分享应用。云概念是基于"云计算"的技术，实现各种终端设备之间的互联互通。手机、电视机等都只是一个单纯的显示和操作终端，它们不再需要具备强大的处理能力。用户享受的所有资源、所有应用程序全部都由一个存储和运算能力超强的云端后台来提供。云概念的推出使传统的实验教学方式和开放实验室管理方式受到了巨大的影响，产生了更加简便、清晰、规范的实验室管理系统。

二、开放性实验教学的优势和不足

在传统教学方式中，教师处于主导地位，学生要在规定的实验室、时间内完成规定的实验内容。首先，学生的实验操作性受到较大限制，不能最大限度地保证实验质量；其次，学生按预先设置好的内容和步骤完成实验操作，往往阻碍了他们拓展性思维和创新能力的提高；再次，在教学中学生处于一种被动状态，不利于调动学生的积极性；最后，学生接受和掌握实验技巧的能力各有不同，时间和场地的限制不能保证每个人都有充分的时间做完实验。由于受到多种因素的影响，传统教学方式已经不能满足实验教学需要，难以实现预期教学目标。为了弥补传统教学方式的不足，开放性实验教学应运而生。

开放性实验教学不仅打破了以教师为中心的传统教学方式，形成以学生为主、教师为辅的新型实验教学模式；还打破了时间和地点对实验教学的束缚，提升了实验室使用率，拓展了实验室的社会辐射作用。在开放性实验教学中，学生根据老师的要求自主选择实验内容、实验时间、实验室和实验环境。教师根据教学目标为学生提供多种多样可供学生选择的实验要求，并在实验过程中为学生答疑解惑，辅导学生完成实验内容。学生按照老师的要求，依据自身特点，自由安排实验内容，设计个性化实验环节，选择与实验内容相吻合的实验室软、硬件环境，控制实验时间和节奏，获取实验结果，完成实验报告。在完成规定实验内容的同时，学生可以充分利用实验室和教师资源，结合所学知识，设计并完成感兴趣的实验项目，激励了学生的学习热情，调动了学生参与科技活动、教师开展教科研项目的积极性。

经过一段时间的实践，开放性实验教学也暴露出一些不足，主要表现在以下三个方面。

第一，学生的学习能力有待加强。学生无论是选择实验内容、实验时间还是实验室都缺乏经验，需要具备一定的自学能力才能取得比较好的预期结果。学生不熟悉仪器设备的使用方法，需要老师提前进行培训。同时，在缺乏老师强制要求的情况下，要求学生保质保量地完成实验内容，需要学生有较强的学习自觉性。

第二，指导教师经验有待加强。指导教师在选择实验内容、协助学生完成实验、答疑解惑方面都起到了极其重要的作用。开放式实验教学需要有一支高素质的实验指导教师队伍，以随时处理学生提出的日新月异的问题。

第三，实验室建设管理有待加强。开放实验室是开展开放式实验教学的重要平台。在实施和管理开放实验室的同时，实验室管理人员需要将大量的精力投入实验室管理与维护中，如：仪器设备管理与维护、实验室软件的更新与维护、参加开放性实验学生的管理以及日常开放实验室的数据整理、汇总等。实验室管理人员需要一套行之有效的系统，将他们从繁重的日常管理工作中解脱出来。建立环境完备、功能齐全、管理制度规范的开放实验室是开放性实验教学顺利进行的重要保障。

三、基于云平台的开放式实验教学的优势

为了弥补开放性实验教学的不足，云概念和云技术被广泛应用到实验教学中。"云"作为一种新型的计算方式和一种新型的服务模式，受到了广大学校和企业的欢迎。第一，其提供服务的基础必须基于互联网，要求用户必须接入互联网。第二，云计算以客户端数据为中心。云计算的关键是数据，云计算依托有效的分布式数据处理技术，能够快速解决互联网中海量信息类别的检索、存储和管理服务，使数据的管理和应用更加智能化。第三，云计算以单个用户为中心。在云计算模式中，海量的数据存储在云中，用户能够以方便、安全的方式进行访问，获得云中相关的信息或服务。对于用户来说，使用基于云计算的服务就相当于通过互联网使用本地计算机。因此，云计算加盟到虚拟教学实验室管理中，使得学生的应用程序被广泛分散到网络广大的服务器集群中，学生的数据存储在网络数据中心，而数据中心则是通过云计算的强大计算能力和超大的存储空间，为学校实验室大大减轻了终端设备性能的压力。

在开放性实验教学中运用虚拟云计算技术，具有以下优势。

（一）提供即时软、硬件服务，获得快速响应

将实验室原有的专业软件迁移至云平台，打破了实验室的限制，为师生提供 7×24 小时即时软件服务。师生只需要通过手机、电脑等终端，就可以随时使用学校的专业软件，为师生营造了更为方便、贴心的学习、科研环境。

（二）激发学生学习热情，提升开放实验室的社会辐射作用

在开放性实验教学中，学生通过自主学习，激发了学生的学习热情，培养了学生的创造力，促进学生参与科技竞赛和教师开展教科研项目。由于云平台的应用，学校软、硬件资源更加开放，学生可以随时、随地通过终端使用云平台的资源，大大增加了实验室的社会辐射作用。

（三）打破 IT 硬件壁垒，进行额外创新活动

云平台为学生们提供了一个交流的平台。同学们不仅可以通过云平台的 BBS 功能交流学习心得，还可以组成兴趣小组，使用个人工具箱，包括管理日程、学习笔记、便签和 RSS 阅读器。日程管理协助用户管理工作学习及生活中的各种日程安排，并且有及时周到的贴心提示，学生可将今日日程定制到首页，登录系统，待办事项一目了然。

（四）规范实验室仪器设备和耗材管理

各类实验仪器相关属性和状态一览于表，按照标准的操作规程管理设备，建立设备的使用、清洁、维护和维修记录方便调阅，形成规范化的仪器使用预约流程，提高仪器设备的使用效率，避免资源的浪费。实验仪器设备内外部环境监控，系统采集实时数据，记录历史曲线图，环境出现异常时系统能够提供多途径（如手机短信、短消息、系统提示）的报警功能。为教学提供了完整的实验室试剂耗材订购管理的解决方案，在方便学生或者学员掌握各种实验室试剂相关信息的同时，还可以提供一站式在线订购平台，从而实现对实验室试剂耗材的现代化管理。

（五）简化实验室管理流程，规范开放实验室管理

通过云平台实验室信息电子化录入，简化实验室管理流程，规范实验室管理。让教学实验管理轻松实现实验记录电子化，通过实验记录的原始录入，建立完善的电子实验记录数据库，方便学生或者学员的实验数据的管理与检索，实验室的管理者因此会突破时间与空间的限制，随时随地对实验进程进行把控。

参考文献：

［1］赵学凯，施丽中. 高校经管类专业开展开放性实验的思考［J］. 实验技术与管理，2005，22（11）：108–110.

［2］钱素予. 基于云计算的电子商务发展研究［J］. 电脑知识与技术，2011（7）：34–35.

［3］蒋国银，王有天，杜毅，马费成. 基于云计算的电子商务解决方案研究［J］. 数学的实践与认识，2013（8）.

［4］李凤保，彭安金，古天祥. 基于 Web 的虚拟化教学实验室［J］. 仪器仪表学报，2012（5）.

第三部分 教学方法改革与教学环境改善

小组合作学习法在人力资源管理课程教学中的应用研究

摘　要：小组合作学习法以学生为主体，引导学生积极主动地参与学习、内化知识，培养学生的合作意识。本文结合人力资源管理课程教学中存在的典型的理论脱离实践、满堂灌的传统模式，分析了在该课程中引入小组合作学习法的意义，并对如何更好地实施小组合作学习提出了教学设计和建议。

小组合作学习 20 世纪 70 年代产生于美国，并在 20 世纪 70 年代中期至 80 年代中期取得实质性进展的一种新的教学理论和策略。目前，这一策略已经被广泛地应用于美国、德国、荷兰、英国、澳大利亚、以色列、加拿大、日本、尼日利亚等国的课堂中，与传统班级授课制相比，它在增加学生的交往，促进学生社会技能、社会情感的发展，以及在大幅度提高教学质量上具有较为显著的优势。在现代美国，"合作小组学习"与"掌握学习"一道被誉为当代最受欢迎的两种教学策略。

一、小组合作学习的概念和特点

合作学习的主要代表人物之一美国约翰斯·霍普金斯大学的斯莱文教授认为："合作学习是指使学生在小组中从事学习活动，并依据他们整个小组的成绩获取奖励或认可的课堂教学技术。"英国著名教育学家赖特和以色列著名教育学者梅瓦里克女士根据斯莱文的上述定义，揭示了他们对于合作学习的理解："合作学习是指学生为达到一个共同的目标在小组中共同学习的学习环境。"美国教育家嘎斯基认为，"从本质上讲，合作学习是一种教学形式，它要求学生在一些 2~6 人组成的异质小组中一起从事学习活动，共同完成教师分配的任务。"简而言之，小组合作学习是指以异质小组为基本形式，以小组成员合作性活动为主体，以小组目标达成为标准，以小组总体成绩为评价和奖励依据的教学策略体系。

从表1可以看出，小组教学促使传统教学观念发生了重大转变。以往的课堂教学走的是两个极端：要么将学习的责任重重落在教师肩上，学生学得好与不好唯教师是问；要么将学习的责任统统推在学生身上，教师的教学质量如何概不深究。然而，小组合作学习则将教师的责任和学生的力量加以整合，教师作为教学的促进者帮助学生发挥其主体的能动性，以此达到教和学的统一和教为学服务的目的。在小组合作学习中，不是放弃了教师的责任，更不是让学生"自由地"任意活动，而是力图破坏"教师满堂灌、学生静静听"的陈规陋习，千方百计地让学生动起来，积极主动、合理有效地参与到教学过程中来。因此，在这样的教学观念影响下，课堂上学生同伴群体的资源得到了充分重视，在"一人为大家，大家为一人"的利益共同体中，依靠目标、角色、任务、内容、结果等各方面的相互依赖性，形成了比个人单干和单纯竞争更为有利的教学格局，体现了系统整体协调的力量。

表1　传统教学与小组合作教学特征对照

关键要素	传统教学	分组教学
教学策略	教师导向	教师学生双主体
讲授方式	灌输为主	教学互动
学习内容	以理论为主	理论实践并重
作业方式	个体作业、思考题为主	协同学习、小组作业配合思考题
教师角色	教师作为知识的传授者	教师作为学习的引导者和帮助者
评估方式	针对原理、知识和离散技能的评估	综合的绩效评估

二、人力资源管理课程教学小组合作教学的组织实施

将小组合作教学法应用到人力资源管理课程教学中，教师的作用贯穿在教学前的准备、教学中的控制、教学后的评估三个阶段，每个阶段都有明确的方法、任务和标准。

（一）教学前的准备阶段

1. 分组

分组的方法和方式应该根据不同的教学目标确定。按学生的自由度为标准的分组方法有自由分组、指定分组、随机分组；自由分组由学生自由结合，组内气氛最为融洽；指定分组由教师根据学生特点和能力进行搭配和分组，各组实力最为平衡；随机分组由教师按学生兴趣爱好和性格特点等心理因素分组，分组方法最为科学，但教师的工作量最大。小组学习人数不宜太多，一般以 2～6 名学生为宜，可以较好地发挥自主作用。

2. 明确任务的目标、步骤和要求

首先由主讲教师通过指令将设计好的教学目标、每次小组活动需要达到的目标、小组活动的步骤和要求明确地传达给学生，让学生清楚地知道和决定自己在小组活动中要参与的任务内容，以及自己要达到的学习要求。教师只要让大部分学生都明白任务就可以立即进入活动，如果有一组或是几组同学不是很明确，则可单独对他们做出解释，而让已经明白的小组进行小组活动，这样可以节省时间，提高效率。

3. 教给学生合作的技能

教师可以通过简洁的语言、简单的板书或是让一组同学做一个简短的示范，帮助学生认识并理解其在小组中的角色和承担的任务需要具备的社交技能、合作技能和责任感，或者在教学中培养学生在小组中的合作和社交的技能，并对学生的技能掌握状况进行及时的反馈。

（二）教学中的控制阶段

1. 充分考虑合作学习的制约因素

公认的有效小组合作学习是由美国明尼苏达大学合作学习中心约翰逊兄弟俩提出的 5 个关键因素：一是积极的相互依赖。要求学生们不仅要为自己的学习负责，而且要对小组中其他同伴的学习负责。二是明确的个体责任。每个组员必须承担一定的学习任务，并掌握所分配的任务。每个组员的作业必须受到评估，并且，其结果要返回到个体组员。个体责任是使所有组员通过合作学习取得进步的关键。三是面对面的促进性相互作用。面对面的促进性相互作用指学生之间有机会相互交流、相互帮助和相互激励。只有通过彼此的相互作用，才能产生所希望的合作效果。四是社交技

能的良好运用。社交技能是小组合作是否有效的关键所在。如果学生缺乏社交技能，即使被放在一起，被迫合作，效果也会大打折扣。五是小组自评，亦称"小组自加工"，指小组成员对小组在某一活动时期内，哪些组员的活动有益或无益、哪些活动可以继续或需要改进的一种反思。

在小组合作中，由于小组人员与小组任务都具有不同的特点，每个组员的活动效果和效率、整个小组互动模式的效果也不是一成不变的，教师应当最大限度地提供机会来促进这 5 个因素。教学生一些社交技能，帮助他们进行高效合作。

2. 教学中的监控

小组教学建立在班级授课基础上，每个小组都应被教师及时监控，全班同学在各自小组中富有成效地学习。实施分组教学，要求教师带领学生做好分组教学的准备，组织学生认真进行课堂教学和小组教学；在小组的计划、调研、讨论过程中，教师除了根据学生反馈进行及时的针对性教学外，还应设法调动学生的主动性、积极性，鼓励学生广开思路，不断提出新的设想和思路；在交流、点评时，教师要敏锐地发现各小组的问题并启发其改正，要善于驾驭课堂，使课堂讨论、分析得以有序进行。在小组教学中，每个学生都有成功的机会，每位学生对小组的表现都有责任，都可能有贡献；当组内的学生都能尽量扩大自己的学习成就或表现时，小组的成就表现就变得最好。但是有的小组成员有等、靠的行为，不愿意深入实际去调查。因此，如何调动每个学生的积极性，使他们在这种教学方法中都获得较大的收获还需要进一步探索。在课堂小组活动进行中，教师可以在教室走动，以观察每组进行的情况，并给予适当的指导和解释。

（三）人力资源管理课程教学之后的评估阶段

1. 记录

教学结束后，对于小组要求提交一份完整的作业，记录每个成员担任的角色和任务以及碰到的困难和如何克服的，由组长记录个人在小组内的表现（包括对小组计划的贡献、提供观点的正确性、重要性、个人的沟通能力以及团队合作精神等）。对于教师，应对教学过程中出现的问题做详细记录，以便在今后的工作中注意这些问题，并不断总结经验改进教学。

2. 评价

对小组活动的评价，没有一个统一的标准或模式，故常常采取相对评分法。教师根据各组完成任务的情况，给予各小组相应的班内小组排名，学生均按小组平均成绩得分。教师依据小组内及小组之间的打分，结合教师自己对各小组所掌握的情况（特别是对小组最终作业书面稿的审阅），按事先规定的比例确定分组教学环节中每位学生的分数。教师在小组活动后要对他们完成的任务进行评估，并将评估的结果及时反馈给学生，还要及时地激励学生、帮助学生提高自信心，并努力达成师生间的相互信任。

三、人力资源管理课程教学小组合作的优点和局限性

在以小组活动为主的课堂中，学生才是学习活动的中心，教师与学生分担教学管理责任，教师要创造有利于小组合作学习的环境、引导学生通过小组学习合作解决问题、选择合适的学习任务、协调小组活动。

在小组教学中，教师往往同时扮演教练、裁判和主持人的角色，而小组就是一支竞赛场上的运动队，学生也成为该运动队中的一员，学生在教师指导下自觉地完成小组计划并进行组际信息交流，形成学生积极踊跃、主动学习的课堂教学气氛。工商管理类课程的小组合作教学促进学生学习的主动性，培养了团队合作意识，重视了学生的"软性"技巧（Soft Skills）训练，有助于提高学生发现和提出问题的能力、市场调研能力、分析解决问题的能力、协调沟通能力、写作能力、多媒体制作能力以及口头表达能力。通过这样的教学模式可以使工商管理专业的学生逐渐具备以学习能力、实践能力、创新能力、交际能力为核心的综合能力。

当然，与其他教学方式一样，合作学习法也有其自身的局限性。如有些教学任务要求学生独立思考后完成，学生走向社会后面临更多的是竞争多于合作。

四、对于人力资源管理课程教学小组合作学习的思考

（一）在小组合作学习中学生的科学分组

研究表明，小组的组成对合作学习的效果有影响。目前研究中，主要使用能力混合分组法和能力一致分组法。这两种分组方法各有利弊。进一步的研究不仅应该找出怎样的分组方法更有效，还应该对不同能力水平的小组成员在小组中的作用及他们受到的影响进行研究。

（二）在实施阶段针对小组失败的科学处理方式

以往的研究都认为，学生们同别人合作进行学习比不与别人合作更容易获得成功。但是，我们也应该看到，使用合作学习并不是成功的保证，学生小组并不总是发挥他们应有的作用。有人认为，合作情景下的小组如果失败了，会对学生的自我适应能力和人际交往能力产生消极的后果。因此，我们需要对小组合作学习的失败进行研究，找出失败的因素，验证失败对学生会有什么样的影响。

（三）小组合作学习的应用范围

尽管教师已使用小组合作学习进行教学，但对小组合作学习应用于教学实践的研究还很少。各种不同的小组合作学习的教学方式，应该在怎样的情况下应用，也需要研究。

参考文献：

[1] 滕杰. 论行动学习在人力资源管理课程教学中的运用 [J]. 人力资源管理，2011（1）.

[2] 谢征. 高校人力资源管理课程组织效果提升策略 [J]. 现代交际，2011（2）.

[3] 郭巧云，李友德. 基于能力的人力资源管理课程体验式教学体系的研究与实践 [J]. 教育与职业，2011（12）.

[4] 薛万东. 本科生人力资源管理课程案例教学组织及效果提升策略探讨 [J]. 经济研究导刊，2010（13）.

[5] 王东毅. 人力资源管理课程教学中的情景模拟法探索 [J]. 知识经济，2010（20）.

[6] 丁立，杨顺灵. 人力资源管理课程中学生团队教学的应用 [J]. 人力资源管理，2010（10）.

[7] 龙湘洋. 人力资源管理课程教学方法多样性探析 [J]. 成功（教育），2010（10）.

[8] 曹扬. 经管类应用型课程分组教学的探讨 [J]. 郑州航空工业管理学院学报：社会科学版，2004（2）.

[9] COHEN E·G. Restructuring the classroom：Conditions for productivesmall groups [J]. Review of educational research，1994（1）：1-35.

[10] 周俊. 小组合作学习实验研究报告 [J]. 教育导刊，1997（2）.

案例教学法在企业战略管理课程中的应用研究

陈俊荣

摘　要： 本文介绍了案例教学法的理念，分析了该方法在企业战略管理课程中的应用，讨论了案例教学法容易出现的问题，提出了规避这些问题的方案。

关键词： 案例　企业战略管理　学以致用

引言

案例教学是根据教师的指导和教学目标的具体要求，组织学生进入角色，对案例进行分析、研讨的学习方法，有针对性、实践性、启发性、研究性、实际性地开发学生的智力，进一步培养学生的能力，提高学生的整体素质。美国哈佛商学院最早使用案例教学法，由于取得了良好的效果，许多学院教师都随之效仿，这种教学方法在全球被普遍采用。案例教学法适用于一些与现实联系紧密的课程，一些理论性较强的课程难以采用这种方法。企业战略管理是一门关于如何制订、实施、评价企业战略以保证企业组织有效实现自身目标的课程。现实世界中有许多企业的经验和教训可以被企业战略管理课程作为案例进行教学，案例教学法在这门课的应用非常广泛。

一、案例教学法的理念

案例教学法能够使学生更好地将理论与实践相互结合。企业战略管理是一门与实际结合非常紧密的课程，课程的理论来源于企业经营经验和教训的总结，这些理论也是用于指导企业创立、经营和管理的。学习这门课程的学生主要是管理类专业的学生，未来职业的定位是企业的管理人员。对于这些学生来说，不仅要掌握企业战略管理的基本原理，更重要的是将这些原理应用于未来的实际工作当中。案例教学能够使学生在求学阶段就了解企业的实际情况，并给企业开方治病，为将来的工作奠定良好的基础。

案例教学法能够提高学生的主观能动性。案例教学方法的最终目标是要求学生理解掌握运用所学知识。传统的授课方式往往是教师在不停地灌输知识，学生是知识的被动接受者，而人集中精力的时间是有限的，学生往往会感到疲惫。案例教学法往往采取的做法是，学生在教师的指导下独自完成案例的分析与研究，积极主动地挖掘验证案例背后的知识理论，从而能够提高学生对知识探索的热情。

案例教学法能够提高学生的团队合作意识。学生进行案例分享需要完成的工作包括案例的选择、理论结合实践的分析、总结、PPT 的制作、课堂的演讲等一系列工作。这些工作很难由一个学生独自完成，往往采取的方式是 5 至 10 名同学组成一个团队进行分工合作。在分工的过程中就会涉及领导、协调等问题，同学们通过解决这些问题培养了团队精神，提高了团队合作能力。而这种能力正是管理学专业的学生未来作为企业的管理者最需要的。

二、案例教学法的实施

对于企业战略管理课程来说，案例教学往往贯穿于每一章节的授课过程当中，包括教师的案例教学和学生的案例分析。这种方法的实施步骤包括案例选择、理论与案例的结合分析、课堂的讨论，以及案例总结。

（一）案例选择

案例的选择需要注意和理论内容的紧密结合。企业战略管理课程的内容包括企业的愿景使命，宏观、中观和微观环境分析，企业的战略选择、实施和控制等。选择的案例要能够涵盖当时授课章节的内容。例如，研究企业的国际化战略时，应该选择大型的跨国公司作为案例进行分析，研究该公司是采取多国本土化战略、全球战略、跨国战略、国际战略中的哪一种或者哪几种的组合。而不应该选择一些还没有走出去的中小企业进行分析。

选择典型案例，贯穿整个教学过程。由于一些大型跨国公司从成立到发展壮大，会涉及企业战略管理各个章节的知识点，选取这些企业作为案例能够更好地贯穿整个知识体系。例如，企业在成立之初往往会确立企业的愿景和使命，愿景和使命会随着企业的发展和时代的要求而与时俱进。企业在不同阶段的宏观、中观和微观的环境不同，成功的企业会在不同历史阶段采取适合企业发展的不同战略，发展壮大之后会进行国际化经营。成功企业采取的战略往往是与教材知识点相吻合的，可以作为正面案例进行深入的分析和讲解。而大型企业的发展史更容易讲解产业生命周期所涉及的各个理论和战略选择。同学们也更能够理解各个知识点的逻辑关系。当然，一些失败的案例也可以作为教学过程中的补充。

将学生创业计划纳入案例范畴进行分析。已有案例的讲解和讨论是为了说明理论的正确性。对于管理学专业的学生更为重要的能力是学以致用。当今社会提倡创新型人才，需要创业者。许多学生在大学阶段就有了创业理想，可以通过企业战略管理课程的案例教学进一步完善渴望创业学生的创业思路和计划。在讲授完每一章节的理论和现实案例之后，让同学们根据自己的创业项目设计创业企业的愿景使命，进行相关行业的宏观、中观环境分析，预测未来企业不同发展阶段的微观环境，需要采取的公司战略、竞争战略，以及如何进行战略的实施和控制等。

（二）理论与案例的结合分析

教师在讲授案例的过程中要注意与理论的紧密结合。可以采用案例导入式教学，通过案例引出教学内容，例如，让同学们分析一家公司成功或失败的原因，从而引出要讲授的知识点；也可以采用案例论证法教学，首先讲授理论知识，然后分享一个遵循该理论获得成功的案例，或者一个没有按照该原则经营导致失败的案例进行论证；还可以采用案例推导法教学，在结合学生创业计划进行案例讨论时，可以通过同类行业的成功企业分析相关理论，然后运用这些理论推导学生创业项目未来应该采取的战略，让学生撰写创业计划书。

（三）课堂的讨论

课堂讨论能够调动学生的积极性，活跃课堂气氛。当老师将理论和案例结合起来讲授时，可以让同学们针对案例展开自由讨论。讨论方式可以是自由组合，也可以根据观点的不同分为正方和反方进行辩论。当学生分享小组研究的案例时，可以让其他的小组进行讨论，对该案例提出问题和建议。当同学分享未来创业项目时，可以让所有同学共同出谋划策，甚至可以分成小组探讨不同的创业方案。

（四）案例总结

在案例讨论结束后，教师要对案例和讨论情况进行点评。如果学生在讨论过程中出现了错误，老师要及时纠正；如果学生提出了具有创新性的观点，老师要给予肯定和赞赏。通过老师对案例的总结，能够进一步增强学生对于知识的掌握，理清分析问题的思路。但是，老师需要强调，对于人文社会科学来说，答案往往不是唯一的，关键是找到最能够或者比较能够解决现实问题的理论和方法，要提高学生们的发散性思维。

三、案例教学需要注意的问题

（一）案例教学的适度

企业战略管理是一门比较适合案例教学的课程，但是也需要注意案例数量的适度性。如果案例过多，而又不够典型，会造成学生理解的混乱，还有可能使学生忽视了理论知识的学习。

（二）课堂气氛的调整

案例教学过程中，学生讨论的环节较多。如果学生没有充分的准备，可能会发生冷场现象。这就需要教师让学生提前预习相关理论，搜索相关案例。学生的讨论还需要教师的监督和管理，以避免一些学生利用讨论的时间闲聊。

（三）期末考核的比例

案例教学是为了让学生更好地掌握知识，并学以致用。案例搜集、分析、PPT 制作以及课堂的讨论需要占用学生的时间和精力。为了提高学生的积极性，可以将案例作业作为平时成绩，并纳入期末考核。许多案例作业是由小组完成的，这固然可以锻炼学生的团队协作能力，但是也难以避免会有一些学生产生"搭便车"的心理，依赖别的组员完成作业，坐享其成。教师需要注意这部分成绩的比例和客观性，引导每个学生主动参与到团队合作当中。

四、总结

企业战略管理这门课程离不开案例教学。为了达到更好的教学效果，首先，教师应该选择合适的案例进行备课；其次，制定合理的规章制度和考核标准，以避免学生"搭便车"的行为，提高学生参与度；再次，在教学过程中，注意对学生的引导和课堂的控制；最后，根据学生的表现公平、公正地评分。

参考文献：

[1] 付丽. 案例教学法在企业管理教学中的应用探究 [J]. 课程教育研究，2013（3）：232 - 233.

[2] 钱晓军. 案例教学法在企业管理教学中的应用 [J]. 学园，2013（27）：72.

[3] 李洁星. 案例教学法在企业管理教学中的应用探究 [J]. 课程教育研究，2013（3）：232.

[4] 朱莉. 案例教学法在现代企业管理教学中的应用 [J]. 农业教育研究，2009（3）：15 - 19.

[5] 姚利民，段文彧. 高校教学方法改革探讨 [J]. 中国大学教学，2013（8）：60 - 64.

[6] 李向前，刘芳. 企业管理教学改革探析 [J]. 安徽工业大学学报：社会科学版，2009（11）：140 - 141.

经管类专业经济法教学方法的思考

寇颖娇

摘　要：经济法作为经管类专业的一门必修课，其教学方法、教学质量对于实现该专业的人才培养目标有着非常重要的意义。然而，由于经济法课程体系多以法学专业学生为授课对象而设计，给经管类专业的课程教学带来专业性问题，因此教学效果难以令人满意。基于此，本文首先分析了国内经济法教学方法存在的诸多弊端，进而针对各种不足提出了一些改进教学方法的探讨，由此实现经济法教学的实效性，达到培养应用型、创新型人才的目标。

关键词：教学方法　教学改革　经济法　经管专业

经济法是经管专业学生必修的学科平台课，其目标在于通过该课程的学习，使学生了解我国现行经济法律、法规，能运用所学经济法律知识分析、解决现实问题，并在今后的实际工作中，确立正确的法律观念，自觉守法、护法。作为一门面向经管专业学生的法律课程，教师恰当运用教学方法实施教学、实现教学目标是教学的核心问题之一。目前我们课程现有的各种教学方法既存在优势，也存在劣势。教师应当在分析课程特点、教学对象、教学目标的基础上，合理运用并改进教学方法，以取得令人满意的教学效果。

一、经济法教学现状分析

经济法教学中存在的主要问题可归纳如下。

（一）课程要求面宽，层次不高

经管类专业，如会计、市场营销、国际贸易、金融、人力资源管理等专业涉及的经济法律制度较多，但学生普遍缺乏法律基础，所以在经济法的教学中既要将法律知识与专业知识相融合，又要注重理论与实践相结合，在课堂教学中深入浅出，培养学生法律思维和法律意识。

（二）课程体系安排不合理，课时少，内容多

在经管类专业当中，设置经济法课程的教学课时一般不会很多（从32至48个课时不等），但需要学习的经济法律、法规却涉及经济领域的各个方面，内容非常繁杂。而经管类专业学生一般没有系统地学习过法律，对一些基本的法律概念与法律规定不了解，如民事权利主体、民事权利与民事义务的关系、法人制度、财产所有权、债权、民事法律行为、民事责任等，这样就难以在有限的课时内真正理解和掌握各种具体的、单行的经济法规，无法满足与专业相关的经济法讲授，与专业的融合度不够，给教学带来一定的困难。

（三）经济法理论知识较多，教学过程容易枯燥

经管类专业的经济法课程涉及的法学概念、法律原则、法律规范等理论知识较多，但课时较少，无法引入足够案例辅助教学，并且与专业的融合度不高，使得学生在心态上习惯于将经济法当作非专业课对待，忽视其重要地位，最终导致教学过程枯燥，学生兴趣不高，缺乏学习的动力，直接影响教学质量，妨碍人才培养目标的实现。

（四）普遍缺乏实践教学的条件

经管类专业经济法课程的人才培养目标不同于法学专业，以应用型、实践型为主，这就要求在教学过程中采用与其相适应的理论与实践相结合的教育模式。而经管类院校一般更注重主干学科如管理、金融等的实践教学，而普遍缺乏法学方面的实践教学条件，导致模拟法庭、法律宣传、实地调研等实践教学方式很难开展。

（五）教学评价体系单一，不能有效考察

在现行考核体系中，经济法课程多以闭卷考试作为主要考核方式，而经济法课程的评价体系经常被忽略，一般不会专门针对经济法的考核作出新的探索。然而，法学作为实用性非常强的一门学科，教学效果并不仅仅体现在对基础法律概念、法条的背诵记忆上，更高层次的效果应该是体现在灵活运用方面。而现行的考核方式很难真正反映出学生的水平，有待于

进一步改革。

二、经济法教学方法改革的思考

人才培养目标离不开合理的课程体系安排及有效的教学方法，因此针对实践中经管类专业经济法教学存在的诸多问题，本文提出如下建议。

（一）构建以实践及创新能力培养为主线的经济法教学方法体系

合理设置课程体系，安排教学内容。首先，应增加课时量，以 48～52 课时为宜。现行经济法教材内容一般包括 10 余章，重点内容至少包括基础法律制度、企业法、公司法、合同法、竞争法等。每章约有 4～8 节内容，现共 32 课时，相应授课时间难以满足对各章节的教学需要。因此，应增加课时量，这样才能深入讲授经济法重点内容，便于学生吸收。其次，应根据学生专业不同，安排教学内容，做到因人而异，因材施教。以会计专业为例，针对会计专业的学生，在教学内容上，应注意引入会计法等相关内容，与会计专业相关考试相衔接。与会计专业相关的资格证考试种类繁多，如会计从业资格证、初级会计、中级会计、注册会计师等，而在这些资格考试中，法律都是必考科目。如果在教学内容中，不注意与执业资格考试的衔接，容易使学生感到学无所用，学习兴趣下降。相反，如果做好知识衔接，则能提高学生学习的积极性，并使教学起到事半功倍的作用。

深入改进现有教学模式，丰富教学方法。法学是一门实用性很强的学科，"徒法不足以自行"，只有应用到实践中解决问题才能最大限度地实现法的意义。基于此，对独立学院经管类学生的经济法教学就不能局限于传统的"一言堂"式教学方法。传统的以教师讲授为主的教学模式应当进行变革。首先，应当丰富教学方法，综合运用多媒体、实验室、教学光碟等现代教学方法，并结合传统板书教学方式，增加教学的新鲜感，避免学生的"审美疲劳"。再次，应当变"一言堂"为"群言堂"。应该以教师为主导，充分发挥学生的积极性，充分引入案例教学，定期组织学生进行分组讨论，这样既可以引导他们主动思考，提高他们分析问题、解决问题的能力，也能够培养学生的语言组织及口头表达能力。其次，充分利用教学资源，开展实践教学。适当采用"请进来，走出去"的教学方法。如请执业律师走进课堂，与学生进行交流；组织学生分组到法院参加公开审理案件的旁听，这样能够让法律事务灵动地展现在学生面前，让学习不再枯燥无味。

（二）注重追踪调查，构建基于学生满意度的经济法教学方法评估体系

独立学院与普通公办高等学校不同，生源相对没有保障，其招生与发展要视市场而定。市场环境的优劣取决于学生毕业后的社会认可度及学生自身的满意度，因此，教学方法的研究及实践应用应以学生满意度为基点，构建科学的评估体系，以评促进，以评促改，形成良性循环。

针对在校生进行问卷调查，设计调查问卷，在每学期教学完成之后随即进行调查，调查项目包括课程内容安排、教师教学水平、案例教学比重、实践教学环节、对执业资格考试的帮助度等各方面。综合调查问卷，进行指标分析，不断进行改革。

针对毕业生进行追踪调查选取样本毕业生，与毕业生的工作岗位建立协调沟通机制，调查用人单位对毕业生的满意度。独立学院与一类二类本科院校不同，其人才培养目标为实践应用型人才，对实践能力的培养重于科研能力的培养，因此，为社会输送大量的实用型人才是独立学院追求的目标，只有与用人单位建立长效的沟通机制，取得反馈，才能进行人才质量跟踪和自我检测。

针对潜在生源进行品牌调查。除针对在校生、毕业生进行调查外，还应注重潜在学生群体，提前针对中等院校及考生家长进行独立学院品牌美誉度调查，设计各种影响独立学院品牌形象的指标，根据调查结果，有针对性地改进办学，逐渐做大做强。

基于上述论述，应以学生满意度为基础，构建一个针对在校生、毕业生、潜在生的三维评估体系，全方位地为经济法教学改革服务。

参考文献：

[1] 黄勇，王刻铭. 经管类本科专业经济法教学质量探析 [J]. 湖南农业大学学报：社会科学版，2008（7）.

[2] 刘敏. 经济管理类专业经济法教学方法探析 [J]. 湖北广播电视大学学报，2007（6）.

[3] 宋毅. 经济法教学的思考与探讨 [J]. 现代企业教育，2007（8）.

[4] 蓝锐彬，戴杨. 高校课堂教学质量评价探索 [J]. 广州工业大学学报（社会科学版），2006（4）.

《上网安全与信息安全概论》教学方法改革探索

梁　磊　薛万欣　王艳娥

摘　要：《上网安全与信息安全概论》是一门通识课程。本文从教学目标、教学内容、教学手段和教材建设等方面分析了该课程的教学现状及存在的问题，并就以上几方面提出相应的改进措施。针对在课程教学中如何将理论和实践教学相结合，培养学生的学习兴趣、综合运用知识的能力等问题作了较深入的研究和实践探索，为《上网安全与信息安全概论》课程教学改革提供了有益的思路。

关键词：上网安全与信息安全概论　教学现状　教学改革

一、引言

随着信息时代的到来，在享受信息时代优秀成果的同时，上网安全及信息安全意识却极其缺乏，国内外多所高校已经出现多起因上网和信息安全意识薄弱而导致的悲剧事件。在开放、充满诱惑但又极不安全的网络环境中，如何有效保护好个人信息、宝贵数据，摆脱各种网络诱惑，树立良好的上网心态，安全地使用网络和各类信息设备已经成为现代大学生目前以及今后工作中不得不面临的问题。

开设这门课程的原因主要有以下几方面：人们越来越离不开网络和信息；网络犯罪及恶意程序越来越猖獗，其严重危害到每一个上网用户的安全；网络中的个人隐私已经受到严重威胁；绝大多数同学信息安全意识薄弱。

学习目的主要有以下几个方面：正确识别各类信息安全威胁；合理规避信息安全风险；安全地使用各类信息设备和信息系统；能够使用现有的信息安全技术和产品来保护自己的信息安全；安全上网、文明上网。

为了提高信息安全意识，掌握基本的信息安全事件防范技能，培养识别信息安全威胁，规避信息安全风险的能力，在高等院校中开设《上网安全与信息安全概论》课程具有十分重要的意义。本文通过分析《上网安全与信息安全概论》课程特点，结合教学过程中遇到的主要问题，对该课程的教学改革方法进行研究。

二、《上网安全与信息安全概论》课程分析

（一）课程教学内容

《上网安全与信息安全概论》课程是校内通识课程，是提高学生计算机水平的重要组成部分。其教学内容主要包括：信息安全概述、访问控制、防火墙技术、入侵检测技术、信息安全应用软件、企业与个人信息安全、Web 的安全性、网络安全。本课程从具体案例分析出发，向学生展示网络的各种陷阱和安全问题，让学生切身体会到网络安全防范的必要性，培养他们良好的信息安全意识。通过对各种黑客攻击和病毒传播原理的分析，培养学生基本的网络安全防范和系统安全配置的实际动手能力，从而有效地保护他们的上网安全。与此同时，我们将引导学生树立良好的上网心态，引导学生合理地使用各种网络资源。

（二）理论和实践难以结合

《上网安全与信息安全概论》课程旨在对学生讲解信息安全的基本理论，以利于后续课程的开展。但在教学过程中，由于片面注重理论的重要性，往往形成一种"灌输式"的教学。很多同学在听课过程中，无法理解课堂上所学知识如何与实际问题相结合，有些学生甚至在学完本课程之后连最基本的计算机病毒的防治和杀毒软件的使用都似懂非懂，更谈不上其他的高级应用了。

（三）缺少合适的专业教材

市面上有许多与信息安全相关的教材，其中不乏经典著作，但每种教材都各有侧重，有的偏重于理论分析，有的强调技术应用，依托应用数学发展的信息安全专业，通常多侧重于密码学理论与应用；而依托计算机科学与技术或计算机应用专业的，则多侧重于网络安全等。因此很难找到一

本内容全面、重点突出而且适合本科生教学的教材。

三、《上网安全与信息安全概论》课程改革措施

根据《上网安全与信息安全概论》课程教学现状的分析，进行了以下的理论教学改进。

（一）确定教学知识点，合理安排教学内容和课时

针对课程内容多、学时少的问题，以课程标准为指导并结合多年的教学经验，对教学内容和课时进行适当调整，通过确定教学知识点，可以有效减轻学生的学习负担，使学生学有重点。理论教学的主要知识点内容和课时如表1所示。理论课时安排为32学时，对于教材中提到而表1中没有出现的内容，留给学有余力的学生课外学习。

表1 《上网安全与信息安全概论》教学进度安排

序号	周次	时数	授课章节	课外作业
1	1	2	第一讲：我们面临的安全威胁及安全事件分析	针对目前流行的安全问题进行讨论
2	2	2	第二讲：恶意代码的典型破坏功能与传播方式（1）	虚拟机网络配置
3	3	2	第二讲：恶意代码的典型破坏功能与传播方式（2）	最常用的数据备份软件介绍
4	4	2	讨论课对恶意代码进行分组研讨	熟悉 Ghost 软件
5	5	2	第三讲：计算机病毒防范技术（1）	设计一份安全加密传送软件过程
6	6	2	第三讲：计算机病毒防范技术（2）	完成 pgp 加密技术
7	7	2	第四讲：Web 浏览的安全威胁与防护手段（1）	调研一款杀病毒软件
8	8	2	第四讲：Web 浏览的安全威胁与防护手段（2）	调研冰河木马病毒

序号	周次	时数	授课章节	课外作业
9	9	2	第五讲：电子邮件面临的安全威胁及防护手段	调研 Goldenkey 软件
10	10	2	第六讲：数据面临的安全威胁及防护手段	调研黑客大会的内容
11	11	2	第七讲：移动存储设备的安全威胁及防护手段	选取一个最熟悉的防火墙，写出对它的认识
12	12	2	第八讲：网络聊天的安全威胁与防护手段（1）	对 Ethreal 软件的使用
13	13	2	第八讲：网络聊天的安全威胁与防护手段（2）	对自己电脑的操作系统进行安全配置
14	14	2	第九讲：社会工程学及案例分析	Ghost 软件使用
15	15	2	第十讲：加固 Windows 操作系统安全	如何防范各类网络威胁？写一篇论文
16	16	2	论文演讲和分析	
总计		32		

说明：针对学生学习情况，课程内容会有略微调整。

学生在学习绪论后只是对信息安全有个大致了解，对具体的威胁和风险表现出强烈的求知渴望，因此提前讲授计算机病毒可以达到提高兴趣、引导深入的目的。

（二）在教学过程中引入教学案例

如在学习拒绝服务攻击的时候，首先让学生分析某单位遭到攻击时的现象，通过与学过的攻击现象进行对比，引出拒绝服务攻击。由此，提出对拒绝服务攻击的检测方法和防范措施。这样不仅有利于学生掌握知识点，还培养了学生提出问题并积极主动分析问题的习惯。

（三）将知识竞赛搬入课堂

例如，信息安全标准和相关政策法规的内容多而杂但易于理解，如果仍采取教师讲授的模式，不仅枯燥学生学习的积极性也不高，这样很难达到预期效果。为了充分提高学生学习的积极性，可将本次内容的知识点设计成竞赛题目，让学生分成小组以知识竞赛的形式在比赛中学习。

（四）采用两阶段启发式教学

启发式教学是一种研究性学习，以学生的自主性、探索性学习为基础，通过个人或小组合作的方式进行，有助于加强综合运用所学知识解决实际问题的能力。这里提出两阶段启发式教学指的是新知识学习的前一阶段和新知识学习的后一阶段。

（五）组织系列专题讲座

专题讲座可以是以实践为主的，例如，请富有大型系统开发经验的第一线的系统开发专业人员给学生讲解实例，介绍具体的开发过程和方法，并提出实际问题，启发学生思考解决的方法及比较方案的优劣；也可以是以新技术新理论为主的，这类专题讲座可具有阶段性，介绍与每个章节相关的新技术新发展。两类讲座点面结合，使学生在深度和广度上都能得到很好的扩充。

针对信息安全课程特点，我们可以考虑采用多媒体教学（包括基本原理、基本知识的理论讲授）＋自主式教学（即针对某个教学主题，学生先自学后进行课堂陈述并讨论评价）＋案例式教学（即针对某个教学内容，教师精心组织教学案例进行教学）＋启发式教学（即教师课前或课后提出思考题，学生以个人或小组合作形式研究给出解决方案并进行讨论评价）多种形式综合运用的教学模式。在具体的教学过程中，我们还需要考虑。如何加强实践教学环节，提高学生实践能力等问题。

参考文献：

[1] 钱伟中. "信息安全概论"课程教学研究与探索 [J]. 计算机教育，2007（12）：26－28.

[2] 郑倩冰，姚丹霖，赵文涛. 信息安全导论实验教学的研究与实践 [J]. 计算机教育，2008（12）：113－116.

[3] 柳景超，王志峰. "信息安全概论"课程教学研究 [J]. 中国电力教育，2009（145）：108－109.

[4] 陈泽茂. 关于《信息安全概论》教材建设的两点思考 [J]. 计算机教育，2008（19）：148－151.

渐进式案例教学在C++程序设计中的探索与应用

李　慧

摘　要：C++程序设计是管理类学生的一门专业技术课，旨在培养学习的应用程序开发能力。针对信息管理专业学生的特点，本文将案例教学、渐进教学与操作教学相结合，以上机为主线，编程为主体，问题为引导的探索思路，探讨学生自主学习，以提高学生的编程能力。

关键词：案例教学　渐进教学　程序设计

一、引言

国家教育部根据高等院校非计算机专业的计算机培养目标，提出了计算机文化基础、计算机技术基础和计算机应用基础3个层次的课程体系。C++程序设计课程是各高校计算机专业的重要基础课程，是培养非计算机专业计算机技术的基础。对学生的思维，问题解决过程中的流程化思维、模块化思维以及培养学生的计算机思维有重要的训练作用。但是目前的C语言教学中存在诸多问题。比如：知识点多，知识关联性低，学生记忆困难；与实际问题相脱离，学生学习兴趣低；程序联系少，程序思维锻炼少，不理解程序的原理。

二、教学过程中存在的问题与思考

（一）知识点多，知识关联性低，学生记忆困难

目前的知识点都是独立的，首先讲的是输入输出，再讲的是控制语句，如if else语句，if for语句，之后讲的是数组，再讲的是结构体，整个一门

课是按照这样一个流程讲下来的，是按照每一个知识点来讲解的。学生在听课的过程中感觉跨越性太大，有时候跟不上，有时候就难以理解。

（二）与实际问题相脱离，学生学习兴趣低

在教学过程中不止一个同学提出来问我，老师，我们学习这个课程有什么用处。现在的计算器这么发达，手机这么发达，为什么还要用 C 语言写一个程序这么复杂来求一个加减乘除，来求一个平均值呢？学生就觉得这个课程与实际问题非常脱离，觉得是 C 语言给学生制造了问题，然后再来写程序。

（三）程序联系少，程序思维锻炼少，不理解程序的原理

一般来说，老师讲程序的流程都是打开一个程序，讲一下第一行程序是干什么用的，第二行程序是做什么用的，就这样一直讲到最后。讲完之后学生拍照，上机的时候比着程序来抄写一遍，运行通过就可以了。学生没有思考这个程序怎样来写，为什么这么写以及不这么写是不是可以。

三、教学过程中探索的策略

针对本课程进行了一些探索，具体如下，

（一）采用案例式教学

在每一节课程中引入一个案例。以一道题为主线，由简单到复杂，反复练习并从不同的角度去讲解。在周与周之间也是按照一道题或者几道题目为主线将知识点串联到一起。在教学的过程中既加强了学生的理解，又增强了教学的效果。

（二）采用渐进式教学

在每一个知识段的教学过程中，以点带面，形成知识树状结构。比如讲循环，循环有三种方式，但实际上原理是相同的，只是表现形式不同而已。这个知识就可以讲为什么要有循环，循环能够解决什么样的问题，循环的表现形式是什么。循环实际上是条件判断语句的高级形式。循环在以前的设计中就是 if goto。有循环这样一种知识，然后讲循环的不同形式，

在不同形式中涉及的各种各样问题，它能够解决的问题，以及怎样应用到各个不同的问题中，形成一个知识树的结构。

（三）操作式练习

在每一周上课时，以上机为主线，设置课堂内容。以编程为主体，以问题来写程序，把知识点打碎融入编程过程中，在不同的编程中讲解知识点是怎么一回事。

四、探索策略在上课过程中的应用

以上述探索策略为例，以具体的教学过程为例，讲解探索策略的方式。探索策略的恰当与否，直接影响到策略的有效与否。在实际操作过程中分为上课过程、上机过程、考试过程及学生反馈等几个方面。

（一）上课过程

在上课的过程中，在每一节课中，首先是复习问题，然后对问题进行加深扩展，引出新的技术方法。比如，控制语句方面，if else 本来是一行一行挨着执行完成，有时候会遇到这样的问题，程序大于 60 会输出及格，否则输出不及格。在整个过程中会出现及格不及格，实际上是二选一的一种形式，只需要执行其中一部分，与之前的顺序执行的方式完全不同。怎样实现这种方式呢，一定需要一种技术来实现。在 if 语句过渡到 for 循环的过程中，假如从 1 输出到 10，实际上一直在执行这样一个语句，if i＝1，输出 i，然后 i＋＋，然后再输出 i，然后 i＋＋，如果 i＜＝10，再 i＋＋，一直执行到 i＞10。连续写 10 个 if 语句，这个程序才能结束。这个程序存在的问题就是重复性特别高。有没有一种形式避免这种重复性呢？有，是循环语句，所以循环语句由 if 语句过渡而来，在每个知识点的过程中讲出技术的需求，由哪里而来，找出解决的办法，for 循环语句就能够解决 if 条件中出现的重复循环这种问题。引出知识点，if 语句是怎么写的，for 循环是怎么写的，或者 while 循环是怎么写的。再次回到问题讲解这个问题的求解思路。这就是整个的上课过程。

（二）上机过程

首先引导学生回顾这个思路，写出程序的求解流程，画流程图，然后根据流程图写程序，在写程序的过程中不断调试改错，最后程序通过，在出现成果的一刹那，学生会觉得非常有成就感，从而慢慢地培养了学生的学习兴趣。

（三）考试过程

考试过程的正确与否直接影响到对学生的引导。在一开始上课时就明确表示，这个课程是上机考试，学生没有可以用来作弊的方式。每一个同学都需要自己写程序来完成整个考试。单独来检查，所以对学生形成压力，在压力的释放过程中形成了动力。学生会觉得没有办法偷懒与抄袭，才会真正地学习，同时在上课过程中培养了他们学习的兴趣。让学生觉得能够学会，且能够学懂。能做自己想做的事情，兴趣就能够培养起来。所以，在考试过程中全面采取机考的方式。考试的方式是几道编程题目，让学生在上机过程中思考，自己找寻答案，设计程序求解思路，编写程序，调试，运行，老师现场打分。

（四）效果反馈过程

教学效果反馈是对整个教学探索的一个验证。分为如下几个部分：在成绩方面，通过机考的方式发现，学生的成绩有区分度，真正学会的学生成绩就会高一些，知识点没有理解的学生分数就会相对低一些，学生对于本门课程中获得的成绩有很高的认可性。分数低的认可没有真正学会，表示会继续好好努力，进一步提高自己的编程能力。分数高的同学也会觉得有成就感，在程序的思维训练方面得到了比较好的锻炼。对于遇到的程序题目，在问题求解方面，有自己的思路，可以用计算机程序的思维来思考问题。在学生反馈方面，学生普遍认为学到了知识，对于程序的知识点理解有一定的深度，提高了学生的学习兴趣。在出勤率方面，大部分学生都是满勤的，请假仅在 2 人次以下。

五、结论

在 C 语言的教学探索中，采取了案例式教学、渐进式教学和操作式教学相结合的一种方式，在程序思维、问题求解与知识点的融入等方面对学生都有了更深的训练。在上课过程、上机过程及考试过程中无不体现出以上机为主线、编程为主体、问题为引导的探索思路，获得了较好的教学效果。当然，本次教学探索存在一定的问题，如学生在学习完成之后，参加计算机二级考试 C 语言中会发现，在选择填空方面答题不容乐观，对于记忆方面的知识点没有得到相应的训练。虽然是在写程序方面得到了初步的提高，但是对于以记忆为主的笔试题目方面有些跟不上，这就是本次探索中存在的问题，期待下次探索过程中能够得到更好的解决。

参考文献：

[1] 周长英，董翠英，陈颖. 非计算机专业"C 语言程序设计"教学方法探析〔J〕. 教育与职业，2010（8）：148－149.

[2] 刘芳，秦兴国，王宇英. C 语言程序设计教学存在的问题及改进〔J〕. 教育理论与实践，2012（1）：51－52.

[3] 袁芬. 案例教学法在 VB 课程中的应用［J］. 科技信息，2010（7）：608－609.

[4] 付吉菊. 实例教学法在"VB 程序设计"教学中的应用［J］. 安徽科技学院学报，2010，24（2）：69－71.

[5] 贺斌. E-Learning 情感计算模型设计研究［J］. 远程教育杂志，2011（4）：103－110.

[6] 彭玉容. "高级语言程序设计 vb"课程的教学分析与探索［J］. 河北农业大学学报：农林教育版，2010，12（3）：392－394.

[7] 张国生. Visual Basic 程序设计教程［M］. 北京：清华大学出版社，2011：247－251.

[8] 赵震伟. 浅析 VB 语言程序设计教学方法［J］. 思茅师范高等专科学校学报，2010，26（3）：115－117.

[9] 蒋正金. 基于认知与情感计算的在线学习模式探讨［J］. 科技资讯，2012（1）：167－170.

[10] 肖丽，包骏杰，王璐，等. "VB 程序设计"课程教学的改革探析［J］. 重庆工商大学学报：自然科学版，2010，27（5）：523－525.

构建创新型、多元化、开放式实验教学平台

郭建平

摘　要：实验教学是培养创新型大学生的重要途径之一，也是北京联合大学管理学院人才培养模式的核心。通过构建创新型、多元化、开放式实验教学平台，探索出一套切实可行的管理办法，满足高校人才培养的需要。

关键词：创新型　多元化　人才培养　实验教学　开放式

一、引言

在当今高校实验教学中，网络技术已经相当发达，大家已经习惯了由网络带给我们的方便快捷的现代化实验教学，网络也使得高校的教学方式发生了革命性的变化，实验教学由过去封闭、单一和传统型向创新型、多元化、开放式转化。

二、构建创新型、多元化、开放式实验教学平台

所谓开放式实验教学，是指高校实验室在时间、空间、内容和教学方法等方面对学生开放，由学生自主选择并进行实验学习与研究的教学方式，是现代高校培养综合型、创新型人才的新途径。实验室的开放程度也已成为衡量高校教学、科研是否具有现代化水平的重要标志之一。开放式实验的目的和开放对象实验教学的目的是运用实验的方法，加深对理论知识的理解，掌握基本的实验技能，让学生在实验过程中不断探索未知，从而提高自身的创新精神和实践动手能力。传统的实验教学往往是教师先讲授、演示，然后学生按照教师设定好的实验内容、方法、步骤进行操作，

只是追求得到正确的实验结果,这种教学方式不仅扼杀了学生的创新思维,也严重阻碍了实验教学质量的提高。开放式实验教学打破了传统实验教学模式的束缚,鼓励学生利用业余时间参加实验室的各种开放活动,主要目的就是培养学生的创新能力和动手能力、独立思维和设计思维、分析解决问题的能力以及团队协作精神等多方面的综合素质,为学生锻炼成长、毕业后服务社会打下坚实的基础。开放实验室主要面向本科生开放,充分利用现有的实验条件,为学生提供一个开放的、宽松的实验研究环境,同时也为学生进行科技活动提供了重要场地。

(一)构建创新型、多元化、开放式实验教学体系

强化实验教学是大学生专业人才培养的重要方面,建设与其相适应的实验教学体系是这一培养模式得以实施的关键之一。

1. 基础实验环节

着重于基础理论和基本技能的训练,是创新能力和实践能力培养的基础。本环节重在基础,面向综合,在掌握实验的基本方法、基本知识以及基本操作的基础上逐步培养学生分析问题、解决问题的能力,为开放性实验教学打下扎实的基础。

2. 开放实验环节

该环节是学生毕业实训前的演练,以学生自主学习为主要特征。开放实验内容与设计性、综合性实验相结合,与课外科技活动、科研相结合,加强新技术和新方法的引进。通过加强综合性和设计性实验项目、探索和设置开放实验课程、将开放性综合实验列入培养计划等措施,鼓励学生选择感兴趣的研究方向,使多数学生可以在本科阶段得到更多的科研训练。

3. 毕业实训环节

这是学习、探索和创新相结合的综合性教学阶段,是对学生综合运用所学知识分析问题和解决问题能力的考核。

(二)建立创新型、多元化、开放式实验室结构体系

实验室开放是提高实验教学质量的重要途径。结合各实验室的硬件条件和不同年级学生的特点,加大对本科实验教学专业实验室的投入,重点建设面向本科生的开放实验室,形成全方位开放的实验室结构体系。

学院倡导教学与科研并重，充分依托各学科优势开展实验教学。实验室不仅承担综合性实验教学，还可以接纳优秀学生早期介入教师的科研活动，在高水平研究氛围的熏陶下，激发学生强烈的创新意识。通过开放性实验课程的开设，提高实验教学的水平。

（三）建设一支高素质、高水平的实验教师队伍

高水平的教师队伍是创新型、多元化、开放式实验教学开展的前提。要培养一流的人才，必须有一流的师资。

1. 组建以课程群为纽带的教学团队

成立实验课程教学团队和实训教学团队，在教学团队的带领下，优化专业基础课程和专业课程的设置，协调各相关课程教学内容和教学方法，开展创新型、多元化、开放式实验教学的改革研究。团队中的教师均来自各系各专业，这样有利于开放实验等项目的开展。此外，学院还聘请了高水平的校外导师指导毕业论文，保证了毕业实训环节的顺利进行。

2. 要注重青年教师的培养

实行老教师指导青年教师制度，通过老教师对青年教师进行传、帮、带，大大加快了青年教师成长的进程。提高了青年教师的教学和科研水平，进一步提高了实验教学质量，对创新型、多元化、开放式实验教学起到了积极的作用。

三、创新型、多元化、开放式实验教学平台管理

逐步建立较为完善的学生进入开放平台的申请和管理办法以及实施细则。从抓项目、促成果入手，在注重开放实效上下功夫，进一步发挥创新型、多元化、开放式实验教学平台在创新人才培养过程中的作用。

（一）创新型、多元化、开放式验室的准入机制

开放实验室建立完善的实验项目申报机制。定期组织项目申报，学生可选择各教学团队的教师结合科研实际设计切实可行、具有创新意义的命题实验项目提出进入开放实验室的申请。实验教学中心建立相应的项目情况表，登记指导教师和主要参与人员以及所需的实验环境，经过指导教师推荐和学院审批方可进入开放实验室。

（二） 创新型、多元化、开放式实验室的预约登记制度

向实验教学中心递交了书面申请并经审查批准的同学，使用实验室前要填写"开放实验室预约登记表"，实验教学中心根据申请的学生人数、时间、指导教师、实验环境及管理人员的情况做出合理的时间安排，并要求学生填写相应实验室、实验设备使用记录。

（三） 创新型、多元化、开放式项目管理制度

对进入开放实验室的开放实验实行项目管理，由项目指导教师定期检查进展情况。进展缓慢的要督促其加快进度；没有开展的项目要查明原因，找出问题，帮助解决；对不遵守实验室规章制度的实验教学中心有权取消资格。实验项目完成后，项目负责人要向实验教学中心提交实验报告、论文或其他形式的实验结果。由实验教学中心做好成果的收集整理和存档工作。

（四） 加强创新型、多元化、开放式实验教师队伍管理

开放实验室应根据学生人数的多少和开放实验的实际情况以及进入开放平台的实验项目本身对实验技术人员提出更新知识结构、掌握新技术的更高要求。实验室水平的高低，不仅要看实验室拥有的硬件环境条件，更重要的是要看实验室是否有一支思想作风过硬、业务水平高、具有创新能力的实验教师队伍。因此，重视对实验技术人员的培养，安排进修学习，不断提高其业务水平就显得尤为重要。在实验过程中，要求指导教师加强对学生实验素质、创新精神、科学思维方法和治学态度的培养；要求实验技术人员保证实验设备的良好运行，做好实验室开放记录。

四、创新型、多元化、开放式实验平台建设实施成效

创新型、多元化、开放式实验教学平台，通过不断改进，使得学生的整体素质得到了较大的提高，成效明显。

（一） 学生实践能力、创新能力得到锻炼

学生参加社会实践活动、科技文化活动蔚然成风，成为学院的特色，

并在全国各种大学生竞赛中多次获得优异成绩。

（二）毕业论文质量普遍提高

学生毕业论文质量普遍较高，在校级论文评比中我院本科学生多次获得校级优秀论文。

（三）获得社会好评

在各类实践和毕业实习中，用人单位普遍反映本院毕业生掌握了较全面和扎实的专业基础知识，能够运用所学专业知识来解决生产科研工作的实际问题，并具有一定的科研创新意识和能力。

五、结语

实验教学是培养学生实践创新能力的重要途径。为适应社会的需要，各高校均把实验教学摆到了与理论教学同等重要的地位。通过建设实验教学体系、实验室体系和实验教师队伍，构建了创新型、多元化、开放式实验教学平台。改革了传统的实验教学单一模式，通过实验教学将创新能力和实践能力培养贯穿于大学生培养的全过程。实施各项开放式实验教学平台的管理措施，通过多层次、全方位的实验室开放的改革与实践，不断改进实验教学在培养学生实践创新能力方面的缺陷和不足，使教师重视实验教学，学生积极参与科技创新活动，达到了提高实验教学质量、增强学生科研能力和创新意识的目的。在培养学生的实践能力和创新能力方面取得了初步成效。

参考文献：

［1］杨延梅，杨清伟，周富春. 高等学校开放式实验教学的探讨［J］. 高校实验室工作研究，2012（2）.

［2］王少刚. 开放性实验教学模式探索与实践［J］. 高校实验室工作研究，2010（9）.

［3］李宁. 浅谈开放式大学物理实验教学［J］. 课程教育研究，2014（26）.

基于虚拟化的实验教学共享平台架构设计[①]

郭　峰

摘　要：本文基于实验教学的特点和面临的问题，针对目前基于传统网络技术的资源共享平台在资源无法充分共享与数据中心的硬件资源利用率不高等问题，介绍了基于虚拟化的实验教学共享平台的架构，按照开放性和资源共享性原则设计，并对其中内容做了进一步分析，希望进一步推动实验教学的发展。

关键词：共享平台架构　实验教学　虚拟化

一、引言

随着实验教学的不断发展，高校积累了大量网络学习资源，资源建设是实现实验信息化的重要任务之一，随着需求不断增加，参与建设的公司、机构数量众多，在资源建设中采用了不同的建设标准，使不同的资源彼此之间不能共享，不同公司、单位建设的资源成为一个个信息孤岛，优质资源出现了资源总量巨大、资源离散严重、共享应用乏力的问题。当高效、低成本的云计算技术出现后，教育领域产生了新的思维、新的方法和新的应用，可以通过建设基于虚拟化的实验教学共享平台以实现不同资源库之间的资源共享。

通过网络实验教学共享平台为师生提供一个能同时访问多个网络学习资源系统的公共接口。作为一个应用平台，它与上端的用户及下端的资源系统构成有机的整体。

[①]　本文为北京联合大学教学改革与研究项目校级重点课题"基于云平台的经管类实验教学模式改革研究"（2013 立项）的阶段性成果。

如何根据用户的需求、爱好兴趣来提供一种优质的人性化、个性化的服务，最大限度提高学习资源的有效利用率，成为人们越来越关注的问题，利用虚拟化技术的优势弥补现有学习资源的管理、共享和使用中的不足，使用户可以快速、高效地获取远程学习资源，并解决学习资源的有效共享问题。

二、虚拟化技术

虚拟化是一个广义的术语，在计算机信息领域中，虚拟化高度概括了计算资源，是计算资源的逻辑表示，它隐藏了本身的物理特性，在逻辑上分离为多个虚拟资源池，同时，多个物理资源也可以整合，然后进行按需分配。虚拟化的主要目的是简化包括基础设施、系统软件和应用软件等 IT 资源的表示、访问和管理，将复杂的硬件设备封装为统一的输入和输出接口，提高设备资源的利用效率和易用性。

系统虚拟化是基于虚拟化软件在一台物理机上虚拟出一台或多台虚拟机，各虚拟机运行在相对隔离环境中、各自有着完整硬件功能的逻辑计算机系统，包括基础操作系统和里面的应用程序。系统虚拟化技术使得操作系统和物理计算机分离，在服务器上应用系统虚拟化技术即为服务器虚拟化，不再受限于物理上的界限，而是让 CPU、内存、磁盘、I/O 等硬件变成可以动态管理的"资源池"，简化系统管理，实现服务器整合，让 IT 对业务的变化更具适应力。

虚拟化是分布式整合方式，对于用户，是一个集中式的各种软、硬件资源的集合，而这种集合能够为用户提供便捷、安全的资源访问。在计价上也采用了更灵活的方式。从管理角度来说，它提供了一种管理大量虚拟化资源的方式，可以被自动汇聚并提供服务，可以弹性地进行服务提供和扩展。

三、实验教学共享平台架构设计

实验教学共享平台是按照开放性和资源共享性原则设计，提供资源检索、资源上传、资源下载、资源管理、资源评价等服务的共享平台，平台以共享环境内学习资源，更好地为广大学习者提供优秀的学习资源为宗旨。实验教学资源共享平台按照有效、方便、快捷共享学习资源的原则搭建，有效地解决了学习资源丰富但利用率不高的矛盾。针对目前基于传统网络技术的资源共享平台在资源无法充分共享与数据中心的硬件资源利用率不高等问题，下面以虚拟化技术为基础，设计出共享平台的结构。该结构分为 4 个层次，分别为用户层、应用层、管理层和资源层，如图 1 所示。

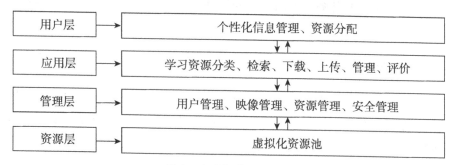

图 1　实验教学共享平台

（一）资源层

在实验教学共享平台中，资源层主要指网络内所有物理资源的抽象。虚拟化将所有的网络硬件包括服务器、存储设备等看作一个资源池，这样就可以按需分配这些资源。

资源层把大量相同类型的资源运用虚拟化技术组合成同构或接近同构的资源池，资源池主要包括计算资源池、存储资源池、网络资源池和数据库资源池。通过资源虚拟化，我们可以把工作负载封装到一起并转移到空闲或使用不足的系统当中，这样就可以共享现有系统，实现节约成本和提高工作效率。

（二）管理层

管理层主要包括用户管理、映像管理、资源管理和安全管理，管理层是虚拟化网络与网络之上的所有应用系统之间的桥梁。作为与应用系统之间的桥梁，管理层的主要工作是根据应用系统的需要管理资源虚拟化与物理资源，它是应用系统运行的重要保障。在整个系统框架中，管理层位于上层应用服务和虚拟化集群之间，负责对资源进行管理，并调度众多应用任务，使资源能够安全、高效地服务于应用任务。

用户管理包括为用户提供交互接口、识别和管理用户身份、为用户程序创建执行环境、对用户的使用过程进行计费等管理工作；安全管理是用来保障学习资源共享系统的整体安全，它主要包括用户论证、综合防护、访问授权和安全审计等工作；映像管理主要负责执行映像用户提交的任务，包括完成用户任务映像的部署和管理、执行、任务调度、生命期管理等工作。

（三）应用层

应用层，包括分级设置学习资源分类、学习资源的检索、学习资源的下载、学习资源的上传、学习资源的管理、学习资源的评价以及添加新功能时的预留接口。该层是应用系统的各具体功能模块和学习资源共享系统的各功能模块相辅相成，共同构成一个完整的资源共享体系，它们之间既相对独立又相互联系，学习资源共享系统的设计思想就是在这一层体现的。

（四）用户层

用户上传的学习资源只有通过管理员的审核后才可以共享给其他用户。在学习资源共享系统运行过程中，管理员要随时监督系统的运行情况和学习资源的共享情况。对用户没有及时处理的沉余资源，管理员有权对其进行删除处理以保证学习资源的有效性和高质量。

管理员可以根据共享系统的用途建立分级学习资源分类，并审核和管理用户上传的学习资源。用户按分级学习资源分类上传自己的学习资源，并设置资源的关键字和说明以便于检索，同时用户也可以随时管理自己上传的学习资源，包括资源的分类、添加、修改、删除操作。

用户在访问共享资源时产生的个性化信息如用户资源搜索结果可以在资源访问过程中同步到共享平台中或收藏到资源链接中。资源目录信息保存了各个资源系统资源的分类信息。用户信息是为满足共享平台运行需求由用户提供的个人信息的集合，共享平台可以依据这些数据进行身份识别并对用户进行个性化管理。

四、结束语

虚拟化是计算机网络的重要发展方向之一，它将大量的资源组成资源池，动态创建高度虚拟化的资源提供给用户使用。利用虚拟化技术设计开发的实验教学共享平台，能够整合网络资源并统一管理，使网络资源得到有效利用，能够最大范围地实现学习资源的共享，提高学习资源的使用效率。本文通过对这一技术的探索，希望推动网络学习资源整合的发展。

参考文献：

［1］张淑玲，黄启. 经管类跨专业综合实训平台建设探索［J］. 实验科学与技术，2013（8）.

［2］高素美，牟福元，郑李明. 高校虚拟与开放实验室教学模式探索与实践［J］. 中国电力教育，2013（16）：151－152.

［3］GMACH D，ROLIA J，CHERKASOVA L. Chargeback Model for Resource Pools in the Cloud. in：Proceedings of The 2011 IFIP/IEEE International Symposium on Integrated Network Management（IM），2011，622625.

［4］陈鹏洋. 虚拟化技术在科技管理中的应用［J］. 金融电子化，2008（12）.

［5］ARMBRUST M，FOX A，GRIFFITH R，et al. Above the Clouds：A Berkeley View of Cloud Computing. in：Proceedings of Berkeley Technical Report No. UCB/EE-CS200928，2009，125.

［6］赵厚福，祝智庭，吴永和. 数字化学习资源共享的技术标准分析［J］. 现代教育技术，2010（6）：66－69.

経管类创新型人才培养
探索与实践

第四部分 学生管理与教师队伍建设

高校教师周边绩效管理影响因素分析

杨 冰

摘 要：周边绩效作为人力资源管理、组织行为学、心理学、文化学等多个学科研究的交叉领域，是目前绩效研究领域的热点和重点。本文通过对周边绩效的文献研究，明确了高校教师周边绩效的内涵，并系统分析了高校教师周边绩效的特点及影响因素，以期为高校管理者如何用更加科学、人性的管理方法来激励教师的绩效提供理论依据。

关键词：高校教师 周边绩效 影响因素

目前中国的高等教育已进入大众化发展阶段，人民群众在满足高等教育需求的同时，对优质高等教育的需求也在不断增加。如何提供高质量高水平的教育教学，是各高校面临的核心问题。解决这个核心问题的关键因素之一就是教师，教师队伍建设水平的高低对高等学校教学质量的影响起着决定性的作用。而教师队伍建设的重点是建立科学合理的教师绩效管理制度。现实中，我国很多高校对教师的考核更多关注的是任务绩效，这种绩效考核产生的结论在一定程度上虽然反映了教师的工作业绩，但并不全面。高校教学和科研的过程中，教师的劳动成果难以完全用量化指标来衡量。过分关注任务绩效的考核办法对教师整体工作付出与贡献的判断并不完整，教师对工作额外的奉献、对和谐工作氛围营造的功劳得不到认可和激励。这使得不少教师仅就工作职责做事，不讲求积极性和主动性，更谈不上为团队和学校整体绩效提升而额外主动地工作了。正是因为高校教师劳动的特殊性蕴含在隐性因素中，体现以人为本的周边绩效理论正逐渐引入高校教师的绩效管理中。

一、周边绩效的内涵

(一) 周边绩效概述

周边绩效作为人力资源管理、组织行为学、心理学、文化学等多个学科研究的交叉领域，是目前绩效研究领域的热点和重点。周边绩效，又称关系绩效，是相对于任务绩效而言的。1993 年，美国学者 Broman 和 Moto-widlo 将"绩效是结果"和"绩效是行为"两种观点合并提出了二元结构模式——任务绩效和周边绩效。其中，任务绩效是直接产品生产和技术维持活动；而周边绩效则属于角色外行为，是那些支持组织、社会和心理环境的活动，包括自愿、坚持、帮助他人、遵守规定和组织目标认同等。

(二) 周边绩效的特征分析

经过对周边绩效内涵的分析，总结周边绩效的特征具体如下。

第一，周边绩效与员工本人的工作任务没有直接联系，但这类行为对群体与组织绩效能起到促进与催化的作用。

第二，周边绩效是工作情景中的绩效。周边绩效理论认为对绩效的考评不仅仅受到工作任务完成的数量与质量的影响，而且受到社会性因素的影响。

第三，周边绩效与组织长远战略发展关系密切，能够促进群体与组织绩效。大多数关于周边绩效的理论研究都涉及有关利他、助人、合作等行为的讨论。这些行为可以减少组织内部摩擦、辅助协调工作、帮助组织员工排除阻碍绩效的因素，提高组织绩效。

第四，周边绩效是过程导向与行为导向的绩效。周边绩效理论的产生表明绩效标准已经从一些单纯的结果标准向综合的行为与过程标准转化。

第五，周边绩效与员工个性关系密切。周边绩效属于角色外行为，更多的是由动机决定，必然受到员工个性影响。研究表明，责任感强、性格外向、乐于助人等个性因素都能显著地预测周边绩效。

综上所述，周边绩效的提出扩展了绩效行为指标的内容，它与任务绩效同样重要，将其加入绩效评定标准当中是有必要的，这对于个人、团队和组织绩效评定都具有深远的意义。

二、高校教师周边绩效的特点分析

高校教师属于知识型员工的一类，其所从事的工作的周边绩效与其他企业员工不同，其具有一定的特殊性。

（一）高校教师工作的特殊性蕴涵于周边绩效中

高校教师的劳动过程是一个共性与个性相结合的过程，所以对其劳动过程的评价有显性因素也有隐性因素。显性因素是我们看得见的以及可以量化的任务绩效。但对高校教师劳动的评价更要关注隐性因素即周边绩效，包括教师对学术价值的推崇、对科学的献身、对社会长远发展的贡献等。高校教师劳动的特殊性也更多地蕴含于隐性因素之中。

（二）高校教师周边绩效行为能够促进团队与组织绩效

周边绩效构成了组织成员间的情感环境和人际关系，也是构成组织气氛的重要因素。高校教师具有很强的自主性和独立个性，但在知识和技术发展如此快速的今天，教师要想很好地完成教学科研工作又需要依靠团队的力量。因此，高校教师的周边绩效行为能够促使教师之间加强相互联系、相互协调和相互合作，帮助教师排除阻碍绩效的因素，进而进一步提高团队和组织的绩效。

（三）教师周边绩效行为是一种促进校园文化的绩效

校园文化包含教师风气、学习风气、管理风气等。良好的教风对学生起着潜移默化的作用。教师良好的教风、严谨的治学态度、严格自律的行为都有助于学校良好文化氛围的建设。同时教师自主开展的自我学习提升、教学改革和科研创新、对学校发展目标的认同和维护等都有利于促进高校的校园文化建设，促进学校的远期战略发展。

三、高校教师周边绩效的影响因素分析

根据高校教师周边绩效的工作特点对其周边绩效的影响因素进行了综合分析。

（一）内部影响因素分析

1. 高校教师的职业道德

高校教师的职业道德一方面表现为社会对教师工作过程中提出的道德要求，另一方面也体现着教师所追求的价值目标，体现出他们对具体道德规范遵守的内在自觉性。高校教师所从事的是教书育人的工作，一般都具有高度的道德意识自觉性。在这种道德意识自觉性的影响下，他们就会以积极的心态去从事工作，从情感上和主观意愿上付诸实践，从而不仅提供了任务绩效行为，也提供了周边绩效行为。

2. 责任意识和事业心

强烈的责任心和事业心是高校教师人格特质中的因素。目前国内外很多研究都已经验证周边绩效行为与人格变量有着密切关系。就高校教师而言，强烈的责任意识及事业心是高校教师提供周边绩效的初始动力。

3. 个人职业发展的需要

对于高校教师而言，他们拥有较高的个人素质，非常注重自身价值的自我实现。这种自我实现主要取决于教学和科研两方面。教学和科研工作又都是高深而又复杂的工作，不易完成，高校教师实现目标就要积极完成任务之外的一些工作，这是高校教师提供周边绩效行为的动机之一。在此基础上，教师会有意识地进行自我学习，在学习过程中积累有利于组织发展的资源；同时，教师要通过积极向他人提供帮助、参与学校学科专业、团队建设、维护团队内人际关系等方式来提高自身在组织中的地位，得到他们的尊重，显示他人不具备的能力。因而积极追求个人职业发展的教师会非常乐意提供周边绩效行为，通过更多地提供周边绩效，晋升和发展的机会也会更大。

4. 教师无私和互惠互利心态

教师这种职业属性对教师的周边绩效会有很多的促进作用。一方面，将周边绩效行为与个人思想道德素质联系后，由于舆论力量和个人对自身的基本道德要求，教师就会抱有一种无私、不求回报的心态去提供周边绩效。另一方面，随着社会经济的不断发展，知识和技术更新换代的速度非常惊人。高校教师的工作性质要求他们必须紧跟知识和技术的发展速度。但由于每个人的时间、精力和能力范围都是有限的，高校教师不可能单靠个人完全掌握所需的全部知识。要想获得更好的发展，必须充分依靠团队整体的力量。因此，当教师确信同事会向自己提供相应的周边绩效回报，能够帮助自己完成比较艰巨的工作，能够使自己工作起来心情愉悦时，他们也会很乐意提供其周边绩效。

（二）外部影响因素分析

1. 组织的公平感

公平理论是指人们主观地将他或她的投入及报酬同别人相比来评价是否受到组织公平的对待及得到公平的回报，主要包括薪酬、福利、晋升和个人尊重等方面的公平。公平感能够满足教师的精神需求，起到精神激励的作用。当教师感到公平时，他或她就会产生愉悦感和对工作与组织的积极情绪，从而自觉地提供周边绩效，反之则很难产生周边绩效。

2. 工作满意度

工作满意度取决于员工的需求和工作特征及工作环境的配合程度。对于高校教师而言，工作满意度更多的是属于精神激励的范畴，这种激励作用对高校教师来说要远远超过物质奖励，与教师的周边绩效呈现正相关关系。当教师对工作感到满意时，他们的信心、责任心、荣誉感就会得到激发，从而表现出积极的情绪状态，驱动利他行为的产生。

3. 组织支持

所谓组织支持指的是员工对组织如何看待他们的价值贡献及关注他们的幸福感形成的全面感受和评价，即员工所感知到的来自组织方面的支持。员工在感受到组织对他们的积极支持后会产生一种正向的情绪态度，更愿意为工作和组织投入自己更多的时间和精力，从而有助于提高其工作的努力程度。对于高校教师而言，他们有很强的实现自我价值的欲望和成就动机，希望自身的工作能够得到学校和社会的认可，因此，学校对教师在教学科研工作中的贡献给予重视、对他们的个人价值给予认可，就会激励教师更努力地投入工作中，激发其对工作的热情，从而使员工在工作中感受到更高的成就感和更多的快乐，也会促进员工更积极主动地承担工作说明书规定范围外的责任，表现出更多的周边绩效行为。

4. 组织的管理文化和氛围

管理文化是社会文化在组织管理系统中的反映，是社会文化在管理实践活动中不断积淀而形成的一种稳定的意识形态，它直接反映主导管理活动的思想、价值观和管理心理等。良好的管理文化会造就和睦的组织内部工作环境以及成员之间融洽的人际关系；可以激发员工的工作热情和积极性，以良好的心态进行工作，进而激发出周边绩效行为。目前，各高校"行政导向而非学术导向"的管理机制、结果导向的考核机制、"官本位"的价值取向等都与高校教师的特点和职业属性有矛盾冲突，在一定程度上制约着教师周边绩效的提升。

参考文献：

[1] 沈昱梅. 大五人格对研发人员周边绩效的影响——以工作自主性为调节变量 [D]. 杭州：浙江理工大学，2012.

[2] 赵应生，龚波，杨熙. 大学教师劳动特点及绩效评估的人文关怀关 [J]. 黑龙江高教研究，2005（2）.

[3] 李莳. 高校办公室工作人员周边绩效研究 [D]. 成都：西南财经大学，2007.

[4] 高桂娟，易风霞. 高校教师绩效评价要关照高校教师的特殊性 [J]. 国家教育行政学院学报，2006（10）.

[5] 施鸿雁. 组织认同与周边绩效的模型研究 [J]. 科技视界，2012（28）.

[6] 陈胜军. 周边绩效与总绩效评价的关系研究 [J]. 山西财经大学学报，2008，30（1）.

[7] 胜军. 周边绩效模型研究——基于高科技企业中层管理人员的实证研究 [J]，软科学 2010，24（9）.

[8] 崔丽娜. 周边绩效理论在高校教师绩效管理中的应用 [J]. 现代商贸工业，2009（1）.

[9] 张静. 知识员工周边绩效管理研究 [D]. 南京：南京理工大学，2003.

[10] 张光萍. 知识员工的关联绩效研究 [D]. 桂林：桂林电子科技大学，2008.

[11] 黄晓媛. 知识型员工情绪管理对周边绩效影响的实证研究 [D]. 湘潭：湘潭大学，2012.

[12] 郭颖. 知识型员工领导——成员交换与周边绩效的关系研究 [D]. 武汉：武汉理工大学，2009.

[13] 蔡永红，林崇德. 同事评价教师绩效的结构验证性因素分析 [J]. 心理发展与教育，2004（1）.

[14] 赵秀华. 高校教师周边绩效管理研究 [D]. 合肥：合肥工业大学，2007.

[15] 陈亮，杜欣. 高校教师周边绩效维度的探索性分析 [J]. 河北大学学报：哲学社会科学版，2007，32（4）.

[16] 闫华飞. 高校教师周边绩效维度分析及测量 [J]. 黑龙江教育（高教研究与评估），2009（7）-（8）.

[17] 赵颖. 高校教师周边绩效影响因素分析 [J]. 中国成人教育，2009（9）.

关于高等学校管理人员队伍建设的思考

陈　浩

摘　要：在普通高等学校中，除了专任教师和科研人员外，还有管理人员队伍。他们为高校师生提供着方方面面的服务，和专任教师及科研人员一样，在高等教育的发展中起到了不容忽视的作用。如何加强高校管理人员的队伍建设，最大限度地挖掘他们自身的内在潜能，调动他们工作的积极性、主动性和创造性，提高他们的管理水平和管理效率，更好地为教学科研提供强有力的服务，实现学校及其个人的发展目标，是一个值得探讨的现实而迫切的课题。

众多知名大学发展的历程给我们揭示出这样一个道理：一流的大学不仅要有一流的师资，更要有一流的管理。在高校发展的进程中，高效、协调、规范的管理体制的建设，管理制度的制定、完善和落实，都是由具体的管理人员来完成的，管理人员素质的高低直接影响着管理目标的制订、方案的实施及最终效果的实现。因此，努力建设一支与高校发展需要相适应的管理人员队伍是高等教育管理创新面临的一项十分重要而紧迫的任务。本文就高校中管理人员队伍的现状及其建设中存在的问题及难点，提出了加强管理人员队伍建设的对策。

关键词：管理人员　队伍建设　高等学校　对策

一、高等学校管理人员队伍的现状

（一）管理人员队伍构成复杂

不同层次的高等学校其所涉及的部门、工作内容、服务对象等都有着非常大的差异。尽管高等教育的发展培养出了众多的优秀毕业生，他们知识面宽、思想开放、改革创新意识强、勇于开拓，渴望干出一番事业，给高校管理队伍注入了新鲜血液，增强了活力，但是还有一批长期在管理岗位上工作的专门队伍，和从教师等其他岗位调整至管理岗位的人员，其中具有管理专业背景的专职管理人员数量有限。

（二）人员数量逐步减少

北京市教育主管部门在岗位设置与聘用分级工作中，明确提出了高校管理人员的结构比例不超过高校教职工总数的20％。同时，北京市属的很多高校都在强调办学效益，狠抓管理水平。随着高学历人员进入管理岗位，人员的成本投入也在增加，因此，"高素质、高效益"的工作理念应运而生。提高管理人员素质、控制管理人员编制已经成为近两年北京市属市管高校对管理人员队伍的要求。

（三）创新意识增强，管理研究水平提高

日趋繁重的管理工作，使得管理人员将管理水平的提高不能只限于按照传统的经验完成日常的工作，要在平时的工作中及时总结与思考，善于发现问题、研究问题。北京市属市管的很多高校在近几年的发展过程中对管理人员的创新意识、管理研究水平提出了更高的要求，也体现在了岗位考核和职务晋升中，从而促进了高校管理人员在工作中提出了更多的改进方法，加强了对高等教育规律、管理规律的研究，提高了研究水平。

二、高校管理队伍建设所面临的困境

（一）管理人员的价值认同点低

高校中教师的岗位是主体岗位，教师为学校培养人才做着最直接的工作，他们的工作成果对学校的影响最大，也最容易用客观的指标显现出来。社会上对高校地位、水平的认可也主要依据这些指标。因此，学校在制定各种政策时都会首先关注教师群体的利益，教师岗位的价值认同是非常高的。而管理岗位是服务性岗位，是为教师和学生提供服务的，不是学校发展的主体岗位。管理岗位工作琐碎、工作成果难以用客观的指标评价，这样就会使管理工作被很多人包括不少高校领导看成是人人都能做的事情，特别是党群管理工作经常处于"说起来重视、用起来忽视"的尴尬境地。管理工作地位不高、价值认同点低的现实，严重影响着管理人员工

作的积极性和主动性。

(二) 管理人员职业发展空间有限

高校管理人员的职业发展问题已经成为高校年轻的高学历群体最关注的问题。由于他们受过更多的教育，因此更加注重自我价值的实现。目前，高校管理人员的发展确实存在前景模糊、晋升途径狭窄的问题。教师队伍从低一级向高一级晋升的机会大，比例较高。他们按照自己研究的方向踏踏实实去努力，最终取得成果。而管理人员所做的工作主要是服务性工作，琐碎而又难以产出成果。而绝大部分管理人员目前只看到职员晋升这条路，其职业发展的基本路径是：科员、副主任科员、主任科员、副处级、正处级等。能升上处长、科长的是少数。管理人员中高一级的职位数非常少，从低一级向高一级晋升的机会相比教师要少很多，而大部分高校又不允许设置非领导职务岗位，更使得管理人员的发展前景黯淡。

在干部学历化、高职称化的呼声下，处级干部多从高职称的教师中提拔。这样有可能导致管理干部在聘任时反而竞争不过从事教学岗位的教师。专业教师进可以竞聘管理岗位，退可以做回自己的专业，有更大的选择空间；而专职管理人员则辛苦多年，发展空间显得狭小而单一。很多管理人员因工作时间较长、压力较大，身体和心理处于亚健康的状况。

(三) 管理人员获得培训、学习进修机会较少

很多高校在制定学校长远规划时往往将教师队伍建设、科研队伍建设放到了立校之本、强校之路的高度，却很少提及管理人员队伍的建设。或仅是在领导讲话中提到，却总也进不了实质操作程度。而普通高校一般管理人员工作内容繁复，单位培训或外派学习进修的机会非常少，而自身的提高和扩大对外服务都缺乏路径。长此以往，管理干部在教育观念、业务、知识水平和思想上逐渐跟不上形势，习惯于按老经验办事，行政办公室管理人员也无暇顾及其他，更没有精力花费在自身的职业规划上，导致相当一部分管理人员对自己的职业缺少正确的认识，对职业发展和前途迷茫，以致工作热情和积极性不高，不能很好地完成现有的工作。

(四) 个人成就感差

高校管理人员经常加班加点，从事的大多是具体而琐碎的事务性工

作，成就感差。以举办某项大会为例，从领导讲话到议程安排、会务、奖品、文件等一系列琐碎的工作，都需要花费很多时间，甚至所有准备就绪后，因来参加的领导换人、教师缺席等原因，讲话、主持稿、议程都要作很大调整。这样一项相对简单的日常工作都需要付出大量的体力和脑力劳动。而风光的大会背后，谁会记得管理人员的付出呢？更多的却是对整个会议安排出现漏洞的非议。

同时，每一项重要事项的完成，往往是集体酝酿、集体讨论，大家分工负责，很难评价个人工作的优劣。所以在日常工作中琐碎而忙碌，普通管理人员看不到自己的价值，终日、终年忙碌，到年终总结时连自己都不记得这一年做了哪些工作，或是做的工作显得琐碎而不值一提。另外，从管理实践来看，往往干多错多，不干不错，造成干得多的反而挨批评，不干的说风凉话，那些积极肯干的管理人员也日渐消磨了工作的积极性。

（五）自我心理调适能力不足

很多高校的各项优惠政策向教学倾斜，而对高校普通管理人员缺少必要的职业培训与指导，造成大多数高校普通管理人员处在一无教学、二无科研、职称难评、职务难上的困境中，对自身的发展感到迷茫与不解。由于得不到足够的重视，管理岗位上的工作人员超负荷工作现象较为普遍，学校在机构调整中，管理人员极容易成为调整的对象。面对多变、多元的社会环境，受多种因素的影响，工作压力较大，个人价值难以体现，没有成就感，对前途缺乏信心，等等，都成为管理人员队伍不稳定的重要因素。多元化的社会利益矛盾日益由隐性的潜状态转向显性的公开化，也给一些管理人员带来思想混乱，造成心理创伤。由于很多高校管理人员的心理素质不能得到同步提升，自我心理调适能力不足，以至于造成他们的心理不平衡，职业价值认同与期待下降。

三、加强高校管理队伍建设的对策

（一）重视高校文化建设，创造和谐的工作环境

现代组织非常重视文化建设，组织文化被称为最不易被人复制和模仿的组织成功关键因素之一。高校在管理人员队伍的建设中，也应重视文化

建设，它是一个组织、团体共同的思想、意识、观念以及与之相适应的行为模式。文化建设为队伍建设的方案制定和实施提供动力，是队伍建设的软性黏合剂。

（二）提高管理人员地位待遇，激发工作潜能

要改变高校管理理念、加深对管理岗位重要性的认识，需要把管理、教学和科研提到同等重要的地位，建立公正、公平、科学的分配制度。在评定职称、津贴分配、福利激励等方面应与教师、科研人员一视同仁，通过激励机制，增加普通管理人员的责任感和荣誉感，使他们敬岗、爱岗、乐岗。满足管理人员的合理需求，对管理人员给予充分的理解、尊重和认可，解决管理人员的后顾之忧，使高校健康、有序、和谐地发展。

（三）加强自我心理调节，提高心理素质

当管理人员职业认同与期待出现困扰时，除了外界对他们进行正确引导和健全高校保障机制外，管理人员应着重自我调适，对自己的心态进行调节，才能保持建立正确的职业认同与期待。管理人员进行自我心理调适，首先，要学会自我心理教育，增强自我适应能力与解决心理问题的能力，提高自身的健康水平，勇敢面对和有效应对压力。其次，要改变角色认知，增强事业归属感。管理人员应正确认识自己所从事的职业，愉快地接受职业角色，构建正确的职业认同与期待。最后，要保持良好的心态，正确认识自我。要全面了解自己在实际工作中的能力和缺陷、长处和发展潜力，肯定并接纳自我，对自己的事业有一个较为合理的认同与期待。

（四）注重对管理人员的培训，拓宽职业生涯通道

高校因鼓励管理人员在职进修以提高学历学位，学校应适当给予时间和经费的支持，这也是一种重要的激励手段。为高校管理人员晋升职称开拓上升的通道，这既是一种物质的激励，也是一种精神的激励。职称晋升在现阶段相对来说是公平、公正的，所以也是高校普通管理人员为之奋斗的目标之一。职称晋升也是对高校管理人员能力和水平的认可，可激励管理人员做好相应的职业规划。

增强管理人员的职业意识，加强职业生涯规划，是提高管理人员整体

素质、促进高校行政管理队伍职业化和专业化、提升高校竞争力的一种尝试。因此，高校对管理人员进行职业生涯设计、规划、开发、评估、反馈和修正等综合活动，并在此基础上增加对管理人员职业培训的投入与支持，鼓励管理人员对自我的职业规划，帮助和促进他们实现职业发展目标，提升管理人员整体素质。

随着我国社会经济的快速发展，高等教育改革的不断深入，大量涌现的新问题、新情况、新矛盾对高校管理人员的素质、能力和知识结构提出了新的要求。高水平的管理与高素质的管理者密不可分，而高素质的管理者不仅与管理者自身的综合素质相关，而且在很大程度上取决于是否接收到有益的、契合度较高的培训。目前，从国家和北京市能够提供的培训机会来看，基本是对教师队伍的培训。但是，针对高校管理人员的国外培训机会几乎没有。从高校自身看，大部分高校对管理人员的培训不到位，而使得管理人员形成了照章办事的程式思维，缺乏工作的活力和竞争的激情，难以有效应对复杂事件和突发事件的发生，难以进行工作的探索和创新。

高等学校是为社会发展培养高层次人才的战略高地，任何一所高校要办得成功，除了必须要有一支高层次、高素质的专业师资队伍之外，同时还要有一支与之匹配的高水平、高效率的管理人员队伍。高校的管理事关学校生存与发展大局，高校必须把管理队伍建设放到战略高度给予重视。只有正确制定和实施有效的管理人员激励机制、调动高校管理人员的工作积极性、挖掘其潜力，才能更好地服务社会。

浅析高校青年教师的继续教育管理

郭雅琼

摘　要：青年教师是高校综合实力的一大支柱，是整个高等教育体系中的主力军和潜在力量。继续教育作为青年教师充实、发展自我的主要途径之一，对其的管理也十分重要。本文主要对青年教师，包括对其进行继续教育的重要性、目标、方法、途径和存在的问题进行浅析，并对相应的管理办法提出加强重视度、岗前阶段培养、开展多样化培训模式和保障体系等建议。

关键词：高校　青年教师　继续教育

21世纪，高等学校教师队伍建设成为高校改革和发展的一个主要议题，无论是构建高校面向社会自主办学的办学模式，还是落实高校内涵发展、可持续发展的战略方针，都有赖于高校教师队伍整体素质和工作水平的全面提高。

随着高校教师队伍的不断壮大和年轻化，青年高校教师逐渐成为高校教师队伍中重要的一部分，加强对青年教师进行继续教育，逐步从教育技术等全面地提高青年教师的综合素质对师资的提高有积极作用。

但随着高校教师职责和结构的不断变化，对高校青年教师的继续教育工作也存在一些问题，对高校青年教师继续教育的管理也需要不断提高以适应发展。

一、高校青年教师进行继续教育的必要性

在日趋激烈的高等教育竞争中，教学、科研力量越来越起着保持和增

强高校竞争力的作用并成为其核心力量。《国家中长期教育改革和发展规划纲要》第八章明确提出"加快发展继续教育",给予继续教育以明确的定义——"继续教育是面对学校教育之后所有社会成员的教育活动,特别是成人教育,是终身学习体系的重要组成部门。"青年教师的岗位不仅要求其自身的不断进步充实,也对其教学的能力和方法有较严格的要求和标准。

通常所谓"青年教师",是指年龄在 35 岁以下的教师(不包括工人),各高校的具体界定略有差别,但基本一致。作者要进行讨论的青年教师,包括在学校籍贯和教辅部门工作的行政人员。一方面这两类人员是教学和科研的必要支持,属于间接的教学和科研人员;另一方面,这两类人员所面临的问题以及产生问题的原因都与教学科研第一线的青年教师相似。

(一) 青年教师的特点是加强继续教育的因素之一

青年教师的生理、心理决定了其在体力、智力、自信心和创新能力的最佳状态,对于承担重要科研和教书育人有旺盛的精力。随着青年教师的高学历化,有些高校的博士研究生青年教师占据了近50%的比例。良好的教育背景为其世界观、人生观和价值观的形成奠定了良好的基础。

在这种情况下,青年教师对自身提高的迫切性和求知欲很强,希望可以通过继续教育的方式获取新鲜的知识和技能。

(二) 青年教师的职业特点决定了进行继续教育的重要性

高校教师的主要职责为教书育人和科研。一方面,在进行教学工作时,教师的人生观、价值观和世界观以及师德都会对其学生产生影响,也会对其教学水平的高低有一定的影响。管理青年教师接收师德等品德思想类的继续教育有助于高校青年教师保持优良的道德素质,对教学工作的开展和提高有积极的作用。

另一方面,在科研业务水平上,青年教师尤其是刚毕业就步入教师行列的年轻教师缺乏实践教学经验,科研能力也需要提高。继续教育为青年教师提供了一个平台可以向前辈学习科研业务经验、教学经验和技能,得到前辈和教学名师的指点,锻炼和充实自己,尽快提高业务水平。

（三）青年教师继续教育的不足和产生的问题促使这项工作具有紧迫性

对青年教师进行继续教育工作时存在的问题，制约了高校师资的发展，对青年教师的提高也产生了消极影响。首先，培训对象相对覆盖不足，继续教育培训对象要求较高。接受培训的高级人才多，一般人员少；科研教学人员较多，行政管理人员较少，导致很多基层教师和管理人员缺乏进行继续教育的机会，阻碍了高校体制改革的进步。

其次，培训对象名额较少，导致在报名人数众多、竞争较为激烈的情况下，参加培训的人员普遍为专职教工，给予行政管理人员的培训较少。

二、开展高校青年教师继续教育的目标和方法途径

高校青年教师的职业特殊性要求其具备良好的素质和能力，开展继续教育应以围绕提高其职业素质和能力为中心，促进青年教师提高工作能力为主要目标，对其开展系统、长久、有序的继续教育。

高校青年教师主要应具备以下5点素质和能力：1. 专业知识：一名合格的高校教师要拥有丰富和扎实的专业基础知识，必须熟悉所在学术领域内必备的知识原理、研究方法和实践操作能力。2. 教育技能：教学过程中运用到的技巧和知识传播过程中所用到的载体等，还包括教育学、教育法德等内容。良好的沟通能力、书面和语言表达能力等也尤为重要。3. 工作态度：高校教师的工作态度中较为重要的一部分为教育师德和责任感。强烈的责任感和高尚的品德都是一名高校教师所应具备的基本工作素养。4. 科研能力：高校教师具有承担科研工作的职责，较强的科研能力是每一位高校教师应该具备的。5. 行为方式：高校教师要处理好师生、同事和上级的关系，良好的工作作风、表达方式应符合高校教师的形象和职责要求。

高校教师应具备的5点主要素质和能力成为继续教育开展的主要目标，其方法主要有培训、学术讲座、访学交流、教育技术等相关考试、学历进修等。其中培训作为对高校青年教师继续教育的主要方法途径，培训内容主要围绕前面阐述的5项基本素质展开，"师德与科研的培训""教育技术培训""名师谈教学"等均为主要的培训。培训的方式有在职体验、脱产培训和特殊培训方法等。

学术讲座作为继续教育的另一主要方法途径，其内容主要以传授知识、转变观念或提高技能来改善或发展当前教学人员的工作能力为基础，对高校教师观念、思想和工作方法的更新有促进作用。与外界的交流沟通如高校间的合作、交流等可以互享信息、交流经验、共同发展。

三、关于管理高校青年教师继续教育的建议

近年来，随着老教师的逐步退休，教师队伍的年轻化，加快高校师资队伍建设，特别是对青年教师的继续教育问题已经成为培养适应现代社会发展需求的高素质师资队伍的重要问题。而如何对高校青年教师继续教育进行良好的管理尤为重要。

在对高校青年教师继续教育进行管理的工作中应重视以下几点。

（一）增强对青年教师继续教育工作的重视程度

青年教师的继续教育工作是一项全方位、多方面的大工程，重视程度不够是造成继续教育工作不足的根本原因。促进高校领导转变观念、完善继续教育管理的相关制度和方法，使之形成系统、有效、顺畅的管理体系十分重要。另一方面，也要加强教师个人认真对待继续教育的态度，并能积极配合继续教育工作的统计和审核工作。

（二）注重对新的青年教师进行岗前培训的过程

目前，新入职的青年教师可以参加由高校师资培训中心组织的岗前培训教育，但除此之外，其所在高校对于岗前这一阶段缺乏足够的培养和锻炼。尤其是一些毕业后直接走上教师工作岗位的青年教师，没有任何教学经验，高校可以培养其从助教等最初级的教育工作过渡到一线教学工作中，如随堂听课、答疑、上习题课等。其次，还可以为青年教师指定专门的课程指导教师，对青年教师进行有针对性的培养计划，包括随堂听课的时数、试讲评价等，每学期进行一定数量的试讲，并由指导教师组织 2 名以上的有经验教师对其试讲进行评价、指导和审查并备案。

（三）开展多样化、人性化的在职培训模式

培训作为主要开展继续教育的方法是建立学习型组织的重要途径，针对培训对象覆盖不足这一缺点，开展多样化的在职培训可以弥补这一缺点。针对青年教师、教辅工作人员和行政人员的不同需求开展更加人性化的培训。

随着现代技术的发展，继续教育可以通过网络、软件等平台进行，建立在线继续教育平台（讲座或培训）并增设统计系统，不仅可以丰富培训的模式，也使培训时间更加弹性化，方便继续教育的管理和统计、考核。

（四）建立良好的保障体系

为进一步保障继续教育工作的开展和管理，高校应建立完善的保障系统，如制度保障、物资保障、时间保障等。首先，制度的保障对继续教育工作的管理十分重要，可行的质素不仅能提高工作效率，激励动机、促进意识的培养，还能将意识转化为行为。建立学习评价考核机制并将其引入晋升职称、评优等必备条件中，进一步促进继续教育管理工作的积极进行和开展。

其次，物资保障即提供物质和经费的保障支持。如增加教师参加进修、培训等活动的经费支持，提供硬软件方面的条件支持。进一步完善校园网建设，开设继续教育专栏，使青年教师随时接收最新的教育信息。

最后，青年教师作为高校教学队伍中重要的一部分，多数承担了大量的教学和科研任务，给予其参加继续教育的时间，是调动其积极性的良好方法；另一方面，青年行政人员平日要负责行政工作，无法保障参加在工作日的继续教育活动。高校应该根据其具体情况和培训的重要性、需求度，对行政人员参与继续教育活动给予一定的时间和支持。

年轻教师和行政人员是学校的希望和未来，对其的培养和锻炼任重而道远，创建学习型教师团队，加强对其进行在职或脱产等多样化、人性化的继续教育尤为重要；管理继续教育工作不仅能够调动青年教师自我提高的积极性，还能有效地促进教师工作效率的提高，对继续教育的不断探求在未来还需继续进行与研究。

参考文献：

［1］中共中央国务院国家中长期教育改革和发展规划纲要［M］. 北京：人民出版社，2010.

［2］周必水，蔡红遍. 研究生质量保证措施的研究与实践［J］. 杭州电子工业学院学报，2004（2）：51－53.

［3］袁祖望. 加强硕士生科研训练使保证培养质量的关键［J］. 江苏高教，2003（4）：65－67.

［4］谢维和. 重新定义继续教育，2013年北京高校继续教育系统教学管理骨干研修班，2013.6.30.

浅谈高校辅导员科研能力的提升

孙　旸

摘　要：本文对高校辅导员科研能力的现状、制约因素进行了简要的分析和探究，并就高校辅导员应该如何培养和提升科研能力提出了一些对策。

关键词：高校辅导员　科研能力　提升

随着近年来辅导员专业化和职业化的发展，通过提高辅导员科研能力来强化辅导员专业性的观点已经初步得到认可。作为一名高校辅导员，不仅要善于研究当前的新问题、新情况，积极探索新时期学生工作的思路和方法，而且要遵循学生工作的规律，富有成效地做好学生工作，实现由经验型向科研型的转变。然而长期以来，由于对辅导员角色定位存在一定的偏差，以往辅导员工作比较重视培养其管理能力、组织能力和执行能力，对辅导员从事科学研究的能力不够重视，辅导员的科研能力通常不作为工作重点进行规划。从辅导员自身今后的职业发展来看，高校辅导员科研能力的提升势在必行。

一、高校辅导员科研能力研究现状

与高校其他教师的科研现状相比，我国高校辅导员的科学研究能力还比较薄弱，科研体系还有待完善，研究队伍也不够强大，研究的体制机制还需要创新，科研水平和科研质量与高校辅导员的职业需求相比还有差距。从相关调研结果中可以发现，有部分高校辅导员因平时事务性工作多、工作压力大，造成高校辅导员对于科研的投入很少。

（一）高校辅导员科研意识不强

一方面，部分高校辅导员思想尚未能完全转变，仍旧停留在管理育人层面，认为通过辅导员自身的工作提高学生的学习能力，增强学生的就业、创业能力是最主要的，忽视了科研对学生日常管理的反哺作用。另一方面，长期形成的对高校辅导员的考核体系束缚了教师科研的积极性。大部分高校辅导员将主要精力用于学生日常管理、学生心理健康、应付职称评定等方面，功利地为"科研"而科研。这种"科研"造成的后果就是高校部分辅导员学术意识的淡薄，科研成果的实用性和理论性都不是很高。

（二）高校辅导员科研能力提升的必要性

首先，科研能力是高校辅导员自我提升与发展的重要法宝。高校辅导员在实际工作中着重于解决学生教育中的实际问题，是理论与实践结合的过程。我们广大辅导员不能整天忙于事务性工作，不注重知识的积累，缺乏科研的精神，而是要在工作中边工作边学习，在学习中提升，注重科研意识和科研精神的培养。因此，辅导员应注重自身理论知识和业务水平的提升，注重从实践性向科研能力的提升，这是自我发展的重要法宝。

其次，科研能力是高校辅导员提高核心竞争能力的重要保障。随着高校辅导员职业竞争越来越激烈，职业地位越来越重要，对高校辅导员职业要求越来越高，高校辅导员的责任重，压力大。所以，促使高校辅导员不能仅限于日常的事务性工作，必须从事务性工作向学习性、科研性方面提升，用行动来提高自身的核心竞争力。

最后，科研能力是高校辅导员职业发展的必然要求。走职业化、专业化、专家化发展道路就要求高校辅导员必须制订好职业发展规划，走职业化发展道路。提升科研能力是职业发展过程中提出的必然要求。

二、高校辅导员科研能力提升的方法与途径

高校辅导员的职业地位越来越重要，其面临的职业竞争也将越来越激烈，职业要求也将越来越严格，这必将要求高校辅导员自身要从各方面不断提高，适应大好的形势。要善于从事务型向学习型转变、从经验型向科研型转变，促进自身全面健康发展与提高。高校辅导员工作在实际工作中是一个理论联系实践的过程，运用自己的所学指导学生，用自己的经验或经历来引导学生，将自己所掌握的信息进行整理用来教育启发学生，同时，自己也能通过各类学习提高自身的综合素质。学习能力、工作能力、

科研能力是高校辅导员职业发展中最主要的能力，其中学习能力是基础，工作能力是关键，科研能力是核心。

辅导员科研能力提升的途径主要有以下几个方面。

（一）高校辅导员首先应转变观念

高校辅导员首先应转变观念，努力提高自身的科研素质。高校辅导员要以良好的态度投入科研工作中，具备较高的科研素质，才会在科研战线中拥有属于自己的高地。利用好当前的大好环境，制订职业发展规划，走职业化、专业化、专家化发展道路。总之，科研不是单纯的理论想象，要求高校辅导员紧密地联系实际，重在实践。是研究就需要学习，就会有困惑，有困惑才有研究的价值，当困惑明朗时，高校辅导员的科研能力也就有可能随之提升。

（二）善于总结，注重业务知识和经验的积累，是高校辅导员提升科研能力的基本途径

高校辅导员所从事的学生管理工作是将理论联系实际，将理论知识转化为实践的工作，在实践中丰富理论知识，要善于从实践工作中进行研究。高校辅导员要注重平时的积累，知识点的提炼，从撰写工作日志、生活日记、案例分析与研究、工作计划和总结、会议记录等工作过程中总结经验，可以利用各类文字或表格的形式保存起来，为今后遇到类似问题时找到更好的解决办法或方案，这是提升科研能力的重要途径。

（三）参加各类相关培训学习、外出交流等活动是提升高校辅导员科研能力的必需过程

高校辅导员要善于运用条件，通过培训学习、外出交流及同行或同事之间的交流进行自我提升和提高。科研能力不仅是对教师的要求，也是对广大高校辅导员提出的要求。

高校辅导员要善于利用网络技术、通信技术、图书资料等资源，利用文献检索方法在这些资源中找到所需要的信息。这样不仅能够为科研选题提供依据，对提升高校辅导员的科研能力也将起到事半功倍的效果。当然，在实际工作中我们还可以运用比较研究法、案例分析法、观察法等多

种方法来提升自我的科研能力。

高校应按照有关文件或通知精神，为辅导员提升科研能力搭建平台，从制度、资金投入、培训指导等多方面发挥作用；应充分调动学校的资源为辅导员的发展创造条件。同时，高校辅导员自身应加强业务知识和业务水平的提高与积累，从实际工作中提升自我。

三、结语

高校辅导员的科研工作要树立大局意识，增强服务高校和学生的使命感和责任感。高校辅导员的科研要紧密围绕国家需要和国家战略，面向"十三五"期间经济社会发展的主要任务，按照教育规划纲要的部署，围绕高校教育改革创新、适应国家需要和战略任务新要求这一主线，着重研究高校教育战略性、全局性、前瞻性的深层次问题，关注高校教育的前沿问题。高校辅导员要加强调查研究、跨学科研究和国际比较研究，积极创新科学研究方法。促进高校辅导员科研能力的提升，有利于推进高校教育科研体制机制的完善与创新，有利于高校辅导员进一步做好学生工作，促进学生的全面发展。

参考文献：

［1］韩峰．浅谈对高校青年教师科研能力的培养［J］．鸡西大学学报，2009（2）．

［2］陆颖．高校青年教师教科研能力培养途径探析［J］．价值工程，2010（29）．

［3］陈万柏，张耀灿．思想政治教育学原理（第2版）［M］．北京：高等教育出版社，2007．

［4］陈万柏．思想政治教育载体论［M］．武汉：湖北人民出版社，2003．

关于高校基层工会"职工之家"建设的思考

任小梅

摘　要：多年来，高校基层工会建设的"职工之家"取得了长足的发展，在服务各项事业改革和发展过程中也发挥出越来越大的作用。然而，随着经济社会的发展，高等教育改革不断推向深入，这对"建家"工作也提出了新的要求。本文探讨了基层工会"建家"的必要性，分析了目前存在的主要问题，提出了加强"建家"工作的几点建议。

关键词：职工之家　必要性　问题　建议

自全国总工会在基层工会组织中广泛开展建设"职工之家"（以下简称"建家"工作）活动以来，"建家"工作取得了长足的发展，"职工之家"在推动各项事业的改革和发展过程中也发挥出越来越大的作用。然而，随着时间的推移，在新形势下，如何准确定位"职工之家"，进一步创新"建家"模式，推进"建家"工作，增强基层工会活力，发挥基层工会作用，促进工会组织自身建设，践行中国特色社会主义工会发展道路，仍是我们需要思考的问题。

一、基层工会"职工之家"建设的必要性

2013 年 10 月，习近平总书记在中国工会十六大上指出，工会工作要坚持群众路线，密切同职工群众的联系，始终同职工群众心连心，要努力把工作做到所有职工群众中去，使工会工作更贴近基层、贴近职工群众，更符合职工群众意愿。要依靠职工群众开展工作，使工会组织真正成为广大职工群众信赖的"职工之家"。由此可见，开展"建家"工作，加强工会组织建设，是践行群众路线的必然要求，是增强工会组织凝聚力、号召力的必由之路。

（一）深入开展"建家"工作是推动工会整体工作任务落到实处的重要载体

"职工之家"建设是一项基础性、综合性、长期性、广泛性的工作。为了有效地开展"建家"工作，充分发挥工会作用，《北京市教育系统建设职工小家验收标准》中明确从党政重视支持工会工作、积极推进民主政治建设、依法维护教职工权益、加强教职工队伍建设、工会组织建设 5 个一级指标并细化为 25 个二级指标对"建家"工作开展量化测评考核。内容涵盖党政领导对工会工作的软、硬件支持，也涉及帮扶困难职工、信息上传下达、开展师德建设、选树宣传先进典型、立案归档、工会干部队伍建设、财务管理等。由此可见，所谓的"职工之家"并不是单纯的一个教职工活动室，"建家"工作也不是单纯地搞搞文体活动、发发福利。"家"是软件与硬件的综合，是物质与精神的总和，是活动与情感的融合；"建家"是推进工会整体工作的重要渠道，是确保工会各项工作任务落地的重要手段。

（二）深入开展"建家"工作是加强工会基层组织建设的必然要求

"职工之家"建设是加强工会基层组织建设的基石。"建家"就是关爱群众、发动群众、依靠群众、凝聚群众，从而加强工会的凝聚力和感召力，打造一个看得见、摸得着、用得上的"职工之家"。

基层工会重在通过履行参与、维护、建设、教育四项基本职能，稳固党政联系职工群众的桥梁和纽带。深入开展建家工作需要基层工会架好桥梁，一方面将党政精神、决议内化为职工群众的自觉行动，依靠职工群众的团结，凝聚职工群众的智慧，服务发展大局；另一方面让职工群众切身感受组织温暖，愿意信赖组织，乐意为组织做贡献。

（三）深入开展"建家"工作是促进工会工作实现创新再上台阶的有力抓手

围绕中心、服务大局是工会开展工作的基本定位和根本宗旨。工会在履行职能时，坚持全心全意依靠职工群众，切实有效服务大局。然而，随着经济社会的发展和高等教育改革的不断深入，高校各项事业发展也在不断地进行调整变化，因此，工会工作绝不能仅仅拘泥于搞活动、发福利，而是要以"建家"为抓手，不断调整创新，整体推进民主管理、组织建设、制度建设、职工维权、文体活动、自身建设等全方面的工作。

二、目前基层工会"职工之家"建设存在的主要问题

目前，我国已进入改革和发展新时期。工会组织认真学习宣传贯彻党的十八大、中国工会十六大等一系列上级精神，努力发挥好党政联系群众的桥梁和纽带作用。然而，工会组织的迅速发展与基础薄弱的矛盾也逐渐凸显，工会基层组织作用的发挥值与群众心中的期望值还存在一定的差距。

（一）思想认识模糊

"职工之家"建设究竟是建什么？有的职工群众、工会干部，甚至有的部分领导将"职工之家"混同于职工活动室，认为"建家"就是建场地、建设备、建机器，存在重硬件轻软件、重物质轻精神的现象。其实，"建家"是个系统全面的工程，不仅是建设活动场所、购置娱乐健身设施，"建家"更是建制度、建文化、建队伍。

（二）工作方式陈旧

经济的发展，社会的进步，人们的生活理念、生活方式发生了很大变化，人们的需求也随之日益呈现多元化趋势。而在"建家"过程中，大多数时候依然局限于搞点简单的文体活动，缺乏多样性、时代性、个性化。

（三）体制机制欠缺

加强制度建设，建立长效机制，是构建和谐"职工之家"的重要保证。然而在现实中，建家工作往往缺乏制度约束，缺乏长效机制，容易产生一阵风的现象。

三、加强基层工会"职工之家"建设的几点建议

（一）加强宣传，着力营造建家氛围

充分利用报刊、微博、网络等途径，向党政领导、工会干部、广大会

员宣传"建家"工作，从思想上认识"建家"的重要性，扩大"建家"的影响力。一方面，宣传上级关于建设"职工之家"的一系列重要讲话精神；另一方面，宣传"建家"工作先进典型，充分发挥其榜样示范作用，由点到线、由线及面，扩大"职工之家"的知名度和美誉度。

（二）注重学习，着力建积极上进家

加强政治学习。综合运用网络、报刊、书籍等学习平台，通过集体与个人相结合、学习与研讨相结合，深刻理解党的基本路线、基本纲领，全面掌握中国特色社会主义理论体系，努力践行社会主义核心价值观，让学习成为常态，增强大局意识、时代意识，为工会工作提供坚实的思想保障。

加强业务学习。"建家"也是建设工会干部队伍的过程。要做好工会工作，工会干部就必须要密切关注出现的新问题、新情况、新知识，主动提高内在素养，注重加强劳动经济、社会保障等知识的学习，不断更新知识结构，丰富知识储备，提升工作技能，创新工作方式，进而推动工会工作整体水平上一个新台阶。

（三）勇于创新，着力建温馨有爱家

增强服务意识。作为职工的"娘家人"，工会干部首先要有责任意识，要以高度的责任心，通过构建沟通网络，掌握职工的心态、倾听职工的呼声、解决职工的困难，只有这样，才能得到职工的信任。其次，工会干部要有关爱意识，要从细节做起，关心爱护职工，为他们分担痛苦，化解忧愁；要有勤政意识，及时关注、了解、排除职工困难，对职工反映的问题，工会自身能解决的，尽量及时办理，并让职工满意，如需请示上级部门、协调其他部门的，努力做好牵线搭桥工作，并做好追踪反馈、沟通解释、督促办理工作，让职工感受到工会在真正地帮自己、为自己，归属感自然就提升了。

提升服务艺术。工会干部的政治素质、文化素质和业务素质是工会工作有序有效开展的基础。工会干部只有不断提升能力、创新方法，才能确保事半功倍。工会干部首先要有较强的洞察能力，要利用立体网络，多维度地准确把握大政方针、深刻理解党政要求、精准了解职工动态；要有很

强的沟通协调能力，文字表达要准确到位，语言表达要思路清晰，既要有原则性，又不失灵活性，既要有效传达党政决策决议，又要合理反映职工心声诉求，做到合情又合理；要有化解矛盾的能力，学习政治、经济、法律、心理等知识，善于思考、勤于思考，提升化解矛盾的艺术。

（四）建立机制，着力建长久和谐家

健全工作机制。如健全领导制度，明晰领导责任；健全组织制度，加强组织建设；健全常规工作制度，确保工作规范有序运行；健全奖惩制度，实现对工会组织和干部的考核约束，激发积极性等。

形成长效机制。"职工之家"的建设工作并非一朝一夕的事情，需要建立长效机制以确保"建家"工作不断上台阶、提水平。如对入会送欢迎、节日送慰问、患病送关怀、新婚送祝愿、退休送纪念等送温暖、送服务工作，为职工办实事、办好事的做法以固定的形式明确下来，让它长久地发挥作用。

参考文献：

[1] 何嘉裕. 浅谈学校基层工会"教职工之家"的建设与创新［J］. 沿海企业与科技，2011（6）：20－22.

[2] 黄天娇. 关于在实践中国特色社会主义工会发展道路的新形势下深化职工之家建设的思考［J］. 经营管理者，2014（10）：109.

[3] 马秀芹. 论高校基层工会组织开展建设职工之家活动的作用［J］. 高校后勤研究，2013（4）：38.

[4] 张丽. 基层工会加强和创新职工之家活动的途径与方法［J］. 北京市工会干部学院学报，2014，29（1）：4－8.

加强深度辅导，助力学生成长

谢飞雁

摘　要：2009 年，北京市委教育工委提出"统筹协调、面向全体、针对问题、形式多样、科学指导"的工作要求，全面部署和推进北京高校学生深度辅导工作。本文就深度辅导的重要意义、现状和问题进行了探讨，并提出了相关建议。

关键词：大学生　深度辅导

一、深度辅导的重要意义

随着社会发展变化的日新月异，知识更替迅速，信息瞬息万变。处于成长期的大学生面对着世界的纷繁纵横，面对着社会的复杂多变，面对着心理的各种挫折，面对着竞争的优胜劣汰，成长环境日趋多元化和复杂化，道德和价值取向也经受着多元化的冲击。一些大学生不同程度地存在政治信仰迷茫、理想信念模糊、价值取向扭曲、诚信意识淡薄、社会责任感缺乏、艰苦奋斗精神淡化、团结协作观念较差、心理素质欠佳等问题。在这种形势下，如何帮助学生走出心理困境、学会面对困难、提升道德品质、健康成长成才，有效地引导、帮助和辅导尤为重要。

2004 年，中共中央国务院颁发《关于进一步加强和改进大学生思想政治教育的意见》文件，提出加强和改进大学生思想政治教育是一项重大而紧迫的战略任务。2005 年，北京市各级政府联合发布了《关于进一步加强和改进首都大学生思想政治教育的实施意见》，第一次提出了深度辅导的工作政策。2009 年，北京市委教育工委提出"统筹协调、面向全体、针对问题、形式多样、科学指导"的工作要求，全面部署和推进北京高校学生深度辅导工作，并要求"每名学生每年得到至少一次有针对性的深度辅导"。

首都大学生思想政治教育研究中心的寇红江认为，深度辅导就是在深入了解大学生实际情况的基础上，依据教育规律和大学生成长发展的需求，运用科学的知识和方法，有目的地对学生进行思想、学业、情感、心理等方面的深层次辅导。中央16号文件明确指出："要结合大学生实际，广泛深入开展谈心活动，有针对性地帮助大学生处理好学习成才、择业交友、健康生活等方面的具体问题，提高思想认识和精神境界。"这些都说明了深度辅导的重要意义，也对深度辅导提出了具体要求。

二、深度辅导的现状和问题

（一）忽视了个性化需求，辅导的针对性不强

深度辅导要求辅导员深入了解大学生的实际情况，有效地对学生进行思想、学业、情感、心理、就业等方面问题的针对性辅导，这就要求辅导员对每名学生的服务是必须建立在"精细化管理"背景下的，在对其家庭、环境、性格等情况深入掌握基础上的，针对具体问题的个性化的辅导。但是受我国传统教育模式和传统教育观念的影响，大多数的高校管理仍然以"共性"管理为主，对学生的"个性化"特点针对性不强，违背了深度辅导的初衷，也与学生的实际需求相背离，导致深度辅导的针对性不强，对学生的吸引力和帮助作用不大。

（二）忽视了学生在辅导中的主体角色，辅导的效果不明显

在深度辅导过程中，辅导员常常因为其工作角色和工作习惯忽视了学生在深度辅导中的主体角色，习惯于从个人经验和认知单向对学生"说教和灌输"，忽视了双向互动和平等交流，带来的结果就是难以和学生产生情感共鸣，缺乏有效的聆听，了解不到学生的真情实感和真实诉求，辅导无法深层次开展，只能停留于表象问题，缺乏深层次价值观互动，更无法帮助学生挖掘自身潜力、发现问题、寻求自我发展的动力，辅导效果欠佳。

（三）辅导缺乏系统性方案，辅导员缺乏培训，专业性不强

深度辅导的"深"，必须是建立在辅导员对学生深入的了解上，根据学生的实际情况，制定一套有效的辅导策略和方案。要做到这点不是仅凭辅导员的一次谈话能够达到，而是建立在多次的了解之下形成的系统性、渐进式甚至是长期的解决方案。此外，辅导员队伍相对年轻化，虽然拉近了与学生的距离，但是却未经岗位所需要的如心理学、教育学以及职业发

展与就业指导的相关培训，在面对复杂繁多的大学生个性化的困惑和问题时，不能及时给予专业化的辅导。

（四）辅导员队伍现状导致辅导工作难以深入开展

大学辅导员是高等学校教师队伍和管理队伍的重要组成部分，是开展大学生思想政治教育的骨干力量，是高校学生日常思想政治教育和管理工作的组织者、实施者和指导者，对高等教育的发展和高校的建设有着至关重要的作用。但是由于在日常工作中，辅导员工作常常被人比作"救火队"，只要是涉及学生的事务似乎都与其相关，工作任务对接多个部门，如学生处、团委、教务处、就业处、保卫处、行政管理处、后勤等，多个部门下达任务造成大学辅导员的工作职责涉及方方面面，界定并不明确清晰，事务性工作极为繁重，深度辅导难以保证深度开展。

三、加强大学生深度辅导的建议

（一）突出个性，深度交流

深度辅导是化解学生成长中的实际困难和问题、构建学生安全稳定预警体系长效机制的重要保障。学生的思想多样性以及行为多样性导致以往"千篇一律"的辅导已经不能满足学生的实际需求，应对学生开展"个性化深度辅导"。辅导员应对每名学生的家庭、学习、人际交往、性格及其心理、思想、生理、人格特点等情况有了充分的掌握后，根据每名学生的个性化特点，发现学生突出存在的问题，制定出有针对性的个性化的帮助和辅导方案。个性化深度辅导是深化学生工作、辅导员工作的科学方法，也是值得深入发展和长期坚持的工作理念。

（二）把握原则，搭建平台

《北京市大学生思想政治教育专项督查工作方案》中提出深度辅导工作的四个基本原则：面向全体、针对问题、科学指导、整合力量。这既是对深度辅导的要求，也阐明了深度辅导工作的形式、内容、方法和组织保障。在这种形势下，深度辅导应首先将学生置于主体地位，把复杂、多元化的育人工程从学生成长发展的角度加以梳理和分析，将理论与实践、课内与课外、学校与社会有机融合，探索建立了"全面覆盖、全员参与、多元载体"的学生成长辅导体系。朋辈、班主任、辅导员、专业教师、校内外专家，全员参与、全面辅导，最终达到使学生自主、和谐、个性化发展的人才培养的目的。依据高等教育发展趋势和人才培养规律，根据社会对人才培养的需求以及不同群体学生的特点和成长需求，在促进学生共性发展的基础上，更加重视个性激发和培养，突破旧有单一的辅导方式，探索搭建多层次、全方位的个性化成长平台，设计学生可自主选择和成长的通道与载体；执行切实可操作的成长辅导方案，重视学生发展的多样性，充分尊重学生个性差异，为学生个性化发展营造宽松、自由的空间，也为个性化的深度辅导创造有利条件，促进学生和谐发展。

（三）加强培训，提升水平

面对当前学生思想及心理的多元化和复杂性，要求对部分学生群体的辅导已经不能简单地凭借自己的经验和阅历，而应不断提升辅导员队伍的理论水平和专业化程度。首先，辅导员应树立终身学习的理念，不断学习，增强反思、提炼和概括总结的能力，并不断寻求自身的发展动力。其次，应有计划地安排辅导员接受如心理培训、发展培训、职业生涯规划培训、就业指导培训等专业化培训，使辅导员能够依据专业化的知识和技能对学生进行科学的辅导，弥补大学辅导员队伍年轻化、专业知识缺乏的不足，使其不断适应环境以及岗位的新要求。最后，要形成团队合力，积极提供辅导员的交流和分享的平台，增强辅导员群体的职业归属感，共同分享在深度辅导过程中自身遇到的各种问题，共同研究方案和对策，相互促进，共同提升，为今后自身遇到类似问题提供有益的参考，提高辅导员工作规范化程度，促进深度辅导工作水平的提升，助力大学生成长。

参考文献：

[1] 中共中央国务院关于进一步加强和改进大学生思想政治教育的意见（中发［2004］16 号）

[2] 中共北京市委、北京市人民政府关于进一步加强和改进首都大学生思想政治教育的实施意见

[3] 王民忠. 辅导员要努力提高开展深度辅导的能力［J］. 北京教育，2010（2）：10.

[4] 寇洪江，王洵. 对辅导员深度辅导工作的若干思考［J］. 思想政治教育研究，2010（6）：28.

[5] 董静，王文杰，李振兴. 高校辅导员在深度辅导工作中的几点思考［J］. 土木建筑教育改革理论与实践，2010（12）：62－65.

[6] 李慧娟. 对大学生个性化深度辅导的方法研究［D］. 辽宁：辽宁工业大学，2013.

试论职业指导在促进大学生就业
工作中的作用和重要性

王　项

摘　要： 高校开展职业指导工作对促进毕业生就业具有重要作用和意义，但当前高校职业指导工作中还存在对职业指导工作的内涵认识不足，职业指导的师资匮乏，职业指导工作缺乏系统性和延续性等问题。高校应该通过树立正确的职业指导理念，加强高校职业指导师资队伍建设，构建完善的高校职业指导工作模式等途径进一步加强职业指导工作。

关键词： 职业指导　就业工作　高校毕业生

职业指导是为求职者就业、就业稳定、职业发展和用人单位合理用人提供咨询、指导及帮助的过程。高校在毕业生就业工作中开展职业指导的主要内容包括：就业观念指导、就业政策法规指导、就业心理指导、就业信息指导、就业技巧指导等，这些工作内容都是围绕着帮助毕业生实现就业、就业稳定和职业生涯发展的目标来开展的。本文主要从高校开展职业指导工作的角度，论述职业指导在促进高校毕业生就业工作中的重要作用。

一、高校职业指导工作的现状

高校毕业生就业工作是国家就业工作中的重点，为促进毕业生就业开展系统的工作，高校设置了就业工作机构。在高校毕业生就业问题发生新的变化，就业压力问题引起党和政府的高度重视下，一些高校开始借鉴发达国家的经验，将毕业生工作的重心由"就业指导"向"职业指导"转变。一些高校成立了专门的职业指导工作机构，面向全校学生提供职业发展与生涯规划辅导；或由原来负责毕业生就业工作的机构承担起职业指导的工作职责。

二、职业指导在促进高校毕业生就业工作中具有重要作用

职业指导在促进高校毕业生就业工作中须发挥其重要作用，只有将职业指导的理念和方法始终贯穿于高校毕业生就业工作中，才能更好地发挥职业指导在促进毕业生就业工作中的作用。职业指导在促进高校毕业生就业工作中的作用主要体现在以下几个方面。

（一）中介作用——促进大学生劳动力供需合理匹配，促使大学生劳动力市场健康发展

职业指导作为架在高校、毕业生与用人单位之间的桥梁，一方面了解和掌握用人单位对人才素质的要求，并及时将供需信息传递给学生；另一方面，根据用人单位的招聘要求，将合适的毕业生推荐给用人单位。促进了毕业生与用人单位的人职匹配，使大学生劳动力供需合理匹配；促进了毕业生与用人单位双方的要求在最大限度上达成一致；促进大学生劳动力供需合理配置，促使劳动力市场健康发展。

（二）桥梁作用——促进职业信息的有效传递，使毕业生与用人单位形成更紧密的联系

高校职业指导人员采集及处理职业信息，并将其发布给毕业生与用人单位。毕业生可根据相关的职业信息来帮助自己做好职业生涯规划与就业选择；用人单位可获得毕业生资源的相关信息并对招聘计划进行调整。职业信息加强了高校、毕业生与用人单位之间的联系与沟通，为毕业生与就业需求之间提供信息沟通服务，有效地促进了高校毕业生就业。

（三）引导作用——帮助大学生树立正确的就业观

就业观念指导是高校职业指导的一项重要内容，主要是引导大学生树立正确的职业理想，建立正确的就业观和人才观，帮助他们理性对待就业，帮助毕业生树立正确的就业观，摒弃一些错误的观念，抓住机会实现就业。

（四）导航作用——帮助高校大学生提升综合素质

在高校中开展职业指导，最重要的目标之一是让大学生通过良好的职业生涯规划，确定自己的职业目标与发展方向，并实施有效的行动与策略，有针对性地提高自己的综合素质与就业竞争力。职业指导很好地联结了职业中介与职业培训，使毕业生明确职业目标。在这样的过程中，职业指导发挥了导航作用，引导学生有针对性地提高自身素质与就业竞争力。

（五）援助作用——促进了就业困难群体就业，解决了毕业生中的失业问题

在高校就业工作中，对就业困难群体实施帮扶是其中的一项工作内容。通过调查摸底确定就业困难的毕业生，对他们开展一对一的职业指导，帮助他们分析就业困难的原因及对策，帮助其解决问题，早日实现就业，解决了毕业生中的失业问题。

三、职业指导在促进高校毕业生就业工作中存在问题的原因分析

在实际工作中，一些高校由于对职业指导的重要作用认识存在局限性，导致职业指导工作开展得不到位，对职业指导在其中发挥的重要作用认识不足，导致职业指导的缺位，使职业指导在促进高校毕业生就业工作中的作用得不到有效发挥，主要存在以下几方面问题。

（一）在职业指导的工作内容上，就业指导多，职业指导少

高校在开展职业指导的工作内容上，把重心放在了就业指导上，积极为毕业生提供招聘信息、开展求职技巧辅导等，但忽视了对学生的职业指导，如职业生涯教育与辅导、职业素养提升训练等。一些高校就业工作机构的工作职能仍限于制定就业方案、宣读就业政策法规、提供就业信息、办理毕业手续、求职技巧辅导、就业派遣、发布招聘信息等，没有将工作职能的重心转移到职业指导上来。而对学生职业生涯教育与职业素养关注相对较少，有关职业生涯规划理论、自我认知、环境认知、行业发展前景、职业分析等方面的职业信息偏少。这并不利于学生的综合素质和就业能力的提升，在一定程度上造成了毕业生就业受挫。

（二）在职业指导的工作方式上，普及性职业指导多，个性化职业指导少

高校在开展职业指导的工作方式，大部分是普及性、共性的指导，如开设大学生职业发展与就业指导课程、组织职业生涯规划大赛等，而个性化的职业指导比较少。一些高校并没有针对不同学生的需求，对他们存在的问题进行分类，没有开展分类职业咨询或一对一职业咨询，难以满足不同群体的不同需求。职业指导工作的出发点与落脚点是以人为本，也是职业指导人员素质要求的先决条件。以人为本，也就是要以服务对象为核心，尊重差异，了解不同服务对象的需求，为服务对象提供科学化、专业化和个性化的职业指导。但在高校毕业生就业工作中，由于对以人为本的重要性认知不足，高校更多地关注了大学生普遍的职业指导需求，而对个性化的职业指导需求关注较少。

（三）在职业指导的人员构成中，对全员化职业指导的重要性认识不足

目前在高校的职业指导工作中，对全员化职业指导工作开展得不够深入。主要由校内就业指导教师参与职业指导的工作环节，在职业指导中的全员参与需要在校教师、学生、家长以及社会的参与，但在目前的实际工作中，专业课教师、家长和社会人士的参与非常少。而职业指导，在很大限度上需要整合社会资源，让更多有工作阅历的社会人士参与。

（四）对职业指导更深层次的工作目标——帮助毕业生就业稳定和职业发展的重视不足

目前对高校毕业生就业工作评估的最主要指标是就业率，在单一评估指标的情况下，使得一些高校对职业指导工作目标认知存在短视性，更看重就业率这一数值的提高，忽视了对就业质量的关注。职业指导对劳动者一方的帮助目标有三点：帮助劳动者实现就业、就业稳定和职业生涯的发展。在高校促进毕业生就业工作中，往往更注重实现就业这第一个目标，容易忽视第二和第三个更深层次的目标。片面追求就业率，"先就业后择业"的就业观念成为职业指导的主导思想。这样的指导思想使得毕业生将第一份工作当成是从学校到社会的跳板，把第一份工作作为积累社会经验的场所，以至于就业稳定性下降。

据麦可思《2011 年中国大学生就业报告》的调查数据显示，2010 届全国大学毕业生中有34%的毕业生半年内发生过离职，频繁的离职并不利于毕业生以后的发展。

综上，在高校促进毕业生就业工作中开展职业指导发挥着重要的作用。在促进高校毕业生就业工作中，只有正确认识职业指导的概念、功能、目标和作用，深刻理解并牢记职业指导的三个工作目标，尤其是帮助就业稳定和帮助实现职业生涯发展这两个更深层次的目标，围绕这几个工作目标理解职业指导的理念与方法，把职业指导工作做到位，才能充分发挥职业指导在工作中的重要作用。职业指导是高质量、高水平的就业服务，只有将职业指导的理念与方法始终贯穿于高校毕业生就业工作中，把促进就业作为职业指导的出发点和目标，才能更有利于促进高校毕业生实现充分就业，提高高校毕业生的就业质量。

参考文献：

[1] 麦可思研究院. 2011 年中国大学生就业报告［R］. 北京：社会科学文献出版社，2011.

[2] 田光哲，李祥伟. 创新职业指导——新理念［M］. 北京：中国劳动社会保障出版社，2013.

[3] 田光哲，廉串德. 创新职业指导——新实践［M］. 北京：中国劳动社会保障出版社，2005.

[4] 王民忠，郭广生. 大学生心理成长进行时［M］. 北京：中国轻工业出版社，2008.

"专接本"学生就业问题的一些思考

周春丽

摘 要：本文通过对"专接本"学生就业问题的研究，分析了专接本学生就业问题存在的原因，并提出了相应的对策和建议。

关键词：专接本 就业

专科起点接本科教育是近年来普通高等学校根据教育发展需要而制定的一种本科教育形式，一般简称此类教育形式为专接本教育。专接本的学生不同于普通的本科生和专科生，他们有一些独特的特点，他们都是专科生中的佼佼者，但也存在个性化较强、心理脆弱等特点，这些在就业时表现明显。

一、"专接本"学生的就业特点

（一）政策了解不足，准备不充分

学生以及学生家长并不了解"专接本"的相应政策，导致一些学生入学后学习困难或者觉得更喜欢专科的课程和氛围等而中途退学；也有家长认为两年在校学习知识有限，仅获得一纸文凭不值得；有些学生虽然坚持毕业，但对就业准备不充分，手忙脚乱。

（二）学生就业期望值高，与实际就业反差大

由于本身是专科时期的佼佼者，又通过千军万马的"专接本"升学考试，进入仅占8%名额的本科入学中，因此"专接本"学生对就业期望值很高，在访谈中大部分学生回答，认为应该比专科的同学工作好、工资高，但在实际就业中却不尽如人意，甚至有很多同学发现就业工资还低于

专科，或者有同学直接用专科毕业证就业，或者从事与专科专业比较一致的工作。

（三）多数学生出现"就业焦虑"情绪

由于就业竞争的压力、缺乏社会支持、自信心不足等专接本毕业生在择业期间出现不同程度的焦虑情绪，很多同学会长时间担心找不到工作，找到工作后又觉得不满意，患得患失，导致注意力不集中、闷闷不乐等。

（四）"专接本"毕业生就业渠道狭窄

学生找工作主要是通过熟人介绍、网上寻找，通过招聘会等方式就业的学生所占比例较小；学生多在民营企业工作，就业起点不高，特别是外地学生不能解决户口问题，就业受到更多限制。

（五）学生实际操作能力较差

多数学生到岗后，不能马上胜任，单位要进行相关的培训和指导，调查中多数就业单位认为需要加强对学生实践能力的培养，学生本人也认为在加强理论学习的同时，需要增加实践课程，特别是企业实践一方面巩固理论知识，另一方面了解企业需要，使学习目标更加明确，就业更加顺畅。

（六）"专接本"目前的社会认可度不高

随着本科生的日益增多，企业的可选性也更大，加之社会及企业对"专接本"这一教育形式了解不多，就业单位更愿意直接选择本科生，或将"专接本"薪资定位在与专科生相当的水平上。

二、"专接本"学生就业问题分析

（一）高校扩招带来巨大的就业压力

从 1999 年开始，我国高等院校连年扩招，致使高校毕业生规模持续大幅度增长。高校毕业生从 1998 年的 66 万人，增长到 2015 年的 749 万人，十几年间增幅十几倍。大量毕业生同时毕业求职，给就业带来了巨大压力，造成连续多年就业难。

（二）高校专业设置与市场需求变化的错位带来的就业压力

我国目前的就业矛盾既存在总量问题，也存在结构问题。高校专业设置并不能适应市场的需要，重理论、轻技能的现象非常突出，从而造成供与需之间的矛盾。一方面，某些专业过剩致使一批大学生成为失业者，另一方面，由于某些专业技术工种断档而导致技术工人数量严重不足。人才培养结构的严重失衡，加大了国内的就业压力。

（三）经济发展不平衡对大学生就业带来的压力

改革开放以来，我国经济保持高速发展态势，但也出现了结构不平衡等问题，以致带来经济高增长与就业增长脱节的矛盾。比如持续上涨的房价，使城市第三产业进入培育、转型从而导致增长缓慢，而第三产业的就业弹性指数高达 0.57，远高于第二产业的 0.3。因此，当固定资产投资、房地产经济、进出口、部分工业行业（汽车、钢铁）成为城市经济，乃至全国 GDP 增长的"核心引擎"时，关联性、内生性工作岗位却很难被经济增长带动，以致出现经济高速增长而就业岗位却增长缓慢的现象。

——国际金融危机带来的就业压力。由美国次贷危机引发的金融风暴直接影响到我国实体经济，从沿海波及内地。企业倒闭，农民工返乡；外资企业和国有大中型企业开始裁员，至少开始调整和大幅压缩招聘进人计划。这使得本来严峻的就业问题"雪上加霜"，面临近年来最冷的"寒冬"。

——用人单位的不合理要求带来的就业压力。劳动力市场供大于求的现实加大了毕业生之间的竞争，就业空间的狭窄为用人单位人为地提高就业门槛提供了条件。有的用人单位设置的招聘岗位，本科大学生甚至大专生已经足够胜任，但其往往一味地给自己树"金字招牌"，体现领导在形式上对知识的尊重，纷纷打出"招研究生""招名校生"等招牌。有的人为地设置性别、身高、年龄等限制条件，门槛越来越高，致使不少大学生遭遇就业歧视和就业难。

——大学毕业生的过高期望带来的就业压力。现在我们所说的就业难，很大程度上不是找不到工作，而是找不到"理想"的工作。相当多的大学毕业生存在明显高于社会现实的期望值，主要体现在薪酬、工作单位和工作区域等方面：一是毕业生期望的薪酬明显高于用人单位的薪酬定位；二是毕业生在工作单位的选择上，一般要求在国家机关、事业单位、国有大企业和"三资"企业，对民营和中小企业不屑一顾；三是在工作区域上普遍要求到东部发达地区以及大中城市，而不愿到西部欠发达地区就业。由于大学生就业的期望值过高，既给个人、学校和用人单位带来不必要的麻烦，同时也进一步加剧了大学毕业生的就业压力。

三、信管专业"专接本"学生就业的主要对策和建议

为提高"专接本"学生的就业率，提高就业质量，针对工作实际中凸显的问题，可以从以下几个方面进行突破。

（一）做好宣传解释工作

对参加"专接本"的学生，要进行知识普及，让学生理解什么是"专接本"，以免其两年之后为仅获得一张自学考试文凭而后悔。

（二）建立健全"专接本"学生干部、学生党员队伍

"专接本"期间没有丰富的课余活动，主要原因还在于学校为"专接本"配备的服务人员较少，这与专科院校主要服务于专科生的人手不足有关。这就需要发挥学生干部、学生党员的作用。学生党员、学生干部是老师和普通学生相联系的纽带，"专接本"学生也不例外。利用学生党员、学生干部在联系、团结、教育学生方面得天独厚的优势，可以比较准确、有方向地把握"专接本"学生的学习动向，充分发挥学生党员、学生干部的骨干带头作用，通过他们组织"专接本"学生参加一些陶冶情操、提高道德修养的活动。

（三）加强对"专接本"学生的就业指导

建议为"专接本"学生配备专门的就业指导教师，帮助其进行职业规划；搜集"专接本"学生的就业信息，拓展"专接本"学生的就业市场，帮助学生充分就业，指导其进行创业，在学生找工作方面，起点可以高一些，组织"专接本"专场招聘会，推荐"专接本"学生进入要求比较高的企业就职。

（四）加强对学生的专业实践能力的培养

"专接本"学生通过两年的学习，要做到比专科学生拥有更强的专业理论知识和专业实践能力，只有这样，"专接本"学生走上社会后才能比专科生更有优势，同时拥有比全日制普通本科生更强的实践操作技能。

（五）加强宣传，让社会接纳"专接本"教育

要多方努力，提高"专接本"教育的知名度，教育主管部门、学校、学生个人都可以进行宣传，扩大"专接本"的影响力，让整个社会接纳"专接本"。"专接本"这一教育教学形式是高职院校与本科院校沟通很好的渠道，未来也是对高职院校生源另一种形式的补充，同时可以帮助在籍专科生实现本科梦，有助于提高高职院校的办学水平和教师教学水平，实现学生、学校、就业单位的多方共赢，深入宣传，加强"专接本"学生的就业指导。学校应当在"专接本"学生在读期间，针对"专接本"学生的特点加强就业指导，帮助"专接本"学生做好职业生涯发展规划。

参考文献：

[1] 马伟，张霞，何彦."专接本"学生就业状况调查研究——以常州纺织服装职业技术学院为例［J］.吉林省教育学院学报，2014，30（11）：84－87.

[2] 张春兰.专升本学生职业发展意向分析研究——以四川师范大学信息技术学院为例［J］.当代职业教育，2013（9）.

对大学生正式党员教育管理的思考

——以北京联合大学管理学院为例

田小兵

摘　要：本文提出了加强管理大学生正式党员的重要性，分析了当前大学生正式党员管理的现状，提出了完善正式党员管理的相应机制。

关键词：大学生正式党员　教育管理　管理机制

随着大学生党员发展力度加大，大学生正式党员数量增多，大学生正式党员管理工作中出现了一些不尽如人意的地方。完善管理机制，加强和改进大学生正式党员管理工作，是提高大学生正式党员质量的必然要求。如何在新形势下努力开创高校学生正式党员管理工作的新局面，这对我们高校学生党务工作者提出了更高的要求。

一、加强大学生正式党员管理的重要性

大学生是祖国的未来和民族的希望，是社会主义事业未来的建设者和接班人，大学生正式党员是大学生中的精英和骨干，是大学生队伍的核心，是高校党风、学风和校风建设及应对各类突发事件、维护学校稳定的中坚力量，他们的素质如何，直接影响着高校管理工作的顺利开展，关系着党的建设和国家民族的兴旺发达。

因此，完善管理机制，加强和改进新形势下高校大学生正式党员的管理工作，进一步提高大学生正式党员的素质，一方面，这是加强大学生正式党员队伍建设，加强和改进大学生思想政治工作，促进学生党员全面发展的迫切需要；另一方面，由于党的基层组织是党的全部工作和战斗力的基础，加强大学生正式党员的管理，是党加强执政能力建设和先进性建设的迫切需要。

二、当前大学生正式党员管理的现状

（一）大学生入党前后态度有差别

从主观上讲，大学生入党动机还存在一定程度的偏差，动机的偏差导致行为的落差。随着党员队伍的不断发展壮大，大学生党员人数也在不断增加。难免有部分大学生对党的认识不深入，思想不够成熟，容易受物质社会的影响，错误地认为入党能带来利益或方便，扭曲了入党本应有的崇高信仰。因而，部分大学生在入党前后的表现有极大悬殊：入党前表现非常积极，尽心竭力为班集体和同学服务，特别是在党组织面前表现得尤为大公无私，以期能够早日加入党员队伍；一旦通过党组织的考核成为学生党员，甚至还是预备党员，便极大地放松了对自己的要求，比如经常不参加支部组织生活会，对党员理论学习毫无兴趣，完成组织下达的任务都要一催再催，服务意识和奉献精神更是缺乏。未能发挥党员应有的先锋模范作用的学生党员，往往更容易给其他普通同学造成负面影响。

（二）教育与管理机制不健全

从客观上讲，教育与管理机制不健全是大学生党员管理最大的问题。被吸收到党员队伍的大学生，似乎难以有真正的条例和制度加以规范制约。究其原因，大学生正式党员的教育与管理是一项系统工程，只有各个环节协调一致，健康有序发展，才能从根本上提升大学生正式党员教育与管理的质量。目前，高校党组织在学生党员的教育方面尚未形成良性机制，管理工作中"顾虑"太多，失之于宽、失之于严的情况多有发生，普遍重视发展学生党员工作，忽视对学生党员的教育与管理，工作缺乏系统性、规范性。在对党员进行理论培训和思想教育时，也往往流于形式，方式呆板，程式化，难以收到实效。

三、完善正式党员管理机制

（一）健全党员考核评价机制

为了全面提高学生党员的综合素质，杜绝"入党前进步，入党后停步，转正后退步"的现象，使学生党员认真履行党员义务，充分发挥学生党员在广大学生中的先锋模范作用，北京联合大学管理学院党总支针对当代大学生党员特点和学院学生的实际情况，特制定了学生党员量化管理考核办法。

对管理学院学生党员的量化管理考核采取三级评定与记实相结合的办法，每一学期对每一名党员进行一次评定，采用百分制。三级评定由党员自评、民主评议和支部评议三部分组成，分别占考核成绩的20%、40%和40%。

量化管理考核主要侧重于学生党员思想、学习、工作、生活四个方面。其具体内容主要包括学生党员在共产主义信念及立场、履行党员义务、思想政策水平、道德水准等方面；政治理论和文化课学习情况；生活习惯、日常行为及为同学服务情况等方面。量化管理考核标准，将针对党员考核的各个方面分成等级考核目标，分别赋予不同的分值。量化管理考核分为四个等级："优秀"、"良好"、"合格"与"不合格"。

管理学院学生党总支对学生党员的考核公平、公开、公正，考核制度细节完善，并充分接受群众的监督和组织的检验。将考核结果与预备党员转正、评优评奖评先、推荐就业和组织处理等相结合，将所有的评比结果进行公示，对最终考核结果优秀的党员同学给予表彰奖励，并将考核评定结果入档备案。健全的量化考核机制，促使大学生正式党员坚持用党员标准严格要求自己，增强党员意识，提高党性修养。

（二）搭建党员教育新型平台

根据时代的发展和当代大学生生活的环境变化，党员发展与党员教育应该齐抓并重。

管理学院学生党总支体系架构包括组织部、办公室、宣传部、"燧石"党校、"燧石"理论学习社。其中，"燧石"党校与"燧石"理论学习社是管理学院党总支的特色部门，彼此相互独立，社团作为党校的后备力量，经常开展活动，是党员理论学习和党员先进性教育的前沿阵地。

对大学生党员的教育形式应随着时代发展和社会环境有所创新。除了传统的报告、理论培训班，还可以是社会实践、社会调研、公益劳动或网络交流等形式。管理学院党总支开展的红色"1＋1"支部共建活动，让更多的学生党员投身实干，也从老党员身上学习到艰苦奋斗、质朴无私的思想境界；在管理学院 2015 年 3 月的献血活动中，学生党员充分发挥先进模范带头作用，积极投身爱心活动，以实际行动践行了全心全意为人民服务的决心；管理学院党总支积极搭建微信公众平台"'燧石'之光"，定期发布相关新闻信息，以网络形式实现了具有极强实效性的宣传与教育。

无论是党员还是预备党员，对先进性的教育应该是长期的。组织上入党一生一次，思想上入党一生一世，因此，党员教育要经常化、规范化，党员政治素质才能有所提高。

总之，大学生正式党员的管理工作，既要继承以往的优良传统，又要在实践中不断创新。大学生正式党员的管理工作，离不开对大学生正式党员的教育工作和服务工作，只有各部门多管齐下，通力合作，才能取得更好的效果。

大学生是中国特色社会主义建设事业的重要依靠力量，他们肩负着复兴中华、推动中国走向世界强国之林的神圣使命。大学生正式党员是大学生中的先进分子，加强大学生正式党员的管理，使大学生正式党员的素质不断提高，大学生正式党员的理想信念进一步坚定、党性观念进一步增强、优良作风进一步养成、工作能力进一步提高、先锋模范作用进一步发挥，使他们在思想政治、工作、学习、生活等各方面都成为同学们学习的楷模，带领同学们齐头并进，共同成长为中国特色社会主义建设事业的合格建设者和可靠接班人。

关于加强学生干部队伍建设的几点思考

徐 娟

摘 要：学生干部队伍建设是学生工作的一个重要组成部分，本文以北京联合大学管理学院学生干部为主要研究对象，通过调查问卷了解学生干部的现状，从选拔、培养及激励机制三个方面进行分析，提出了学生组织建设中的相应对策，使学生干部体制能够更高效地运行。

关键词：学生干部　队伍建设　选拔　培养　激励

从管理学角度讲，所谓组织就是指对人员进行有效的组织管理。高校学生干部是学校、院系和班集体工作的骨干力量，他们对于全校的同学起着导向及榜样的作用；学生干部是学校管理思想和管理措施的传达者和实施者，他们又起到了桥梁及纽带的作用；学生干部也是学校思想政治教育工作队伍的重要组成部分，对于学生干部从选拔到培养的过程也是为社会培养人才的重要组成部分。如何在新时代的背景下建立合理的学生组织架构，完善学生干部培养体系与机制，充分发挥学生干部服务学生、联系师生的纽带作用成为思想政治教育一线工作辅导员面临的全新问题与挑战。

要解决关于学生干部队伍的问题，首先要了解在学生干部中存在哪些问题。基于北京联合大学管理学院学生干部体系现状，对学生干部进行问卷调查，理清学生干部管理体制机制，提高学生干部队伍运行机制效率，形成院—系—班系统化的管理体系；改进选拔制度，提高公平性、有效性；形成良好的培养机制和激励机制，增加他们的综合素质能力和积极性。

一、问卷数据分析

发放问卷 160 份，发放对象是北京联合大学管理学院的院、系、班级的学生干部，收回 152 份。

（一）基本信息分析

该模块从管理学院学生干部的性别、各系人数、年级、不同职位入手，分析管理学院学生干部的基本情况。

表1-1　问卷的男女比例调查

选项	频率	百分比	有效百分比	累积百分比
男	56	36.8%	36.8%	36.8%
女	96	63.2%	63.2%	100.0%
合计	152	100.0%	100.0%	

从表1-1中可以看出，在整个管理学院学生干部中女生比例明显大于男生，女学生干部占总学生干部人数的63.2%，男学生干部占36.8%。由干部比例可以看出，整个管理学院女学生干部居多，这给我们制定相应的学生干部管理体制有一定的借鉴意义。

表1-2　各系人数比例

选项	频率	百分比	有效百分比	累积百分比
金会系	44	30.0%	30.0%	29.6%
工商系	35	23.0%	23.0%	52.6%
信电系	33	22.0%	22.0%	74.3%
大类	38	25.0%	25.0%	100.0%
合计	152	100.0%	100.0%	

从表1-2可以看出，每个系参加调查的学生干部人数相近，此次调查较为客观公正地反映了学生干部对选拔、培养、激励的看法。

表1-3　各年级人数比例

选项	频率	百分比	有效百分比	累积百分比
大一	39	25.7%	25.7%	25.7%
大二	52	34.2%	34.2%	59.9%
大三	60	39.5%	39.5%	99.3%
大四	1	0.7%	0.7%	100.0%
合计	152	100.0%	100.0%	

从表1－3中可以看出，此次调查主要集中在大二和大三，大四由于人数参与太少，基本可以忽略不计。由于大二、大三在学生干部工作方面有一定的工作经验，可主要参考他们的意见和想法，而大一的学生干部有较多的想法，同时思维活跃，可以作为参考依据。

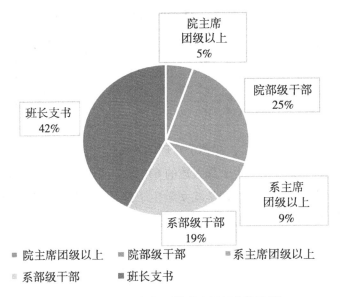

图1　不同职务级别的学生干部人数比例

从图1中可以看出，此次调查的对象涉及不同层级的学生干部，班长支书占42.2%，学院部级学生干部占25%，系部级干部占19%，院主席团和系主席团分别是5%和9%。针对不同层次的学生干部共同进行分析有利于得出合理的结论。

（二）选拔制度模块

该模块分析学生干部对评选制度、评委构成、考核期时长的态度并最终确立合理的选拔制度。

表 2 - 1　选拔制度的数据分析

选项	支持		不支持		合计	
	人数	百分比	人数	百分比	人数	百分比
老师主席团提名	68	44.7%	84	55.3%	152	100.0%
学生干部举荐	69	45.4%	83	54.6%	152	100.0%
投票与自荐	86	56.6%	66	43.4%	152	100.0%
三级评议	110	72.4%	42	27.6%	152	100.0%
重点培养	55	36.2%	97	63.8%	152	100.0%
其他	1	0.7%	151	99.3%	152	100.0%

从表 2 - 1 中可以看出，三级评议的支持率最高，占 72.4%，是大部分学生干部认可的制度。投票与自荐占比为 56.6%，也是一半以上的学生干部所认可的。老师和主席团提名以及学生干部举荐分别为 44.7% 和 45.4%。

从数据分析的结论可以看出，大部分学生干部对三级评议的支持度很高，同时也有 56.6% 的同学认为投票和自荐也是一种很好的方式。所以辅导员在选拔学生干部时，可以建立一个由竞聘演讲、部门考核、民主推选三者相结合的三级评议选拔制度。

表 2 - 2　评委构成频率表

	选项	人数	百分比	个例百分比
评委构成	指导老师	115	29.9%	76.7%
	主席团成员	100	26.0%	66.7%
	学生干部	108	28.1%	72.0%
	班长支书代表	62	16.1%	41.3%
	总计	385	100.0%	256.7%

从表 2 - 2 可以看出，大部分学生干部对指导老师、主席团成员和学生干部担任竞聘演讲的评委支持率很高，而班长支书代表的支持率较低。

由此可以建议在选拔学生干部时，评委由指导老师、主席团成员和学生干部代表共同组成较为适宜。

表 2－3　平时考核方式

选项	频率	百分比	有效百分比	累积百分比
竞选干部所在学生会考核部门考核	33	21.7	21.7	21.7
其他学生会考核部门进行交叉考核	20	13.2	13.2	34.9
由以上的两种方法考核取平均分	66	43.4	43.4	78.3
由多个学生会共同组建一个考核部门考核	33	21.7	21.7	100.0
合计	152	100.0	100.0	

从表 2－3 中可以看出，由竞选干部所在的部门考核与其他部门相结合的考核方式，赞成的人数最多，因此可认为，根据部门情况和职位的不同，应制订适合各自实际的考核方式。

以下为三种考核方式的权重分析。

表 2－4　竞聘演讲权重分析

权重		频率	百分比	有效百分比	累积百分比
有效	0	3	2.0%	2.0%	2.0%
	0.1	15	9.9%	9.9%	11.8%
	0.2	47	30.9%	30.9%	42.8%
	0.3	72	47.4%	47.4%	90.1%
	0.4	11	7.3%	7.3%	97.4%
	0.5	2	1.3%	1.3%	98.7%
	0.6	1	0.7%	0.7%	99.3%
	0.8	1	0.7%	0.7%	100.0%
	合计	152	100.0%	100.0%	

表 2－5　成员投票权重分析

权重		频率	百分比	有效百分比	累积百分比
有效	0	4	2.6%	2.6%	2.6%
	0.1	10	6.6%	6.6%	9.2%
	0.2	28	18.5%	18.5%	27.6%
	0.3	88	57.9%	57.9%	85.5%
	0.4	13	8.6%	8.6%	94.1%
	0.5	8	5.3%	5.3%	99.3%
	0.6	1	0.7%	0.7%	100.0%
	合计	152	100.0%	100.0%	

表2-6　平时表现权重分析

	权重	频率	百分比	有效百分比	累积百分比
有效	0.2	6	3.9%	3.9%	3.9%
	0.3	15	9.9%	9.9%	13.8%
	0.4	44	28.9%	28.9%	42.8%
	0.5	59	38.8%	38.8%	81.6%
	0.6	18	11.8%	11.8%	93.4%
	0.7	4	2.6%	2.6%	96.1%
	0.8	3	2.0%	2.0%	98.0%
	1.0	3	2.0%	2.0%	100.0%
	合计	152	100.0%	100.0%	

从表2-4到表2-6中可以看出，竞聘演讲、成员投票、平时表现三者的权重分别为30%、30%、40%最佳。

表2-7　考核期的时长设定

选项	频率	百分比	有效百分比	累积百分比
0月	19	12.5%	12.5%	12.5%
1月	84	55.3%	55.3%	67.8%
2月	36	23.7%	23.7%	91.4%
3月	13	8.6%	8.6%	100.0%
合计	152	100.0%	100.0%	

从表2-7中可以看出，支持考核期为一个月的超过了一半，因此可根据不同的组织需要，参考数据分析，考核期适宜定在1至2个月内。

（三）培养体制

该模块主要调查学生干部对培训的态度，以及如何进行培训，具体涉及培训内容方式、培训课程、培训时长、培训讲师和培训组织方式。

表3-1　是否有必要进行干部培训调查

选项	频率	百分比	有效百分比	累积百分比
很有必要	126	83%	83%	83.0%
无所谓	16	10.5%	10.5%	94.0%
没有必要	10	6.5%	6.5%	100.0%
合计	152	100.0%	100.0%	

从表 3-1 中可以看出，83% 的学生干部认为学生干部培训很有必要。而认为无所谓或者没有必要的合计只有 17%。从中发现学生干部对自身能力提高有很强的需求。大多数的学生干部想通过培训的方式帮助自己提升工作方面的能力。

表 3-2　受欢迎的培训方式和比例

选项		人数	百分比	个例百分比
受欢迎的培训方式	专题讲授	56	14.7%	37.8%
	讨论交流	97	25.5%	65.5%
	案例教学	47	12.3%	31.8%
	情景模拟	61	16.0%	41.2%
	专题调研	31	8.1%	20.9%
	拓展训练	89	23.4%	60.1%
总计		381	100.0%	257.4%

从表 3-2 中我们可以看出，支持讨论交流的人数最多为 97 人，占总和的 25.5% 和个案的 65.5%。拓展训练有 89 人，情景模拟、专题讲授、案例教学、专题调研分别居第 3、第 4、第 5、第 6。

分析可见，学生干部对相互讨论、互相协作的拓展项目，非常有兴趣，从某种意义上来说，大家更想在培训中获得团队协作的能力。因此，在开展学生干部培训课时可多进行小组活动，也可在户外共同完成拓展项目等。

表 3-3　培训课程及比例

选项		人数	百分比	个例百分比
培训课程	知识培训	78	24.1%	51.7%
	技能培训	121	37.5%	80.1%
	素质培训	124	38.4%	82.1%
总计		323	100.0%	213.9%

从表 3-3 中看出，素质培训和技能培训相对支持率高，而知识培训较少。也就是大部分学生干部偏向在培训中学习到更多的如计算机实用操作、工作效率提升等方面的技能。

表3-4 培训时长

选项	频率	百分比	有效百分比	累积百分比
0	1	0.7%	0.7%	0.7%
1 小时	91	59.9%	59.9%	60.5%
1.5 小时	56	36.8%	36.8%	97.4%
2 小时以上	4	2.6%	2.6%	100.0%
合计	152	100.0%	100.0%	

从表3-4的结果来看，赞成培训时长1小时的男女生总和是91人，占总人数的59.9%，赞成1小时和1.5小时的总人数比例为96.7%，也就是大部分同学认为，培训的时间长度适宜在1~1.5小时。由此可见，安排合适的培训时间长度是保持学生干部积极参与培训的重要因素，每次培训都应合理安排。

表3-5 干部培训的讲师

	选项	频率	百分比	有效百分比	累积百分比
有效	知名专家	54	35.5%	35.8%	35.8%
	本校老师	57	37.5%	37.7%	73.5%
	优秀学生干部	38	25.0%	25.2%	98.7%
	其他	3	2.0%	2.0%	100.0%
	合计	152	100.0%	100.0%	

从表格3-5中可以看出，本校老师的支持率最高达到37.5%，其次是知名专家达35.5%，最后是优秀学生干部占25.0%。本课题小组认为，以上干部培训的讲师都可以请，但是要有相应的侧重点，根据课题的需要请不同类型的讲师。

表3-6 培训组织方式

选项	频率	百分比	有效百分比	累积百分比
组成优秀团队	94	61.9%	61.9%	62.5%
讲座形式，自愿参加	57	37.5%	37.5%	99.3%
其他	1	0.7%	0.7%	100.0%
合计	152	100.0%	100.0%	

从表3-6中可以看出，组成优秀团队的方案被大多数同学接受的有

94 人，也就是 61.9% 的同学认为这是一个不错的组织形式。

（四）激励体制

该模块分析了学生干部工作效率和工作能力以及影响学生干部工作积极性的因素和如何保障工作的积极性。

表 4-1　每天的工作时间/工作完成满意度交叉制表

选项	完成很好	完成较好	一般	完成较差	完成很差	合计
3 小时以上	5	5	2	0	0	12
	41.7%	41.7%	16.7%	0%	0%	100.0%
2~3 小时	6	32	1	0	1	40
	15.0%	80.0%	2.5%	0%	2.5%	100.0%
1~2 小时	13	50	9	1	1	74
	17.6%	67.6%	12.2%	1.4%	100.0%	
1 小时以下	2	8	3	0	0	13
	15.4%	61.5%	23.1%	0%	0%	100.0%
合计	26	95	15	1	2	100
	18.6%	67.9%	10.7%	.7%	1.4%	100.0%

从表 4-1 中可以看出，学生干部在 1~2 小时的工作效率最高。因此，辅导员在工作分配时，应安排每天 1~2 小时，既可以提升工作能力又可以有合适的时间平衡学业、生活和兴趣爱好等。

表 4-2　影响工作积极性因素和比例

	选项	人数	百分比	个例百分比
影响工作积极性因素	工作难度压力	66	22.1%	47.5%
	工作上的人际	60	20.1%	43.2%
	学习压力	94	31.5%	67.6%
	自己的兴趣	52	17.4%	37.4%
	娱乐时间少	26	8.7%	18.7%
总计		298	100.0%	214.4%

从表 4-2 中可看出，对工作积极性影响因素最大的是学习压力，一个好的学生干部对自己的学习成绩都有自己的要求，所以给予相应的学习时间，对于学生干部是很有必要的，学生干部安排好学习时间，保证学生效率也是非常重要的。

表4-3 保持工作积极性因素和比例

选项		人数	百分比	个例百分比
保持工作积极性因素	良好的工作环境	93	19.2%	67.9%
	工作的趣味性	89	18.4%	65.0%
	培养成员的能力	65	13.4%	47.4%
	各个机构各司其职	91	18.8%	66.4%
	成员之间关系融洽	86	17.8%	62.8%
	领导善于鼓励	60	12.4%	43.8%
总计		484	100.0%	353.3%

从表4-3中可以看出，良好的工作环境、各个部门各司其职，并且工作有趣味性是每个学生干部所期望的，也是保障工作积极性的重要因素。

表4-4 想要得到的激励和比例

选项		人数	百分比	个例百分比
想要得到的激励	物质激励	79	16.5%	57.7%
	荣誉激励	97	20.3%	70.8%
	目标激励	44	9.2%	32.1%
	机遇激励	62	12.9%	45.3%
	参与激励	64	13.4%	46.7%
	工作激励	61	12.7%	44.5%
	形象激励	50	10.4%	36.5%
	其他奖励	22	4.6%	16.1%
总计		479	100.0%	349.6%

从表4-4中可以看出，物质与荣誉激励是学生干部最为看重的两个激励因素，其中荣誉激励在个案百分比中占70.8%。在某种意义上，可以说担任学生干部最希望的是得到精神上的认可与肯定。

二、加强学生干部队伍建设的建议

结合问卷调查与文献研究，笔者认为，创建一支优质、高效的学生干部队伍，不应单纯注重数量的增长，而应侧重于质量的提升。培养造就几只"领头羊"，几个能协调各部门开展工作的骨干分子，显得尤其重要。应着重把好以下四关。

（一）选拔任用关

学生干部的选拔应遵循"自我举荐、团员青年认可、组织确定"的工作程序，在选拔任用上引入公平、公正、公开机制，不拘一格选拔青年人才，保证了学生干部的质量。（1）自我举荐：采取公开选拔的办法，让学生自我举荐，主动参与，引导青年学生在服务同学中锻炼和提升自己。（2）青年认可：把群众基础作为选拔学生干部的基本条件。学生干部要想做好工作，必须要有群众基础。（3）组织确定，即团支部、系团总支、院团委三级共同确定，充分考虑各方面因素严把选拔任用关。

（二）培训提高关

学生干部只有通过不断学习才能逐步成长成才。因此，不断加强对学生干部业务知识和综合能力的培训提高，是学生干部队伍建设的重要内容。可以通过集中培训、以老带新、参观见习等完善的教育培训措施，夯实基础，不断培训提高学生干部的工作能力。

（三）从严管理关

学生干部队伍建设的好坏，管理是关键。建立健全完善的考核体系，对学生干部的政治素质、学习情况、工作实绩、工作作风等严格管理，突出以人为本，促进学生干部队伍战斗力和凝聚力的提高。

1. 靠制度管理

首先，坚持院学生干部例会制度，每两周一次，汇报前期工作情况，及时肯定工作亮点，找出存在问题，布置下一步工作内容。其次，重点研讨适合广大同学特点的工作方式，从实际出发，达成共识并确定整套工作方案。考勤制度、社会实践活动等制度都严格执行，不走过场。工作制度是做好工作的基础，对于在新形势下出现的新问题，及时召开会议，拿出新的方案，以适应新形势的发展。总之，没有规矩、不成方圆，严格的工作制度、规范的工作程序是做好工作的根本保证。

2. 靠目标管理

学生干部工作干得好坏，往往跟分工合理、职责明确有着直接关系。要圆满地完成各项任务，合理分工是很重要的。在安排上，实行线条管理，既有明确的岗位职责，又有明确的责任人，实行目标管理。重大任务、临时性工作则由书记牵头，大家通力合作、齐抓共管。这样就做到了人人有事干、事事有人干、个人有分工、整体有配合。任务落实了、职责明确了，就要放权给各部门负责人，放手让他们开展工作。团委所做的是适时对他们给予指导和帮扶，出现问题时主动为他们承担责任。这样，他们在开展各项工作时，能积极主动、大胆创新，没有后顾之忧。

3. 靠感情管理

俗话说得好，"管理无情，人有情"。要使学生干部认真负责、勤勤恳恳地工作，单纯地指控命令，条条框框、硬性规定都是行不通的，还是要了解他们的心理，倾注爱心，拉近与他们之间的距离，学会与他们沟通，用行动让他们感受到老师的关心和培养。课余的谈心是沟通学生干部的有效途径之一。通过广泛的谈心，了解学生思想、学生动态，能使我们从实际出发安排工作，往往达到事半功倍的效果，也能够掌握工作的主动权。

（四）把好输送关

学生干部队伍就像一支军队一样，是"铁打的营盘流水的兵"，只有不断地选拔优秀学生充实学生干部队伍，又不断地向外输出经过锤炼的优秀学生干部，如此往复循环，才能保持学生干部队伍的生机勃勃。辅导员工作应从打基础、管长远着眼，在平时坚持对学生干部队伍状况进行统计造册，建立档案，详细登记每名学生干部的兴趣、爱好、特长等情况，为向党组织输送新鲜血液做好储备，为学生毕业选择工作提前准备。在各项活动中，注意搭建舞台，为学生干部展示才能创造条件，使学生干部在学生心中有影响、在领导眼里有印象。在推优入党、评选先进、人才招聘等时机，积极推荐学生干部，做到让每名学生干部都有可用之地。

谈如何引导大学生践行"中国梦"

许　擎

摘　要：引导大学生践行"中国梦"是每一位辅导员应该思考的问题，也是辅导员具体工作中的目标之一。首先，要把"中国梦"融入高校思想政治教育，主要包括借助新媒体大力宣传营造学习"中国梦"的良好氛围，借助专业课认真教学提高实现"中国梦"的专业技能。其次，践行"中国梦"要有切实可行的路线，主要包括将理念融入学生学习生活中，引领思想，努力务实育人工程。

关键词：中国梦　大学生　践行

党的十八大以来，党中央对"中国梦"的系列论述引起了高校思想政治理论教育工作者的强烈共鸣和高度关注，无疑，高校教育承担着立德树人的根本任务，大学生思想政治教育更是事关国家前途和民族命运的战略工程。因而，如何引导大学生树立正确的"三观"，引导他们用实际行动投身于中国特色社会主义伟大事业中，用"青年梦"托举起"中国梦"，用实际行动实现"中国梦"，是每一位导员都应该思考的问题，也是辅导员工作中的目标指南。

一、践行"中国梦"首先要把"中国梦"融入高校思想政治教育

（一）借助新媒体大力宣传，营造学习"中国梦"的良好氛围

当下的高校思想政治教育，应该正视新媒体的影响力。近年来，越来越多的大学生已经参与到了具有及时、高效、平等、互动的新媒体通讯中，在鱼龙混杂的思想潮流中，高校要为大学生指明正确的思想方向，要

将"中国梦"的精神内涵注入其中,深入开展践行"中国梦"宣传教育活动,唱响时代主旋律。这就要求导师们要引导学生认真学习、深刻领会"中国梦"的精神实质,把握好国家富强、民族振兴、人民幸福的基本内涵,把握好坚持中国特色社会主义道路、弘扬中华民族精神、凝聚国人力量的重要遵循,把握好"中国梦"归根到底是人民的梦的根本属性,把握好国家梦、民族梦、集体梦与个人梦的辩证关系,从而使大学生坚定理想信念、构筑精神支撑,拿出实际行动践行"中国梦"。在此基础上,导师还应将"中国梦"的宣传与十八大精神相结合,与中国特色社会主义理论相结合,与以爱国主义为核心的民族精神相结合,让大学生深刻认识实现"中国梦"的关键是脚踏实地、真抓实干,必须从自身做起、从现在做起,将实现"中国梦"的满腔热情转化为刻苦学习、报效祖国的激情,进一步凝聚实现"中国梦"的强大力量。

(二)借助专业课认真教学,提高实现"中国梦"的专业技能

科教兴国、人才强国战略一直在强调人才是实现"中国梦"的坚实基础,而高校培养具有创新能力、有责任感和担当意识的人才的神圣使命是实现"中国梦"的决定性因素。近年来,分专业、有侧重的人才培育走势大好,高校专业课教学的地位也越发重要。在实现"中国梦"的过程中,人才队伍需要具备高标准的专业技能,这就要求导员监督大学生的学习,监督他们接受锻炼,提高综合素质和个人能力,在推动国家、社会进步的进程中做出贡献,为"中国梦"的实现添砖加瓦。

另外,在专业理论知识教学中要按照培养合格的建设者和可靠的接班人的标准,引导学生知行合一,把"中国梦"教育与专业知识教育结合到一起,改善专业知识的讲授与思想政治教育脱节的局面,让学生敢做梦,愿做梦,在促进学生提高专业技能的同时,也将"中国梦"植根于他们心底。

二、践行"中国梦"要有切实可行的路线

(一)融入学生中去,引领思想

通过班会、年级会问答或主题教育报告会的形式向学生们传达"中国梦"的精神内涵，引导教育学生要坚定中国特色社会主义道路不动摇，刻苦学习，全面发展，为践行"中国梦"打牢坚实的文化基础。要引导广大青年学生胸怀理想，满怀激情，敢于担当，敢于创造，用"两个百年"的目标激励自己顽强奋斗、艰苦奋斗、不懈奋斗、奋勇投身中国特色社会主义事业伟大实践，为实现"中国梦"发挥主力军作用。

（二）努力务实育人工程

辅导员在工作中务必要优化大学生思想政治教育的实践模式，使思想政治教育植根于生动、丰富、现实的生活世界和道德情境中，将学生的知识内化为道德意识，体现为自觉的、具体的爱党爱国行为。要开展丰富多彩的主题教育活动，让学生接受更多课本以外的知识，真正领悟民族精神的内涵，践行"中国梦"。

习总书记在参观纪录片《复兴之路》时曾指出："我们比历史上任何时期都更接近中华民族伟大复兴的目标，比历史上任何时期都更有信心、有能力实现这个目标。"导员作为大学生思想的引路人，成长路上的指明灯，有义务更有责任引导大学生立足于实践，为"中国梦"之船做帆，推动其驶向成功的彼岸。

参考文献：

[1] 王建利，华玉武."中国梦"融入高校思想政治教育的意义与路径分析 [J]. 思想教育研究，2013（7）：37 – 38.

[2] 王寅秀，李新殿，薛长春，孙鹏飞，陈怡兵. 高校辅导员如何指引大学生托举"中国梦"[J]. 高教研究，2013（2）：251.